美国连续配筋水泥混凝土路面技术实践

EXPERIENCE OF CONTINUOUSLY REINFORCED CONCRETE PAVEMENT IN UNITED STATES

陈亮亮 著

冯德成 审

人民交通出版社股份有限公司

China Communications Press Co.,Ltd.

内 容 提 要

连续配筋水泥混凝土路面(Continuously Reinforced Concrete Pavement, CRCP)诞生于美国,并在美国获得了广泛应用。结合众多的实际工程案例,本书系统总结了近一个世纪以来,美国在 CRCP 技术方面取得的成就,回顾了 CRCP 的发展历程,分析了典型结构破坏——冲断破坏的发展机理和主要影响因素,介绍了美国在 CRCP 技术领域的最新成果,以及美国在 CRCP 的开裂行为控制、结构设计、施工和养护维修方面取得的主要经验。

本书理论结合实践,注重工程技术的介绍,深入挖掘美国在 CRCP 建设方面取得的经验,侧重从施工质量控制的角度入手来解决实际的工程问题,既有理论分析,又结合了一些典型案例的介绍。本书既可以作为从事道路工程设计、施工和研究人员的参考资料,亦可作为科研院所、高校研究生的辅助教材。

图书在版编目(CIP)数据

美国连续配筋水泥混凝土路面技术实践 / 陈亮亮著
. —北京 : 人民交通出版社股份有限公司, 2018.12
ISBN 978-7-114-14451-6

Ⅰ.①美… Ⅱ.①陈… Ⅲ.①连续配筋混凝土路面—水泥混凝土路面—美国 Ⅳ.①U416.216

中国版本图书馆 CIP 数据核字(2017)第 318507 号

书　　名:**美国连续配筋水泥混凝土路面技术实践**
著 作 者:陈亮亮
责任编辑:韩亚楠　朱明周
责任校对:宿秀英
责任印制:张　凯
出版发行:人民交通出版社股份有限公司
地　　址:(100011)北京市朝阳区安定门外外馆斜街 3 号
网　　址:http://www.ccpress.com.cn
销售电话:(010)59757973
总 经 销:人民交通出版社股份有限公司发行部
经　　销:各地新华书店
印　　刷:北京虎彩文化传播有限公司
开　　本:720×960　1/16
印　　张:13
字　　数:230 千
版　　次:2018 年 12 月　第 1 版
印　　次:2018 年 12 月　第 1 次印刷
书　　号:ISBN 978-7-114-14451-6
定　　价:45.00 元
(有印刷、装订质量问题的图书由本公司负责调换)

序　言

　　如何修建更舒适、更耐久的水泥混凝土路面是我多年来从未停止思考的问题。为了实现这一目标，我们课题组多年来在混凝土路面结构、材料、设计和施工方面做了大量的尝试，这其中包括连续配筋水泥混凝土路面。美国是全世界连续配筋水泥混凝土路面应用最广泛的国家，经过一个世纪的技术积淀，连续配筋水泥混凝土路面技术取得了卓越的成就，我所见过的一些连续配筋水泥混凝土路面的使用寿命都超过 30 年以上，并且依然使用良好。

　　陈亮亮博士在美国得克萨斯农工大学利用两年的时间专门学习和研究 CRCP 的设计理论和方法，并参加了两项 CRCP 工程施工建设，对 CRCP 的设计和施工有着相当深入的了解。我一直鼓励他把所了解到的相关经验做系统的介绍，让更多的工程技术人员认识和学习 CRCP 技术。

　　本书不拘泥于力学分析，理论联系实际，深入挖掘了相关技术资料中的经典案例，认真总结了美国在 CRCP 技术方面取得的经验和教训。本书介绍了美国的 CRCP 冲断破坏分析与预测方法、开裂控制技术、荷载与温度应力计算模型、配筋与板厚设计方法、施工技术和养护维修策略等内容，是一部全面介绍 CRCP 相关技术的著作，具有很高的学习和参考价值。

　　学习和借鉴国外的技术经验不等于照搬。在这一点上，作者和我的想法一致。我希望广大的读者对照美国的经验做法，在对 CRCP 技术充分了解的基础上，认真分析和比较目前我国和美国在 CRCP 建设上的异同，寻找差距，推动我国 CRCP 技术的发展，共同为综合交通、智慧交通、绿色交通、平安交通建设做出贡献。

田　波

2017 年 12 月 1 日

前　　言

连续配筋水泥混凝土路面(CRCP)是一项在北美和欧洲等国家广泛使用的技术。近年来我国的水泥和钢筋产能已经供大于求,价格呈不断下降的趋势,而随着沥青材料价格的飞涨,水泥混凝土路面的经济优势进一步凸显。连续配筋水泥混凝土路面较之普通接缝式水泥混凝土路面,承载力和舒适性得到显著提高,但是其使用性能也更容易受到材料、气候特征、施工条件的影响,因此设计和施工细节就更加重要。

当前,我国还没能在连续配筋水泥混凝土路面方面积累足够的技术经验,很多工程都仅仅处于试验路阶段,学习和借鉴国外的成功经验十分重要。笔者有幸于2011~2013年受国家留学基金委的资助,赴美国得克萨斯农工大学(Texas A&M University)从事访问研究,师从于著名连续配筋水泥混凝土路面专家 Dan G. Zollinger 教授,专门从事连续配筋水泥混凝土路面设计方法的研究。2014年,笔者有幸参加了在韩国首尔举办的第一届中韩日国际水泥混凝土路面会议,并与美国得克萨斯理工大学的 Moon C. Won 教授相识。Won 教授曾在美国得克萨斯州交通厅工作十余年,在工程质量控制方面有着非常丰富的经验。几年来,通过与 Won 教授的不断交流、学习和探讨,笔者深深感到,我国不仅在 CRCP 设计方法上还存在很大的改进空间,在水泥路面施工管理和过程控制上更有许多需要改进的地方。2014年在哈尔滨工业大学完成博士论文工作之后,笔者愈发觉得有必要也有责任将自己在美国的所见所学,结合进一步的学习,进行一次系统的归纳和总结,于是开始了本书的创作。

本著作得到了美国得克萨斯农工大学(Texas A&M University)Dan G. Zollinger 教授,得克萨斯理工大学(Texas Tech University)Moon C. Won 教授,伊利诺伊大学香槟分校(University of Illinois at Urbana-Champaign)Jeffery Roesler 教授,明尼苏达大学(University of Minnesota)Lev Khazanovich 教授,美国联邦空管局(FAA)前首席工程师 Edward Hua Guo,Mark B. Snyder,美国 Global Sustainable Solutions 的 Jamshid Armaghani 博士,韩国中央大学(Chung-Ang University)Yoon-ho Cho 教授,美国伊利诺伊州交通厅 Charles Wienrank 等国际专家的热情帮助,并提供相关的技术资料。同时,本书还得到了交通运输部公路科学研究院

田波研究员、东南大学黄晓明教授、福州大学胡昌斌教授、哈尔滨工业大学李新凯副教授、西南交通大学任东亚博士、华中科技大学周吴军博士以及山西省交通科学研究院申俊敏和张翰两位高级工程师等国内专家学者的指点。云南省交通规划设计研究院李亚军、李春晓、程志豪、陈华斌、徐默楠、郑少鹏、张莹莹、周沛延、陈玲等同仁也提供了许多的帮助。谨在此向各位专家表示崇高的敬意,也望能借此书唤起工程技术领域的共鸣,共同努力促进连续配筋水泥混凝土路面技术在中国的发展。

全书由云南省交通规划设计研究院陆地交通气象灾害防治技术国家工程实验室陈亮亮博士撰写统稿,由哈尔滨工业大学冯德成教授审稿。全书共分9章。其中,福州大学马宏岩博士参与了第1章的撰写,交通运输部公路科学研究院权磊博士参与了第2章的撰写;哈尔滨工业大学张锋博士参与了第4章的撰写;交通运输部公路科学研究院李思李参与了第5章的撰写;哈尔滨工业大学李新凯副教授参与了第6章的撰写;大连理工大学周长俊副教授参与了第9章的撰写;哈尔滨工业大学交通学院博士研究生林波、许劲、陈松强、王晓楠等参与了本书的审定和校订工作,在此一并表示感谢。

本书参考了大量美国的文献资料。必要时,为便于读者理解,将文献中部分图表和公式当中的英制单位换算成了公制单位;同时,为了表述清晰,部分数据和公式未做换算,在文中做了说明,并在书后附有本书常用英制单位到公制单位的换算表以便读者使用。由于时间仓促,加上作者的水平和经验有限,书中难免有谬误,还望各位同仁不吝赐教,以期不断改进,共同推动我国 CRCP 技术发展。

作　者
2017 年 6 月

目　　录

第1章　连续配筋水泥混凝土路面
技术发展历史与现状

1.1　连续配筋水泥混凝土路面简介

　　连续配筋水泥混凝土路面(Continuously Reinforced Concrete Pavement,CRCP),指的是在混凝土板内部靠近板中位置设置单层或者双层纵向连续钢筋,在路面横向配有构造钢筋,不设置路面横向缩缝,只在与桥梁或者其他路面结构衔接位置设置胀缝和每天施工结束设置施工缝的水泥混凝土路面。美国于1921年最早开展CRCP试验研究,是目前世界上CRCP使用最多的国家。至今,美国至少有35个州修建了CRCP。

　　与普通接缝式水泥混凝土路面(Jointed Plain Concrete Pavement,JPCP)相比,合理设计和施工的CRCP具有以下特性:

　　● 仅设置很少的施工接缝,横向接缝的数量最大限度地减少,而且不用进行封缝操作,因此道路的养护维修费用大大降低。

　　● 一般水泥混凝土路面易发生的剥落、错台和唧泥等病害大幅减少。

　　● 道路的服务水平和使用年限大幅提升。CRCP的平整度高,汽车行驶过程中产生的噪声低,行车舒适性好。

　　● 特别是对于大交通量道路而言,由于道路养护施工而引发的道路交通拥堵和交通事故减少,从而提高了道路的安全性和服务能力。

　　● 道路寿命周期内的养护费用降低,使用寿命延长,综合平均年使用费用降低。

　　● 由于不设置接缝,相邻板之间的传荷能力大幅增加,减小了受车辆荷载作用时板中的应力和板角的弯沉,因此相同厚度条件下,CRCP比JPCP的结构承载能力要高很多。

　　● CRCP的横向裂缝宽度比JPCP的接缝宽度要小得多,因此如果需要进行罩面维修,加铺沥青层之后,发生反射裂缝的风险更小。

1.2 美国 CRCP 的发展现状

1921 年,美国在弗吉尼亚州的 Arlington 开始摊铺第一条 CRCP 试验路。经过了近一个世纪的发展,特别是在 20 世纪 60~80 年代,CRCP 在美国州际公路建设的大潮中得到了快速的发展。截至目前,美国至少有 35 个州建有 CRCP。其中,印第安纳州和伊利诺伊州是率先使用的[1]。而到今天,伊利诺伊州和得克萨斯州成为美国 CRCP 的领航者,这两个州分别位于美国南北方,虽然气候条件完全不同,但是 CRCP 都得到了广泛应用。美国早期 CRCP 应用的概况见表 1-1。

美国早期 CRCP 应用情况 表 1-1

年　份	所 在 州	厚度(in)	纵向配筋率(%)
1938	印第安纳	9-7-9	1.82
1947	伊利诺伊	7 和 8	0.30~1.00
1947	新泽西	8 和 10	0.72 和 0.90
1949	加利福尼亚	8	0.63 和 0.50
1951	得克萨斯	8	0.70

伊利诺伊州从 1947 年开始 CRCP 试验路研究工作,是美国第二个铺筑 CRCP 的州。经过近 70 年不懈的发展、总结,伊利诺伊州在 CRCP 设计理论、设计方法、技术实践以及新技术应用方面取得了丰硕的成果。伊利诺伊州于 1947 年和 1948 年在 Vandlia 以西的美国 40 号公路上修筑试验路段,该试验路段分为 8 个试验段,总长约为 8.9km[2],其中 4 个试验段板厚约 18cm(7in)厚,4 个试验段板厚 20cm(8in)厚,并使用 0.3%、0.5%、0.7% 和 1.0% 等 4 种不同配筋率。在此基础上,又于 1963~1966 年增加了对 254mm(10in)板厚的试验,发现 18cm 和 20cm 板厚的 CRCP 的边部弯沉要比 254mm 板厚大得多。1979 年编制的评价报告指出,通过试验段的观测发现:板厚和配筋的类型(钢筋或纤维)对横向开裂并没有影响,而起到主要作用的是钢筋的埋置深度,随着钢筋埋置深度的减小,横向开裂的数量增加,即 CRCP 的平均开裂间距减小[3]。

随着较为系统的试验路研究工作的开展与交通量的不断增加,20 世纪 70 年代初伊利诺伊州开始主要采用 0.7% 配筋率和板厚 23~25cm 的混凝土板(最大板厚达到 35.6cm),并在全州范围内的州际公路系统中交通量较大的路段上广泛使用 CRCP。据伊利诺伊州交通厅的介绍,伊利诺伊州约 3060km 的州际公路系统,有近 70% 的路段(约 2141km)使用 CRCP,可见 CRCP 在适应重交通荷载上的优势。目前 CRCP 主要用在设计累计当量轴载在 6000×10⁴ 以上的公路上,大致相当于日均交通量为 35000pcu,卡车比例占 25%,这体现了 CRCP 在适应重交通荷载方面的卓越性能。

得克萨斯州于 1951 年在达拉斯的双子城 Fort Worth 开始修建第一条 CRCP。在接下来的半个多世纪里,得克萨斯州修建了全美最多的 CRCP,而数量排第二的是伊利诺伊州。截至 2014 年,得克萨斯州已经拥有大约 20000 车道公里的 CRCP[4]。从另外一组数据也可以看出得克萨斯州的 CRCP 使用在美国的地位:美国的长寿命路面项目(Long Term Pavement Performance,LTPP)的通用路面研究(General Pavement Study,GPS)在美国的 29 个州按照 4 种不同的气候分区,选取了 85 个 CRCP 路段进行连续观察研究,而在得克萨斯州的研究路段就达到总量的 22%[5]。在得克萨斯州交通厅的资助下,得克萨斯大学奥斯汀分校(University of Texas at Austin)、得克萨斯农工大学(Texas A&M University)和得克萨斯理工大学(Texas Tech University)都对 CRCP 的设计、施工和材料等方面展开了深入的研究,为得克萨斯州的 CRCP 技术发展做出了突出的贡献。本书大量参考了以上研究机构公开发表的报告、论文等资料。

1.3 其他国家 CRCP 的使用状况

1.3.1 欧洲

CRCP 具有行车舒适、夜间行车安全、耐久性好、养护维修费用少等优点,因此在德国、比利时、瑞典、荷兰等国家都有广泛的应用[6]。

根据任东亚博士的介绍[7],比利时境内的公路有 17% 是水泥混凝土路面,比利时在 20 世纪 50 年代开始引入美国的 CRCP 设计理念进行 CRCP 的试验工作[8],然而最初进展并不顺利,直到 20 世纪 60 年代后期,才在 CRCP 技术上取得突破。从 1970 年开始,比利时大规模修建 CRCP,当时使用的配筋率为 0.85%,钢筋布置在距离板顶面 60mm 厚的位置,在板与刚性基层之间设置 60mm 厚的夹层,并将这一方法定义为第一设计理念。之后为了提高 CRCP 的经济性,在 1977~1991 年,开始尝试第二设计理念,即将配筋率降到 0.67%,钢筋仍然设置在距离板顶 60～90mm 的位置。路面结构上,取消了基层与面层之间的夹层,混凝土板和贫混凝土基层的厚度仍为 20cm。大量调查研究表明,尽管使用第二设计理念铺筑的 CRCP 裂缝的均匀性提升,近 70% 的开裂间距在 0.8～3.0m,但是使用第一设计理念设计的 CRCP 却仍然使用良好,而使用第二设计理念设计的 CRCP 却由于基层的冲刷损伤而存在严重的冲断破坏问题。随着交通荷载的不断增加,第三代 CRCP 设计方法在 20 世纪 90 年代开始付诸实践,配筋率设计为 0.75%,钢筋布设在距离混凝土板顶面 80mm(原方法最大到 90mm)的位置,并重新要求必须设置 60mm 厚的沥青混凝土夹层以保证基层不受冲刷作用,而板厚从 23cm 提高到 25cm。从 1995 年至今,大量的 CRCP 均按照第三设计理念进行设计,取得了良好的效果。比较特殊的是,比利时使用的水泥混凝土强度远高于其他国家,混凝土的 28d 抗压强度甚至超过 50MPa。

荷兰人口密集,噪声问题备受关注,混凝土路面只占道路总里程的 5%,这其中一半是 CRCP,另一半是 JPCP。但是最近几年,所有新建用于机动车行驶的水泥混凝土路面都是 CRCP。荷兰在很多 CRCP 上加铺了一层排水沥青路面,以达到减少噪声和提升安全性的目的,但是这也导致一部分排水路面出现了反射裂缝的问题。荷兰和比利时不一样,CRCP 所使用的混凝土一般是 C35 或者 C45,强度与比利时相比要小很多。

1.3.2 亚洲

在东南亚,北起泰国边界 Bukit Kayu Hitam,经过马来西亚,最后南端通到新加坡的南北高速公路有 150km 长的 CRCP。南北高速公路从 1981 年开始施工,到 1994 年完工。当时采用英国规范进行路面设计,水泥混凝土面板厚 26cm,基层为 7d 抗压强度为 10MPa 的水泥稳定基层,配筋率为 0.7%,设计年限为 40 年[9]。

在日本,由于受到国际沥青价格猛涨,加上沥青路面自身的使用寿命比较短,并且原油全部依靠进口,沥青的质量不稳定等因素的影响,沥青路面的质量控制风险大大增加。另外,日本国家土地、基础设施、交通与旅游部,也在考虑使用寿命更为长久的路面结构,因此 CRCP 被用来与沥青路面组合形成复合式路面,以期获得更低的全寿命周期成本。近些年在日本的一些高速公路项目中,CRCP 得到了越来越多的认可。2012 年通车的新东名高速公路,连续配筋水泥混凝土(Continuously Reinforced Concrete,CRC)+沥青混凝土(Asphalt Concrete,

AC)的复合式路面被广泛采用,成为这条高速公路的主要路面结构。

韩国境内多山,且多石灰岩,加上该国的水泥产量很大,因此韩国十分重视刚性路面的技术发展。根据 2016 年的统计,韩国境内的 1.4 万 km 高速公路网中有 9194km 使用水泥混凝土路面,占约 66%。韩国从 20 世纪 80 年代开始引进 CRCP 技术[10],至今已经有 CRCP 里程 209km。通过对韩国境内使用超过 20 年的 CRCP 进行技术评定,发现这些 CRCP 有超过 55% 的道路状态指数处于优良或者良好状态,而在平整度方面有超过 78% 的 CRCP 处于良好以上的状态。Ahn 等学者计算分析了 30 年使用周期内的 CRCP 与 JPCP 建设与使用费用的对比。结果显示,每千米 4 车道路面,使用 JPCP 在 30 年寿命分析周期内的建设成本为 17 亿韩元,而 CRCP 仅为 14.7 亿韩元。鉴于 CRCP 良好的使用性能和全寿命周期使用成本,韩国越来越重视 CRCP 技术的发展和使用。

中国的 CRCP 应用试验及其相关研究工作起步较晚。1989 年,江苏省盐城市东郊一级公路上修建了我国第一条长 500m、宽 7m、面层厚 20cm 的 CRCP 试验路。1991 年,长春市公路规划设计院在长春市郊区胡家店修建了两段试验路,一段为长 405m 的重型交通车道,另一段为长 234m 的轻型交通车道。1996 年,长安大学与铜川公路局在铜川境内的 210 国道上修建了一段宽 9m、面层厚 22cm、总长 228m 的两幅 CRCP 试验路。1997 年,河南许昌境内 107 国道上修建了 10km 的 CRCP。2001 年,长沙理工大学与湖南省高速公路公司在京珠高速公路耒阳至宜章段(耒宜高速)修建了宽 2×11.25m、总长 40.1km 的 CRCP,这是我国第一条真正投入使用的 CRCP,实现了我国高速公路 CRCP“零的突破”。耒宜高速使用的路面结构为:28cm 厚 CRCP,18cm 厚的 6% 水泥稳定基层,18cm 厚水泥稳定碎石底基层,基层与面层之间还设置了 1cm 厚的稀浆封层。钢筋使用的是 φ18mm Ⅱ 级钢筋,纵向配筋率为 0.61%,钢筋横向间距为 15cm,钢筋布置在板厚中央处[11]。耒宜高速于 2001 年 10 月 28 日正式全线通车。江苏省 1989 年修建了第一条 500m 长的试验段,1994 在镇江修建了长为 700m 的 CRCP 试验路段,2000 年在南京长江二桥收费站前后修建了 300m 长的试验段。2001 年南京绕城公路也使用了 CRCP 路面,取得了不错的效果[12]。在“十一五”期间,湖南、江西、河北、山西等省也陆续修筑了使用 CRCP 技术的高等级公路。总体来说,CRCP 在我国的应用较少,尤其是在高等级公路上的应用还处于起步阶段[13]。

尽管我国的 CRCP 技术还处于起步阶段,但是 CRC+AC 复合式路面技术却取得了较大的突破。受我国施工材料和工艺控制水平的影响,我国的水泥混凝土路面普遍存在着平整度差、耐磨性和抗滑性能不足的问题。为此,湖南省开展了 CRC+AC 复合式路面的研究,也建设了相当数量的实体工程。把 CRC 与 AC 两种材料进行组合,即 CRC+AC 复合式路面,充分发挥了 CRCP 承载能力强、表面无接缝不会产生反射裂缝的结构特点,同时发挥了沥青路面行车舒适、噪声小、耐磨性好、行车安全、维修方便的优势,AC 层的厚度以及 CRC 厚度和配筋率都可以有不同程度的降低。我国《公路沥青路面设计规范》(JTG D50)规定,在稳定的水泥混凝土路面上加铺沥青层,高速公路不宜小于 100mm,其他等级公路不宜小于 70mm。由于 CRCP 的承载力和结构稳定性强,CRC+AC 复合式路面 AC 层的厚度可以降低到 6~10cm[14],例如湖南长潭高速公路采用了 AC(4cm SMA-13+6cm AC-20)+25cm CRC,江苏沿江高速公路采用 AC(4cm SMA-13+6cm CDAC-20)+26cm CRC,河北张石高速公路采用了 6cm SMA+28cm CRC[15]。

1.4　CRCP 发展总结

在普通水泥混凝土路面中加入连续的钢筋,将独立工作的板块串联到一起,从而大大提高水泥混凝土路面的承载能力和使用性能,是水泥混凝土铺面技术的一项重大发展。由于钢筋的存在,克服了普通水泥混凝土路面在接缝位置容易发生的错台、唧泥等病害,使得水泥混凝土路面的行驶舒适性大大提高。随着经济的发展,人们对行车舒适性的要求也不断提高,在高等级公路建设中,CRCP 正逐渐取代普通的有接缝的水泥混凝土路面,在水泥混凝土铺面工程中有着越来越广泛的使用。以美国得克萨斯州为例,目前大约有 80% 的新建道路工程是 CRCP 项目,并且由于消除了接缝,水泥混凝土路面的病害减少,水泥混凝土路面的养护和维修费用也大幅降低。美国 CRCP 的技术实践表明,绝大多数的 CRCP 在使用周期内(30 年或 50 年),除进行必要的表面功能恢复以外,不需要其他的养护维修措施。根据加拿大魁北克省交通厅的计算,使用 CRCP 在 50 年的分析周期里,道路的总费用甚至比 JPCP 低 5%[16],而这一计算结果还没有考虑道路养护和维修造成的道路拥堵,以及错台和断板等 JPCP 的典型病害对车辆行驶安全造成的不良影响。随着钢材价格走低,CRCP 在技术和经济方面的优势也将更加明显,尤其是在交通荷载水平不断增加、长寿命路面需求不断增长的背景下,CRCP 技术开始被越来越多的国家接受并重点考虑,成为未来路面工程技术发展一面鲜亮的旗帜。

第 2 章　CRCP 的冲断破坏行为

　　路面的结构性破坏是路面结构和材料在外界环境、车辆荷载共同作用下产生的。理解破坏行为,需要对路面结构的工作原理、环境与荷载因素对路面结构响应的影响进行深入的研究。CRCP 最突出的特点就是耐久性好,结构稳定性好,结构性破坏少,路面的使用周期长。由于不存在和 JPCP 一样的接缝,CRCP 的结构性破坏大大减少,其主要的破坏形式是冲断。美国得克萨斯理工大学的 Moon Won 教授甚至把冲断破坏定义为 CRCP 的唯一结构性破坏[17],可见冲断破坏行为对 CRCP 的重要影响。对一种路面结构的分析首先要从路面的典型破坏开始,从破坏发生的现象,认识破坏发生的机理,进而形成破坏的预测和防治办法,这也是研究 CRCP 结构行为理论的核心。

　　CRCP 冲断破坏的形式为由两条距离很近的横向裂缝,一条纵向裂缝和路面的边缘或者纵向接缝所包围形成的区域[18],如图 2-1 所示。

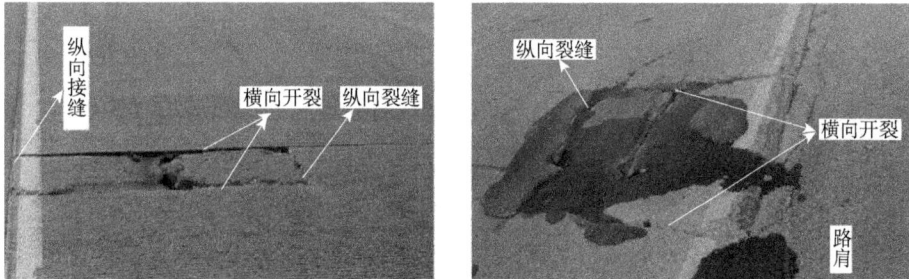

图 2-1　CRCP 的冲断破坏[19]

　　由于 CRCP 在我国的应用,尤其是在高等级公路上的应用还处于起步阶段,CRCP 实体工程少,成功经验缺乏,设计方法和设计理论不够完善,特别是有报道的 CRCP[20]上发现了大量的冲断破坏,严重制约了 CRCP 在我国的发展,进一步研究和理解冲断破坏对我国 CRCP 技术的发展将起到关键作用。

2.1　冲断破坏的发展机理

冲断破坏是由混凝土板自身几何尺寸、车辆荷载的疲劳破坏作用以及基层材料损失等多因素共同作用而引发的结构性破坏。如图 2-2 所示,冲断破坏一般发生在基层已经损伤的两道相距很近的横向裂缝中,裂缝位置的传荷能力已经基本丧失,作用在靠近道路外侧边缘的车辆荷载,在混凝土板的顶面产生水平方向的拉应力,导致混凝土产生纵向开裂。美国的调查结果表明,大多数冲断破坏发生在距离路肩边缘 1~1.2m 的位置[21]。

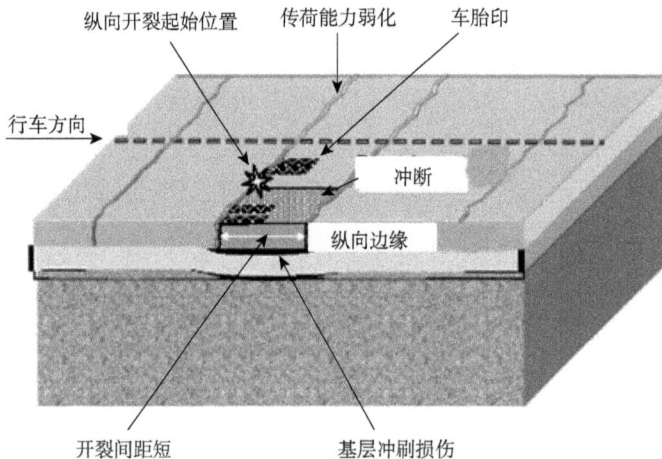

图 2-2　冲断破坏的发展机理[22]

和其他道路破坏形式一样,冲断破坏的数目随着路面使用年限的增加有大幅的增长。1989 年,Dan G. Zollinger 在他的博士论文中做出了如下结论:CRCP 的冲断破坏与路面的厚度、基层的支撑和车辆荷载之间存在一定的关系;冲断破坏发生不是由一种孤立的原因造成的,而是车辆荷载、混凝土开裂间距、基层冲刷共同作用产生的[6]。早在 1978 年,得克萨斯州对 CRCP 路况进行调查时发现,交通负载是引起 CRCP 破坏的一个主要原因,随着累积当量轴载数目的增加,CRCP 的损害数量也在增加[23]。综上,基于疲劳损伤来预测冲断破坏的发生将是进行冲断破坏预测分析的主要研究思路。冲断破坏形成各要素的成因见图 2-3。

尽管在水泥混凝土体内配有连续的纵向钢筋,CRCP 在荷载应力和温度应力的反复作用下同样将产生疲劳破坏,并有结构性破坏——冲断发生。而由于钢筋的加入,CRCP 的力学行为比 JPCP 要复杂,这也使得基于疲劳破坏准则来预测冲断破坏的发生变得更加困难。合理的温度预测模型和荷载应力确定方法是准确预测冲断破坏发生的基础,并且需要考虑基层冲刷损伤对冲断破坏的影响。

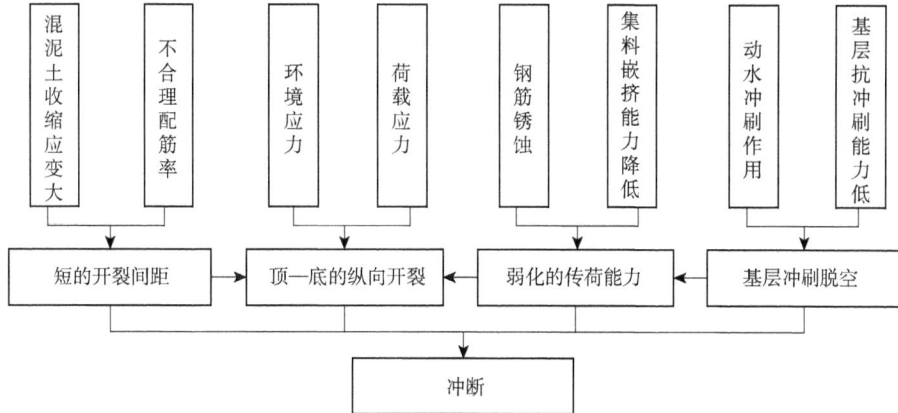

图 2-3　冲断各要素成因

2.2　冲断破坏预测模型

研究者们早就意识到冲断破坏是和基层的冲刷损伤密切相关的,且早在 1989 年 Zollinger 就总结了冲断破坏的形成原因[6]:①基层支撑的消失是冲断破坏形成的根本原因,并且一般在冲断破坏发生时,相邻板之间的传荷能力也已经基本丧失;②基层支撑减弱还会使相邻板块之间裂缝位置的剪切应力增大,逐渐降低传荷能力,基层支撑作用减弱的原因是基层的损伤;③基层损伤是一种典型的基层病害,一般而言,水泥稳定基层最容易发生基层损伤,而沥青稳定基层则较少(但在伊利诺伊州的 I-57 公路上也发现了路面边缘的基层损伤),甚至在贫混凝土基层上也有损伤发生;④基层损伤主要是由于基层材料强度较低而路面排水不畅引起的。然而很长一段时间之内,基层冲刷损伤并没有被考虑到冲断破坏的预测当中,即使是美国 2002 路面力学—经验设计指南(AASHTO 2002 Mechanistic-Empirical Pavement Design Guide,以下简称 AASHTO 2002 M-E PDG)也没有考虑基层冲刷对冲断破坏的影响。而 Zollinger 本人也意识到,作为一项重要的影响因素,如果冲刷损伤在设计当中体现不出来,那么所建立的力学经验方法肯定是有明显的缺陷的。

在 2.1 节当中,已经介绍了冲断破坏的发展机理。根据这一机理,不难发现冲断破坏的发生是和材料、降水和荷载等因素息息相关的,而一个合适的冲断破坏预估模型也应该包含这些因素。

首先,冲断破坏被分成了两种形式——全深度式和部分深度式。这两种形式下冲断破坏都被定义为水泥混凝土的疲劳破坏,但是破坏的形式却不同:一种是由顶到底,发生全深度的冲断破坏,其发生概率为 P_{pf};而另一种结构性破坏是由于钢筋对混凝土板的分离作用,使局部发生剥离,剥离位置的等效板厚度降低而引起由底到顶的破坏,这种破坏被定义为部分深度的冲断破坏,其发生概率是 P_{pp}。各种冲断破坏发生机理,如图 2-4 所示。

图 2-4　冲断破坏的发生机理

根据美国 LTPP 数据的观测结果,冲断破坏的发生与横向裂缝的间距有很大关系,有 90% 以上的冲断破坏发生在 0.3~0.9m 的板块上,而当开裂间距超过 1.2m 以后就基本不会有冲断破坏发生。冲断破坏开裂间距的频率分布如图 2-5 所示。

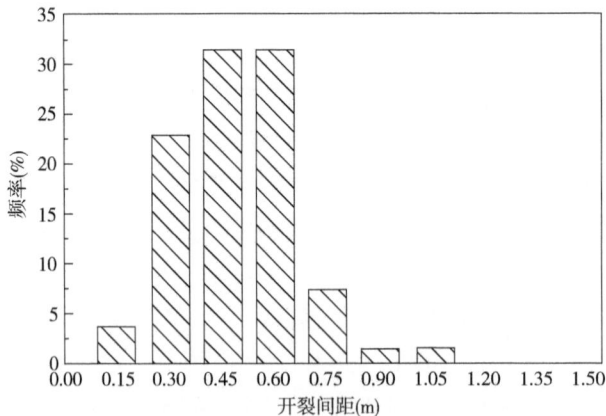

图 2-5　冲断破坏开裂间距的频率分布图

Zollinger 将两种形式冲断破坏发生的概率描述为：

$$P_{pf} = P_{cw<0.9} \times P_e \times P_{fc} \tag{2-1}$$

$$P_{pp} = P_{cw>2.4} \times P_e \times P_{fc} \tag{2-2}$$

式中：　　　P_{pf}——全深度冲断发生的概率；

P_{pp}——部分深度冲断发生的概率；

$P_{cw<0.9}$ 和 $P_{cw>2.4}$——分别为开裂间距小于 0.9m 和大于 2.4m 的概率；

P_e——基层发生冲刷的概率；

P_{fc}——发生疲劳开裂的概率。

2.3　CRCP 荷载应力

2.3.1　荷载应力的 Westergaard 解

当轴载作用于横向接缝处的板边时，CRCP 出现最大板顶拉应力。Westergaard[24-25]建立了刚性路面在 Winkler 地基上板边加载时，由于荷载作用产生的应力的方程。之后 Ioannides 对 Westergaard 的方程进行了修正，提供了圆形和半圆形两种加载形式时，荷载应力的解析解形式：

$$\sigma_{e(c)} = \frac{3(1+v)P}{\pi(3+v)h^2}\left[\ln\left(\frac{Eh^3}{100ka^4}\right) + 1.84 - \frac{4v}{3} + \frac{1-v}{2} + \frac{1.18(1+2v)a}{\ell}\right]$$

$$\tag{2-3}$$

$$\sigma_{e(s)} = \frac{3(1+v)P}{\pi(3+v)h^2}\left[\ln\left(\frac{Eh^3}{100ka^4}\right) + 3.84 - \frac{4v}{3} + \frac{1+2v}{2\ell}\right] \tag{2-4}$$

一般情况下，水泥混凝土的泊松比默认值为 0.15，式(2-3)和式(2-4)可以分别改写为：

$$\sigma_{e(c)} = \frac{0.803P}{h^2}\left[4\lg\left(\frac{\ell}{a}\right) + 0.666\left(\frac{a}{\ell}\right) - 0.034\right] \tag{2-5}$$

$$\sigma_{e(s)} = \frac{0.803P}{h^2}\left[4\lg\left(\frac{\ell}{a}\right) + 0.282\left(\frac{a}{\ell}\right) + 0.650\right] \tag{2-6}$$

式中：$\sigma_{e(c)}$——板边为圆形加载时荷载应力(psi)；

$\sigma_{e(s)}$——板边为半圆形加载时荷载应力(psi)；

P——荷载的大小(lbf)；

a——荷载的半径(in);

ℓ——刚性路面的相对刚度半径(in),可按式(2-7)计算:

$$\ell = \sqrt[4]{\frac{Eh^3}{12(1-v^2)k}} \tag{2-7}$$

v——混凝土的泊松比;

h——混凝土板厚度(in);

k——地基反应模量(psi/in);

E——混凝土的弹性模量(psi)。

当荷载的位置固定时,在路面板某一位置应力的 Westergaard 最终解可以表示为[27]:

$$\sigma^* = \frac{\sigma h^2}{P} = f(a,\ell) \tag{2-8}$$

式中:σ^*——无量纲应力。

2.3.2　荷载应力的有限元分析

由于 Westergaard 解析解建立在无限尺寸板的假设基础上,而在实际分析刚性路面结构受力时,刚性路面板的尺寸、相邻板的作用等因素也对路面的受力有着非常重要的影响。这就使 Westergaard 解析解不能对 CRCP 在不同工作状态下(不同开裂间距、板间传荷能力)的荷载应力进行准确的计算。美国波特兰水泥协会(PCA)根据 JSLAB 程序计算较短水泥混凝土板的应力和弯沉,并建议 CRCP 和 JPCP 采用同样的板厚,因为虽然较短的混凝土板的应力减小,但是板边和板角的弯沉大幅增加[28]。美国国家公路与运输协会(American Association of State Highway and Transportation Officials,AASHTO)1993 年颁布的设计指南中主要依据 JPCP 的设计方法和控制方程来设计 CRCP[29]。目前,刚性路面结构计算分析中使用最广泛的有限元软件是 ISLAB2000,该软件是美国伊利诺伊大学香槟分校(UIUC)20 世纪 70 年代在 IBM360 型电脑上开发的有限元软件 IL-LISLAB 的拓展和升级版[30]。ISLAB2000 可以用来计算混凝土板在车辆和温度翘曲作用下板的应力和弯沉,或者是两者共同作用下的应力和变形。

ISLAB2000 是一款专门用来计算和分析刚性路面的二维有限元软件,该软件已有超过 20 年的历史[31],在水泥混凝土路面计算方面有着广泛的应用。值得一提的是,该软件使用了实际测试数据进行计算结果的校正。1960 年到 1962 年,AASHO(American Association of State Highway Officials)试验路所测的应变结果被用来进行 ISLAB 计算结果的校正,有限元计算的结果与 AASHO 试验路的测试结果有很好的相关性。Barak 和 Ceylan[31]运用 ISLAB2000 进行计算,并用 ISLAB2000 的计算结果培训人工神经元来预测地基反应模量 k_s 和 混凝土的模量 E_{pcc};在研究中使用不同位置弯沉结果来进行预测,预测结果显示使用 4 个传感器位置的弯沉值 $D_0(0mm)$、$D_{12}(304mm)$、$D_{24}(610mm)$、$D_{36}(914mm)$ 预测的 k_s 有很高的精度,平均绝对误差为 0.28%。

ISLAB2000 计算程序的发展大致经历了如下历程[32]:

- 1977 年,A. Tabatabase 最先开发了该程序。
- 1980 年,由 K. Wang 进行了修改。
- 1983 年,A. Ioannides 在程序中加入了几个不同的地基模型。
- 1984 年,J. Conroyd 使程序能接入 ANSI-77 Fortran。
- 1988 年,G. Korovesis 对程序进行了修改。
- 1989 年,G. Korovesis 加入了一种新的翘曲应力分析方法。
- 1994 年,L. Khazannovich 重新开发 ILLISLAB,新一代程序 ILSL2 诞生,能进行温度的非线性分析和路面各层之间接触状态的分析。

经过不断的发展,ISLAB 系列程序在刚性路面的应力和应变分析中得到了广泛的应用,ISLAB2000 的计算结果也被用来培训人工神经元以准确预测混凝土板顶面的拉应力[33]。研究认为混凝土板的应力主要与以下因素有关:

- 混凝土板和基层的参数(厚度、弹性模量、热膨胀系数和重度)。
- 面层与基层之间的接触条件。
- CRCP 的开裂间距。
- 裂缝间的传荷能力。
- 车道的宽度和车道之间的传荷能力。
- 路肩的形式。
- 路基的性质。
- 混凝土板厚度方向上的温度分布。
- 轴载类型、轴重和位置。

AASHTO 2002 M-E PDG 使用了人工神经元的方法来预测混凝土板的受力情况[22]。这项工作使用的是 ISLAB2000 有限元软件,变换的参数包括相对刚度半径、接缝间距、温度梯度、车辆荷载、接缝位置 LTE(Load Transfer Efficiency,传荷能力)、路肩位置 LTE,进行大量的组合与计算,将结果用于应力的预测。

使用 ISLAB2000 有限元软件,将一个单轴荷载放置在路面外车道的边缘,能够采集到路面板顶面的最大拉应力。单轴荷载的加载位置如图 2-6 所示,通过使用有限元软件 ISLAB2000,研究者发现开裂的间距和横向裂缝位置的传荷能力对板顶位置的拉应力有着十分显著的影响。

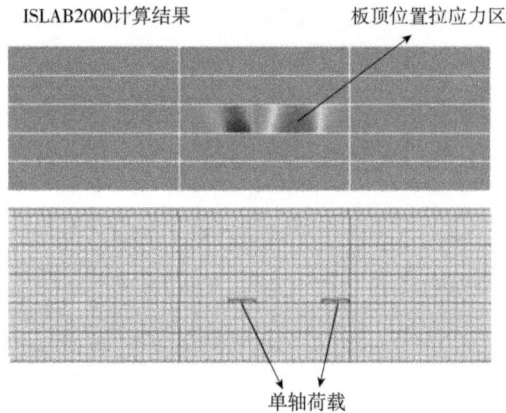

图 2-6　板顶位置拉应力

当短的开裂间距和较低的传荷能力耦合时,混凝土板顶位置横向的拉应力值达到最大(不同应力位置对刚性路面开裂形式的影响见图 2-7),CRCP 发生冲断破坏的风险也最大[34]。

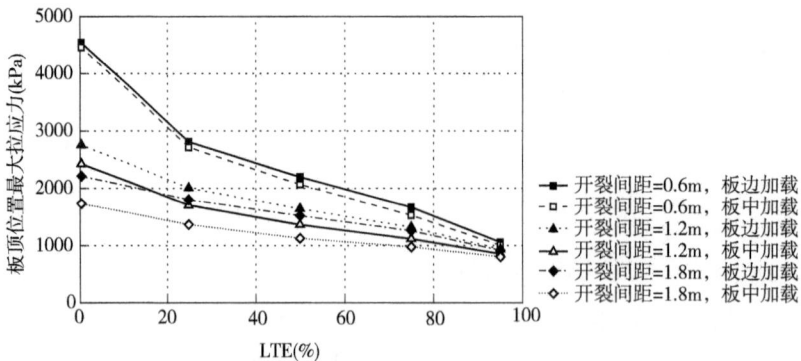

图 2-7　开裂间距和传荷能力对板顶位置拉应力的影响

如图 2-8 所示,使用有限元进行计算,需要采集图示位置的荷载应力,以确定对应破坏模式所需的应力结果。根据冲断破坏的发生机理,冲断破坏是 CRCP 板在车辆荷载作用下发生的纵向开裂,因此预防纵向开裂和预防基层发生冲刷损伤都是防止冲断破坏发生的重要措施。

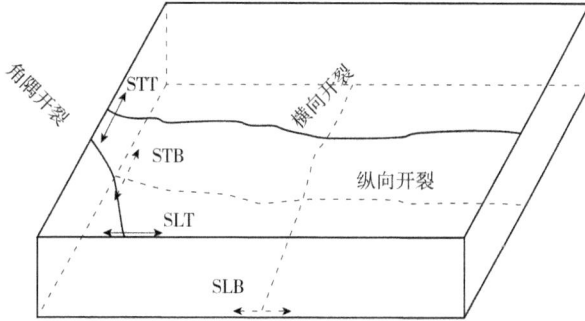

图 2-8　应力位置与开裂模式

SLB-板底位置最大纵向拉应力,可能会引起板由底到顶的横向开裂;STB-板底位置最大横向拉应力,可能会引起板由底到顶的纵向开裂;STT-板顶位置最大横向拉应力,可能会引起板由顶到底的纵向开裂,也是引起冲断的主要因素之一;SLT-板角位置处板顶位置的最大纵向拉应力,可能会引起混凝土板的角隅开裂

2.3.3　荷载应力对冲断破坏的影响分析

车辆荷载反复作用下混凝土的纵向开裂是冲断破坏形成的主要诱因。纵向开裂是指与道路中线平行的裂缝[18]。美国 AASHO 的环道试验结果显示,纵向开裂一般发生在距离道路的纵向边缘 0.6~1.05m 的位置[35]。研究者也指出冲断破坏是由于混凝土板顶的拉应力而导致的混凝土在距路面边缘 1.0~1.2m 范围内发生的纵向开裂[21,34]。

根据 1967 年美国伊利诺伊州对 8 个使用了 20 年的 CRCP 试验段的调查结果,出现纵向开裂的路段长度至少占试验段总长度的 52%,而最高达到 92%,平均为 76.9%[2]。1978 年对通车 5~14 年的 CRCP 使用性能的调查发现,132 个州际公路项目上,有高达 50% 的路段发现了纵向开裂[36]。我国黑龙江省的调查结果也发现纵向开裂是刚性路面的主要破坏形式[37]。伊利诺伊大学的加速加载试验发现水泥混凝土板出现纵向开裂的概率是 33%,而出现横向裂缝的概率仅有 6%[38]。纵向开裂的成因复杂,道路的材料、结构、施工管理等因素都会引起纵向开裂[38-42]。

文献[43]使用 ABAQUS 三维有限元软件进行计算,并将温度梯度与车辆荷载组合作用计算确定的应力同分别计算荷载应力与温度应力之后叠加得到的结果进行对比,结果发现两者之间存在一定的误差。然而大型商业有限元软件存在计算效率低、计算成本高的缺点。因此,在 AASHTO 的设计方法中仍然认为对于路面系统分析的合理方法是:分别计算荷载应力与温度应力,然后将温度应力与荷载应力叠加来进行混凝土的疲劳分析。

准确确定荷载作用下混凝土板的力学响应是分析 CRCP 纵向开裂成因的重要因素。本章将通过有限元计算来确定 CRCP 考虑纵向和横向传荷能力时的板顶拉应力,并使用人工神经网络对 CRCP 板顶拉应力进行预测;使用正交试验的方法,分析路面结构、路肩传荷能力、横向裂缝传荷能力、开裂间距对板顶拉应力影响的敏感性;并结合 LTPP 的调查数据分析基层冲刷对路肩位置传荷能力的影响及发生冲刷之后基层与混凝土板之间接触状态的改变。

2.4　CRCP 的温度应力

2.4.1　温度应力对冲断破坏的影响

水泥混凝土路面受温度和湿度的共同作用,在板的深度方向形成温度梯度,并且由于自重的约束作用而使水泥混凝土路面产生翘曲。一般情况下,夜间板底的温度高于板顶,水泥混凝土板板角将产生向上的翘曲。如图 2-9 所示,由于受到自重的约束作用,当水泥混凝土板产生向上翘曲时,将在水泥混凝土板顶位置产生拉应力;相反,当板顶的温度高于板底时,板底位置将受到拉应力作用。

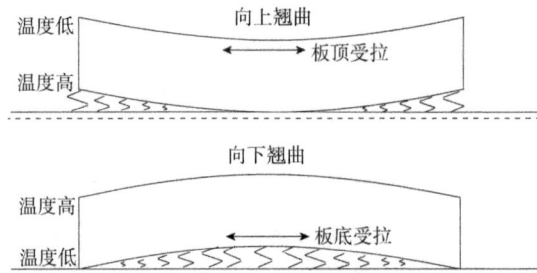

图 2-9　温度梯度作用下水泥混凝土板的翘曲

假设板顶与板底的温度差为 ΔT,如果温度梯度在板内是线性分布的,那么板顶和板底会最大的温度应变,如图 2-10 所示。1926 年,Westergaard 推导了在线性温度梯度作用下稠密液体地基上的无限大水泥混凝土路面板温度应力的计算公式:

$$\sigma = \frac{\alpha_t E \Delta T}{2(1 - v^2)} \qquad (2\text{-}9)$$

式中:σ——温度应力(MPa);

　　E——材料的弹性模量(MPa);

　　α_t——材料的热膨胀系数(/℃);

　　ΔT——板顶和板底的温度差(℃);

　　v——泊松比。

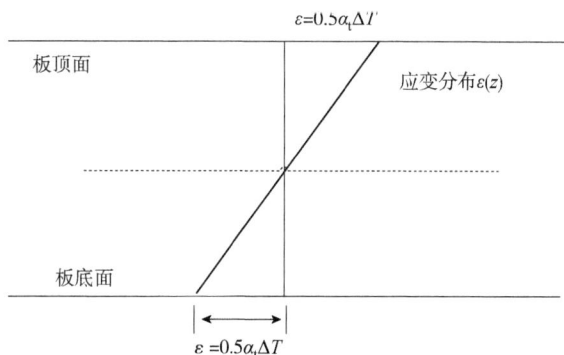

图 2-10　温度场的线性分布

然而,Westergaard 提出的计算公式是基于板尺寸为无限大且温度场为线性分布的假设提出的。1938 年,Bradbury 根据不同板尺寸的温度应力修正关系[44],给出在路面横向 x 与纵向 y 的温度应力的计算公式:

$$\sigma_{\text{linear\_}x} = \frac{\alpha_{\text{PCC}} E_{\text{PCC}} \Delta T_{\text{eq}}}{2(1 - v^2)} \cdot (C_x + v C_y) \qquad (2\text{-}10)$$

$$\sigma_{\text{linear\_}y} = \frac{\alpha_{\text{PCC}} E_{\text{PCC}} \Delta T_{\text{eq}}}{2(1 - v^2)} \cdot (C_y + v C_x) \qquad (2\text{-}11)$$

式中:$\sigma_{\text{linear\_}x}$——路面横向的温度应力(MPa);

　　$\sigma_{\text{linear\_}y}$——路面纵向的温度应力(MPa);

　　α_{PCC}——水泥混凝土的热膨胀系数(/℃);

　　E_{PCC}——水泥混凝土的弹性模量(MPa);

ΔT_{eq}——板顶与板底的等效温度差(℃);

C_x、C_y——Bradbury 修正系数,可以用式(2-12)计算:

$$C_i = 1 - \frac{2\cos\lambda_i\cosh\lambda_i(\tan\lambda_i + \tanh\lambda_i)}{\sin2\lambda_i + \sinh2\lambda_i} \qquad (2\text{-}12)$$

$$\lambda_i = \frac{L_i}{\sqrt{8}\,\ell} \qquad (2\text{-}13)$$

L_i——水泥混凝土板在 x 或者 y 方向的尺寸(m);

ℓ——相对刚度半径(m)。

当考虑 Bradbury 修正以后,混凝土板的尺寸对温度应力的影响就变得十分显著。实际上,由于 CRCP 的平均开裂间距一般小于 1.8m,而横向的宽度为一个车道(设为 3.75m),那么在不同的方向上温度应力的修正系数就会有很大的差异。如图 2-11 所示,当板尺寸小于 1.8m 时,纵向(沿行车方向)的温度应力修正系数小于 0.03;而当路面横向的宽度为 3.75m 时,横向的温度应力修正系数为0.38 左右,为前者的 10 余倍,因此温度应力对 CRCP 的纵向开裂,也即冲断破坏,有着更为显著的影响。

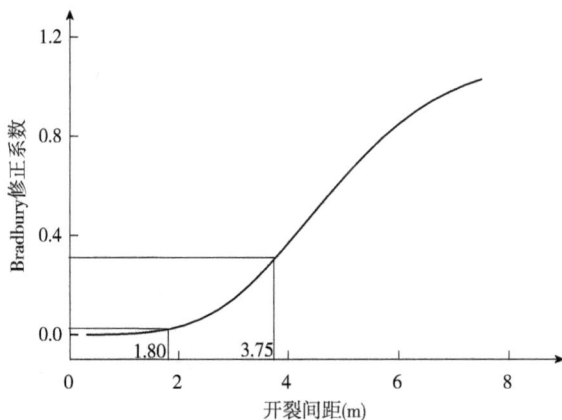

图 2-11　Bradbury 修正系数与开裂间距的关系

2.4.2　硬化温度梯度的影响

Armaghani[45]发现,当板内的温度梯度为零时,水泥混凝土板并不是完全平整的,而是有一定的翘曲。而若要保持水泥混凝土板的平整,则需要水泥混凝土板内有一个+5℃的温度差("+"表示板顶的温度高于板底;反之,"−"表示板底的温度高于板顶）。Eisenmann[46]和 Poblete[47]研究了施工时期的温度和湿度条件对水泥混凝土路面"永久性翘曲"的影响。为研究不同施工时段对硬化温度梯度的影响，Rao 和 Barenberg[126]等在明尼苏达州分别选择白天和晚间修筑水泥混凝土板。白天，水泥混凝土受到外界气温、湿度和太阳辐射以及养生条件的影响，混凝土板顶面会吸收和储蓄更多的热量，结果发现在白天铺筑的水泥混凝土板（厚度为 216mm）产生了+9.6℃的硬化温度梯度；而在夜间修筑的混凝土板，在硬化时，板顶的温度略低于板底。Jeong 和 Zollinger[48]使用成熟度的概念预测水泥混凝土的硬化，首先在试验室测得水泥混凝土终凝时的成熟度，为 215℃·h，据此估计水泥混凝土硬化的时间；随后，在得克萨斯农工大学的试验场铺筑试验板，发现上午 10 点浇筑的水泥混凝土板，硬化时混凝土板内有 10.9℃的线性硬化温度差。

由于硬化温度梯度与实际温度梯度的作用相反，因此 Rao 和 Roesler 提出使用等效硬化温度差（Effective Built-in Temperature Difference，EBITD）来表征硬化温度梯度水平，且等效有效硬化温度梯度的符号与硬化温度梯度相反，即若硬化温度梯度为正，当混凝土板内实际温度梯度为零时，水泥混凝土板将产生向上的翘曲，等效于水泥混凝土板受到负的温度梯度作用；反之，当硬化温度梯度为负，实际温度梯度为零时，水泥混凝土板将向下翘曲，等效于受到正的温度梯度作用[49]。他们在加利福尼亚使用落锤式弯沉仪（FWD）和重型车辆模拟器（HVS）对水泥混凝土路面进行加载，并测得水泥混凝土板的弯沉曲线。在使用 IS-LAB2000 软件进行有限元计算时，假设不同硬化温度梯度水平条件，将计算得到的弯沉曲线与实测结果对比，将与实测结果最接近的硬化温度作为板内实际的硬化温度梯度水平。结果表明：EBITD 的水平与水泥混凝土板的受约束程度紧密相关；对于既不设置传力杆也没有带拉杆硬路肩的混凝土板，EBITD 的值较大，在−20~−35℃；而受到传力杆和硬路肩约束的混凝土板，EBITD 的值较小，在 0~−20℃[50]。

不仅施工的时间能够影响水泥混凝土的硬化温度梯度，Hansen 等发现施工的季节也有显著的影响[51]。晴朗的夏天施工时，水泥混凝土硬化时板内形成 11℃的硬化温度差；而阴冷的秋季施工的水泥混凝土板硬化时，板内的硬化温度梯度略呈负值，为−1.6℃。这一发现说明避开高温季节施工，可以有效降低水泥路面内硬化温度梯度。

美国联邦航空管理局也开展了关于硬化温度梯度的研究。Guo 等[52]发现水泥混凝土板在温度梯度为零时受硬化温度梯度的影响而有一定的翘曲,通过观测板角和板边的翘曲并与 3D 有限元的计算结果相对比,确定水泥混凝土板内的硬化温度梯度在 0.44~1.31℃。

Won 等[53]发现水泥混凝土硬化时的温度梯度所形成的温度应力对水泥混凝土的早期开裂有显著影响。硬化温度梯度所导致的残余应力在蠕变作用的影响下会不断降低,因此合理的路面设计需要考虑蠕变作用对翘曲应力的影响。

研究者们通过大量的现场检测,发现水泥混凝土硬化时水泥混凝土板内温度场的分布不均匀。在白天施工时,由于太阳辐射、大气温度和水泥水化的共同作用,导致在水泥混凝土板内形成的硬化温度梯度一般为正值。施工条件对硬化温度翘曲的影响不可忽略,夜间和低温季节施工可明显降低硬化温度梯度的水平。

Choubane 和 Tia[54]发现实际上水泥混凝土路面的温度场是非线性的,温度梯度可以用一个沿深度 z 方向的一元二次函数来表示:

$$T(z) = A + Bz + Cz^2 \tag{2-14}$$

$$A = T_m \tag{2-15}$$

$$B = \frac{T_b - T_t}{h} \tag{2-16}$$

$$C = \frac{2(T_b + T_t - 2T_m)}{h^2} \tag{2-17}$$

式中:T_b、T_m、T_t——分别为混凝土板底、板中和板顶的温度值(℃)。

考虑水泥混凝土路面内温度梯度的非线性将显著提高水泥混凝土内的残余应力水平[55]。Hansen 提出了一种基于非线性温度梯度的温度应力计算流程[56]。如图 2-12 所示,Hiller 和 Roesler 将水泥混凝土板内的温度分布分为轴向的均匀分布、线性温度梯度和非线性温度场的自平衡三部分[57]。

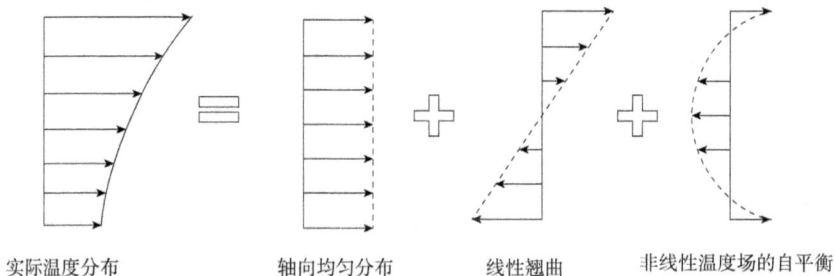

实际温度分布　　　　轴向均匀分布　　　　线性翘曲　　　　非线性温度场的自平衡

图 2-12　水泥混凝土板内温度分布的组成

2.4.2.1　考虑硬化温度梯度的温度应力计算方法

水泥混凝土路面内的温度场分布为非线性,考虑硬化温度梯度可以更准确地计算水泥混凝土路面内的硬化温度水平。

在没有考虑硬化温度梯度的情况下,混凝土内的应变分布可表示为:

$$\varepsilon(z) = \alpha_{\mathrm{PCC}} T(z) \tag{2-18}$$

式中:z——指定截面到中性面 $z=h/2$ 的距离,h 为混凝土板厚度(mm)。

当混凝土中的第 i 层硬化时,硬化的温度为 T_i^0,这一温度就成为应变计算的基准温度,实际的应变可以表示为式(2-19),应变计算示意图见图 2-13。

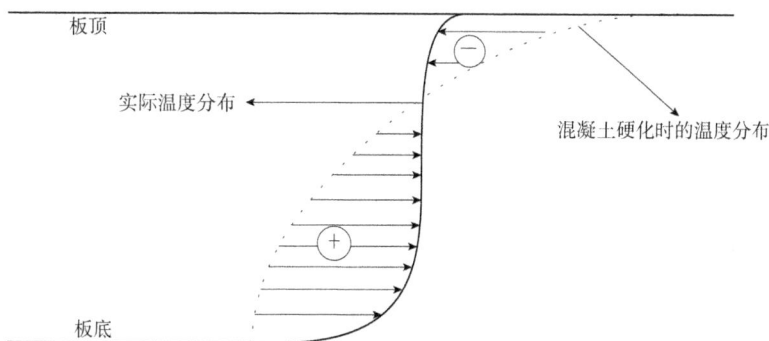

图 2-13　实际应变的确定示意图

$$\varepsilon(z) = \alpha_{\mathrm{PCC}}\left[T(z) - T_i^0 \right] \tag{2-19}$$

在 Mohamed 和 Hansen[56] 提出的非线性温度应力计算方法的基础上进行改进,混凝土内的残余应力可以表示为式(2-20):

$$\sigma_{\mathrm{res}} = \frac{E_{\mathrm{PCC}}}{1-v}\left[-\varepsilon(z) + \frac{12M^*}{h^3}(z) + \frac{N^*}{h} \right] = \frac{\alpha_{\mathrm{PCC}} E_{\mathrm{PCC}}}{1-v}\left[-T(z) + \frac{12TM^*}{h^3}(z) + \frac{TN^*}{h} \right] \tag{2-20}$$

式中:M^*、N^*——只依赖于温度分布曲线的常量。

因此,

$$TN^* = \int_{-h/2}^{h/2} T(z)\,\mathrm{d}z \tag{2-21}$$

$$TM^* = \int_{-h/2}^{h/2} T(z)z\,\mathrm{d}z \tag{2-22}$$

等效线性温度差为:

$$\Delta T_{eq} = -\frac{12TM^*}{h^2} \tag{2-23}$$

由于 M^* 为应变在 z 方向上的积分,因此在 Hansen[56]、Choubane 和 Tia[58]、Hiller 和 Roesler[57] 的研究中都采用了假设或拟合二次温度分布曲线,然后对曲线进行积分的办法。然而他们的分析中都没能将混凝土硬化时的温度分布的非线性考虑在内;当两个非线性曲线叠加时,就可能无法继续用二次曲线来描述,而要用更高阶数的曲线进行拟合。为了避免产生较大的拟合误差,并使程序能够有更广泛的使用范围,采用微分单元叠加方法进行温度矩和应变矩的计算,如图 2-14 所示。当划分的层数足够多时,也能够取得令人满意的计算精度。

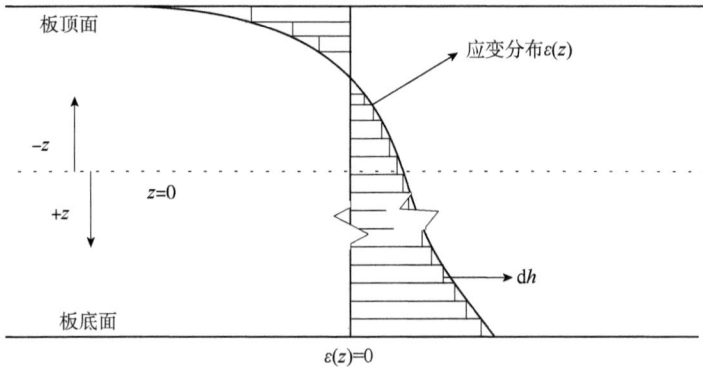

图 2-14 温度矩的计算

参照文献[59]中温度矩的计算过程,使用等效线性温度差的方法来表征混凝土板内的硬化温度梯度,等效线性温度差可按式(2-24)计算:

$$\Delta T_{eq0} = \frac{12TM_0^*}{h^2} \tag{2-24}$$

式中:ΔT_{eq0}——硬化温度梯度的等效温度差(℃);

$\quad TM_0^*$——硬化温度梯度的温度矩(℃ · mm),由式(2-24)确定:

$$TM_0^* = \int_{-h/2}^{h/2} T_0(z)z\mathrm{d}z \tag{2-25}$$

使用上述方法确定等效线性温度差后,按照 Mohamed 和 Hansen[56] 所介绍的方法确定混凝土板在实际板内温度分布作用下的温度应力 σ_T',那么考虑等效线性温度差后板顶位置的温度应力可以计算为:

$$\sigma_{\mathrm{T}} = \sigma'_{\mathrm{T}} + \frac{\alpha_{\mathrm{PCC}} E_{\mathrm{PCC}}}{(1-v)} \frac{\Delta T_{\mathrm{eq0}}}{2} \qquad (2\text{-}26)$$

式中：σ_{T}——考虑硬化温度梯度后的板顶位置翘曲应力水平（MPa）；

　　　σ'_{T}——未考虑硬化温度梯度作用所确定的翘曲应力（MPa）。

从式（2-26）可以看出，板顶位置的拉应力将随板内硬化温度差的增加而增加，即当混凝土板硬化时的温度梯度为正时，将提高混凝土板在使用过程中的板顶拉应力，从而增加了由上至下开裂的可能性。

施工条件对水泥混凝土路面的使用性能有显著的影响。Yeon 和 Choi 等[53]发现硬化温度梯度对混凝土的翘曲应力和早期开裂都有明显的作用。而这种作用也有可能来自高温季节施工时，水泥混凝土表面水分的迅速散失和较高水泥硬化温度梯度的共同作用[60]。Yu 和 Khazanovich 等[61]，还有 Hiller 和 Roesler[62] 的研究都断定负的内嵌温度梯度将导致混凝土的主要开裂模式从"板底到板顶"转换为"板顶到板底"。

2.4.2.2　硬化温度梯度对开裂的影响

1987 年，美国的公路研究计划（SHRP）开始将路面长期性能（LTPP）列入其研究计划。1989 年 LTPP 项目正式开始数据采集工作。LTPP 项目主要包括美国和加拿大的路面调查数据，近年来也开始将一些欧洲国家的数据列入其中。截至 2017 年 6 月，LTPP 共有 2509 个试验路段，其中通用路面研究（General Pavement Study，GPS）共有 898 个试验路段。LTPP 项目中关于通用刚性路面的研究分为针对 JPCP 的研究（GPS-3）和针对 CRCP 的研究（GPS-5）两个项目。

美国位于北半球，大部分地区属于大陆性气候。从 133 个 GPS-3 试验段中选取高温季节（6 月、7 月、8 月）施工的路段以及低温季节（1 月~3 月、10 月~12月）施工的路段，这是一种简单的分类方法。由于其他月份的温度可能介于低温和高温之间，不确定性比较大，故不列入数据的对比范围。最终，分布在 12 州的 47 个试验段选做夏季施工路段，而另外分布于 18 个州的 43 个路段被认为是低温季节施工路段。从整体上看，GPS-3 中多数试验段都是在高温季节施工的，尽管选择作为低温季节的月份数目是高温季节的两倍，但能够找到确切数据的路段数目要少于夏季施工的路段数。尽管在 LTPP 数据库中可以回溯试验路段的建设年月、开放交通的年月等详细信息，但是不能准确追溯施工当天的天气情况、路段是白天施工还是晚上施工等具体信息。因此，将数据根据施工的月份归类为高温季节施工和低温季节施工是一种比较有效的分类方法。

使用从美国 LTPP 数据库中提取的路面使用性能数据来说明施工条件对刚性路面使用性能的影响。在 LTPP 数据库中,每一个试验路段的长度都是152m。取纵向裂缝长度和横向裂缝数目这两个通常被认为是最重要的指标进行对比。将统计得到的裂缝数目和裂缝长度分别取平均值,得到各路段中的平均破坏数量,对比的结果见表 2-1。

不同季节施工破坏数量的对比　　　　　　表 2-1

施 工 季 节		横裂缝数	有破坏路段数	平均值(个/段)	纵裂长度(m)	有破坏路段数	平均值(m/段)
早期	夏季	364	16	7.74	462.9	14	10.76
	秋季	53	8	1.23	86.4	3	2.01
长期	夏季	849	24	18.06	1120.6	21	23.82
	秋季	85	15	1.97	290.2	15	6.75

从图 2-15 和图 2-16 可以看出,在高温季节施工的路段产生的破坏数量要远大于在低温季节施工的路段,无论是横向裂缝的数目,还是纵向裂缝的长度前者都为后者的 5~10 倍。

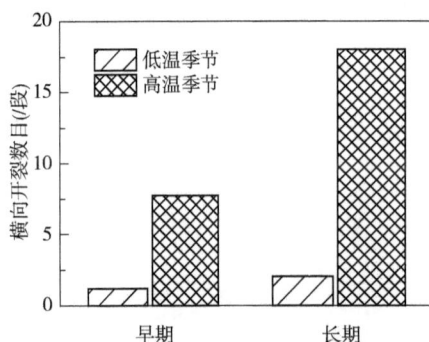

图 2-15　不同施工季节横向裂缝数目对比　　图 2-16　不同施工季节纵向裂缝长度对比

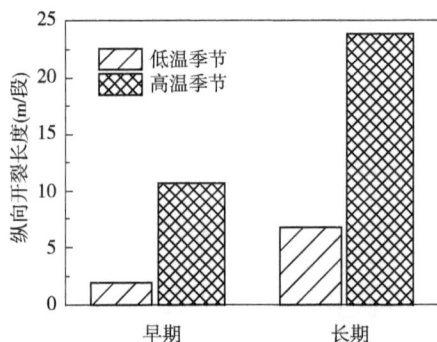

2.5　温度应力与荷载应力的叠加

2.5.1　等效板概念

由于基层的存在,如果要确定混凝土板的应力,则需要将基层与混凝土板等效为一块板。基层与路面板进行等效的方法也被 AASHTO 2002 M-E PDG 采用。基层与混凝土板之间的接触状态目前考虑为两种:完全结合和完全滑动。如果基层与混凝土板之间紧密结合,那么混凝土板的等效厚度 h_{eff} 可采用由辛辛那提大学 Ioannides 教授提出的公式来确定[63],见式(2-27):

$$h_{eff}=h_{e-b}=\left\{h_{PCC}^{3}+\frac{E_{base}}{E_{PCC}}h_{base}^{3}+12\left[\left(x_{na}-\frac{h_{PCC}}{2}\right)^{2}h_{PCC}+\frac{E_{base}}{E_{PCC}}\left(h_{PCC}-x_{na}+\frac{h_{base}}{2}\right)^{2}h_{base}\right]\right\}^{\frac{1}{3}}$$

$$(2-27)$$

式中:h_{eff}——板的等效厚度(mm);

h_{e-b}——基层与混凝土板间为完全结合状态的等效厚度(mm);

E_{PCC}——水泥混凝土的弹性模量(MPa);

E_{base}——基层材料的弹性模量(MPa);

h_{PCC}——水泥混凝土板的厚度(mm);

h_{base}——基层的厚度(mm);

x_{na}——混凝土板中性轴的深度(mm),由式(2-28)确定:

$$x_{na}=\frac{E_{PCC}h_{PCC}\dfrac{h_{PCC}}{2}+E_{base}h_{base}\left(h_{PCC}+\dfrac{h_{base}}{2}\right)}{E_{PCC}h_{PCC}+E_{base}h_{base}}$$

$$(2-28)$$

而如果板基层之间是无黏结、完全滑动的,那么混凝土板的等效厚度可按式(2-29)计算[63]:

$$h_{eff}=h_{e-u}=\sqrt[3]{h_{PCC}^{3}+\frac{E_{base}}{E_{PCC}}h_{base}^{3}}$$

$$(2-29)$$

式中:h_{e-u}——基层与混凝土板间为完全滑动状态的等效厚度(mm)。

2.5.2　等效板概念下的荷载应力与温度应力

如果 CRCP 只受到荷载应力的作用(不考虑翘曲应力),那么混凝土板中的应力可以根据等效板中应力来确定:

$$\sigma_{PCC}=\frac{h_{PCC}}{h_{eff}}\sigma_{eff}$$

$$(2-30)$$

式中:σ_{PCC}——混凝土板顶的拉应力(MPa);

σ_{eff}——等效板中板顶的拉应力(MPa)。

等效板的厚度可以根据 2.5.1 节确定。如果板内的温度分布函数为 $T(z)$,其硬化时的温度为 $T_{0}(z)$,而 a 与 b 两块板的平面尺寸、弯曲刚度、自重、边界条

件都一致,并且作用在相同的地基上面,那么板内的弯矩将满足如下公式:

$$\int_{h_a} E_a(z)\alpha_a(z)\left[T_a(z)-T_{0,a}(z)\right]z\mathrm{d}z = \int_{h_b} E_b(z)\alpha_b(z)\left[T_b(z)-T_{0,b}(z)\right]z\mathrm{d}z$$

(2-31)

式中:α_a、α_b——a、b 板的热膨胀系数;

E_a、E_b——a、b 板的弹性模量;

z——混凝土板中距离中性轴的位置;

$T_{0,a}$、$T_{0,b}$——a、b 板水泥混凝土硬化时刻的温度。

有了式(2-31),就可以将双层水泥混凝土板等效为一层进行分析。当板顶和板底的温度分别为 T_t 和 T_b 时,水泥混凝土板中等效的温度差 ΔT_{eff} 为:

$$\Delta T_{eff} = \frac{h_{PCC}^2}{h_{eff}^2} \times (T_t - T_b)$$

(2-32)

当考虑混凝土板内的温度差为非线性时,根据式(2-14)~式(2-17),水泥混凝土板顶位置的拉应力可以根据下式计算:

$$\sigma_{PCC} = \frac{h_{PCC}}{h_{eff}}\sigma_{eff} - \frac{\alpha_{PCC}E_{PCC}}{1-\mu_{PCC}} \times \left[\frac{T_t+T_b-2T_m}{3} + \frac{h_{eff}^3-h_{PCC}^3}{2\times h_{eff}^3}(T_t-T_b)\right]$$

(2-33)

2.6　使用人工神经网络方法进行应力快速预测

CRCP 的破坏行为主要受到临界荷位的应力及弯沉的影响,而应力与弯沉的变化主要受到荷载与环境因素产生的荷载的影响。应力不仅受到板尺寸、结构参数和材料性质的影响,同时还受到相邻板之间传荷及传荷能力弱化作用的影响。冲断破坏的形成主要是受到板顶位置拉应力影响,而在 CRCP 的使用过程中,相邻板之间的传荷能力的变化对板顶位置的拉应力有着显著的影响(如图 2-7 所示)。在进行 CRCP 路面使用性能预测分析过程中,需要根据预测的板之间传荷能力变化和板底基层受到冲刷作用而引起的支撑状态的变化来准确预测板顶的拉应力。应力的预测成为 CRCP 冲断破坏预测的关键。

对于 JPCP 而言,比较传统的方法是使用非线性回归的方法确定水泥混凝土路面的应力,这需要建立多重复杂的非线性回归模型。随着变量的增多,使用这种方法就相当复杂,并且浪费时间。鉴于传统方法的局限性,人工神经网络(Artificial Neural Network,ANN)在路面结构分析、设计和评价方面的作用逐渐显现出来。为了能够拥有足够准确的预测能力,Lev Khazanovich 等学者使用 IS-LAB2000 软件计算了 46800 次,创建了人工神经网络的计算数据库,并训练了人工神经网络工具来进行 CRCP 板顶拉应力的预测。

2.6.1 基本假设

对于与冲断破坏紧密相关的混凝土板顶位置拉应力的确定,当 CRCP 满足如下条件时,两个路面系统 1 和 2(图 2-17)中的板顶位置拉应力直接相关:

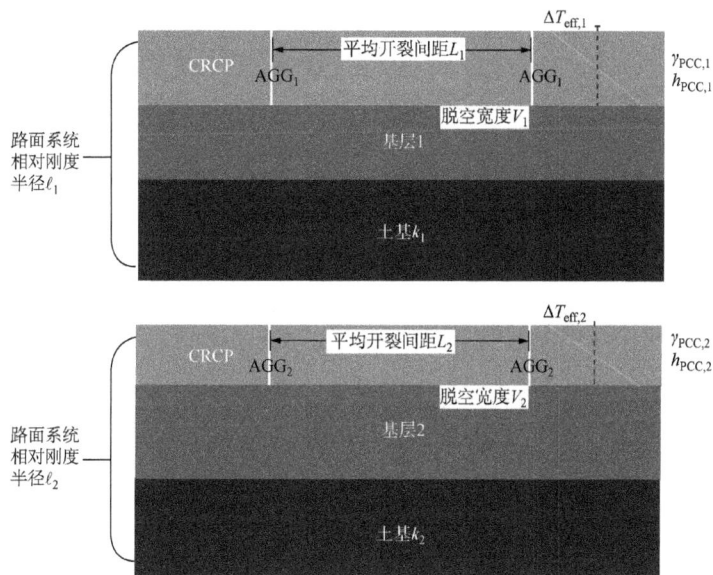

图 2-17 路面系统 1 与路面系统 2 示意图

$$\begin{cases} \ell_1 = \ell_2 \\ L_1 = L_2 \\ V_1 = V_2 \\ \phi_1 = \phi_2 \\ \dfrac{\mathrm{AGG}_1}{k_1 \ell_1} = \dfrac{\mathrm{AGG}_2}{k_2 \ell_2} \\ \dfrac{P_{\mathrm{a},1}}{h_{\mathrm{PCC},1}\gamma_{\mathrm{PCC},1}} = \dfrac{P_{\mathrm{a},2}}{h_{\mathrm{PCC},2}\gamma_{\mathrm{PCC},2}} \\ s_1 = s_2 \end{cases} \tag{2-34}$$

式中：L_1、L_2——CRCP 横向裂缝的平均开裂间距（m）；

$\quad\quad V_1$、V_2——板底脱空的宽度（m）；

AGG_1、AGG_2——集料嵌挤系数；

$\quad P_{a,1}$、$P_{a,2}$——轴重（kN）；

$\gamma_{PCC,1}$、$\gamma_{PCC,2}$——水泥混凝土的密度（kg/m³）；

$\quad\quad s_1$、s_2——板边到轴载边缘的距离（mm）；

$\quad \phi_1$、ϕ_2——克列涅夫无量纲温度梯度，可以表示为：

$$\phi = \frac{2\alpha_{PCC}(1+v)\ell^2}{h_{PCC}^2}\frac{k}{\gamma_{PCC}}\Delta T_{eff} \quad\quad (2\text{-}35)$$

2.6.2 参数取值范围

为了能足够准确预测板中应力，输入参数的选择要具有足够的代表性。板厚设定为 254mm；泊松比设为 0.15；混凝土的密度设为 2410kg/m³；混凝土的热膨胀系数设为 3.1×10^{-6}/℃（基准值）；其他参数的范围按表 2-2 取值。

人工神经网络训练的参数取值 表 2-2

参　数	取 值 范 围	参　数	取 值 范 围
开裂间距（m）	0.305、0.61、0.915、1.525	轴重（kN）	0~30.1
相对刚度半径（mm）	571~2032	荷载距离板边距离（mm）	0~457
温度梯度（℃）	0~50	脱空宽度（m）	0~0.915

CRCP 之所以拥有卓越的使用性能，正是因为在钢筋的约束作用下，混凝土板裂缝位置的开裂宽度得到了有效的控制，使得板与板之间保持了较高的传荷能力，因此混凝土板中的应力大大减小。输入准确的板之间的传荷能力，是准确预测水泥混凝土板顶位置拉应力的一个关键因素。传荷能力 LTE 与集料嵌挤系数之间的关系为：

$$LTE = \frac{1}{0.01 + 0.012 \times \left(\dfrac{AGG}{k\ell}\right)^{-0.849}} \quad\quad (2\text{-}36)$$

式中，传荷能力的取值范围为 0~95%，轴载重取为 0~30.1kN，荷载距离板边的距离为 0~457mm，脱空的宽度取值为 0~0.915m。

2.6.3 小结

使用 ISLAB2000 计算，并使用 MS-HARP 人工神经网络树进行板顶位置拉应力的计算,克服了 CRCP 的板顶位置拉应力影响因素众多,而依赖有限元软件计算效率较低、不便于工程技术人员使用的弊端。由于在人工神经网络训练之前就使计算参数有了一个足以涵盖常规路面使用的参数取值范围,使得人工神经网络足够发达,预测能力满足使用要求,并且大量的前期计算结果也保证了预测结果的准确性。美国使用人工神经网络的办法来确定复杂因素影响下路面结构的力学响应,结合有限元与人工神经网络技术,利用了有限元方法强大的计算能力和更加准确的计算结果,从而摆脱长期以来依赖解析解公式带来的较大误差和计算参数选取的局限性(一般情况下,为能够建立解析解,不得不简化很多条件,并舍掉可能带来较大误差的尾项)。目前我国的各种设计规范只是提供了计算方法,计算过程较为传统,已经不能适应当前道路工程学科的发展趋势,因此 CRCP 应力的快速计算方法对我国设计理论和设计方法的改进起到重要的启发作用。并且,设计规范的编制过程中也要考虑摆脱对经验公式的依赖,开发便于道路工程设计人员使用的计算工具,方便、准确、快速地确定路面的力学响应。

2.7　基层冲刷对冲断破坏的影响

根据冲断破坏的发生机理,必须是在基层发生弱化的情况下,板顶出现疲劳破坏的裂缝时,才能出现冲断破坏。基层的冲刷作用影响表现在两个方面:当 CRCP 板与基层发生分离时,面层与基层之间的结合作用将变弱,使得水泥混凝土板的等效厚度下降;更重要的是,在有水侵入到面层与基层之间时,基层材料会在受车辆荷载作用时从接缝或者裂缝的位置泵吸出来,造成局部的脱空,从而导致冲断破坏的发生,如图 2-18 所示。

图 2-18　纵向接缝位置基层材料的冲刷[17]

刚性路面的基层在受水作用下发生的冲刷对刚性路面的显著影响在工程界早有共识,但是在刚性路面的设计和寿命预估方面一直没能体现出来,主要是源于该问题的复杂性。

1985年美国普渡大学的 Van Wijk[64] 建立了基层冲刷的计算模型(见图2-19)。2010年以后,美国得克萨斯农工大学 Yongsu Jung 和 Dan G. Zollinger 合作发表了多篇论文[65-67]阐述基层材料在冲刷作用下基层侵蚀模型的原理,用汉堡式车轮仪试验(Hamburg Wheel-Tracking Device,HWTD)来模拟基层的受冲刷损伤(见图2-20)。Jung 和 Zollinger 改进后的模型见式(2-37)。

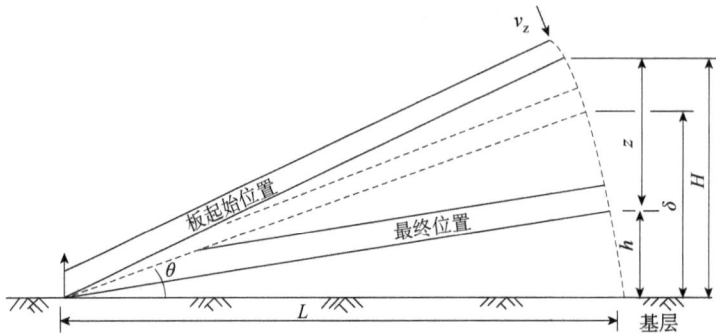

v_z-板的弯沉速率;H-初始脱空高度;z-板的弯沉值;h-最终脱空高度;δ-任意时刻的高度

图2-19 基层损伤模型[64]

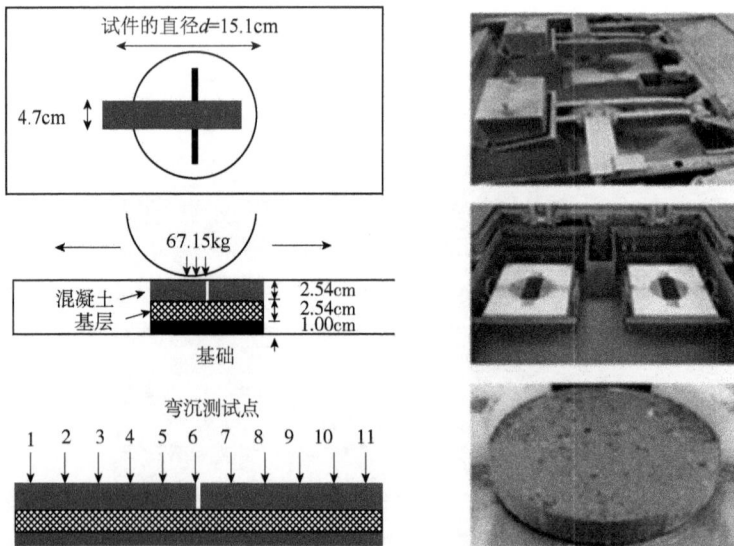

图2-20 HWTD 基层损伤试验[66]

$$\frac{f_i}{f_0} = e^{-\left(\frac{\rho}{N_i - N_e}\right)^{\alpha}} \tag{2-37}$$

式中：f_i——重复荷载作用下基层的冲刷深度（mm）；

　　　f_0——基层冲刷的最大深度（mm）；

　　　ρ——基于当地基层损伤的校正参数；

　　　N_i——基于基层损伤的等效当量轴载次数（次）；

　　　N_e——使基层与面板发生分离或是基层刚刚发生损伤时的当量轴载次数，对于室内试验值为 0；

　　　α——基于室内试验和当地基层损伤的综合校正系数，可按式（2-38）计算。

$$\alpha = \alpha' \alpha_f \tag{2-38}$$

式中：α'——基于当地基层损伤性能的校正系数；

　　　α_f——室内试验确定的基层损伤速率（mm/次），可按式（2-39）确定。

$$\alpha_f = \left[\frac{\partial f_i}{\partial t}\right] = \left[\frac{\partial f_i}{\partial N_i} \frac{\partial N_i}{\partial t}\right] = \left[\frac{\log^{-1}(a_m \tau_i + b_m)}{\gamma_b}\right] \tag{2-39}$$

式中：$\dfrac{\partial f_i}{\partial N_i}$——室内试验确定的基层损伤速率，可按式（2-40）确定；

　　　$\dfrac{\partial N_i}{\partial t}$——当量轴载速率（次/分），可按式（2-41）计算；

　　　a_m、b_m——针对特定材料类型描述基层损伤速率的参数；

　　　γ_b——基层的密度（kg/m³）；

　　　τ_i——基层与面板间的剪切应力（MPa），可按式（2-42）计算。

$$\frac{\partial f_i}{\partial N_i} = (1 - \chi) \frac{\partial f_{i-dry}}{\partial N_i} + \chi \frac{\partial f_{i-wet}}{\partial N_i} \tag{2-40}$$

式中：χ——基层和路面板界面上水饱和的比例（当基层一直处于水饱和状态的时候，χ 值为 1）；

　　　f_{i-dry}——干燥状态下，对应作用次数的冲刷深度（mm）；

　　　f_{i-wet}——饱水状态下，对应作用次数的冲刷深度（mm）。

$$\frac{\partial N_i}{\partial t} = \frac{\partial}{\partial t} \left[EWF \cdot \sum_i ESAL_i \right] \tag{2-41}$$

式中：EWF——基于基层损伤的横向分布系数；

$ESAL_i$——根据各种轴载类型计算确定的当量等效轴载次数。

$$\tau_i = \tau_{i-fri} + \tau_{i-hyd} \tag{2-42}$$

式中：τ_{i-fri}——界面上的摩擦剪切应力（MPa），可按式（2-43）计算；

τ_{i-hyd}——界面上的液压剪切应力（MPa），可按式（2-44）计算。

$$\tau_{i-fri} = f\left(\frac{h_{PCC}}{12} + \frac{DE_i}{\delta_i}\right) \tag{2-43}$$

式中：f——基层与面板间的摩擦系数；

h_{PCC}——水泥混凝土面板的厚度（mm）；

δ_i——混凝土板的变形（mm）；

DE_i——变形能（N/m），可按式（2-45）计算。

$$\tau_{i-hyd} = \frac{\eta B_i}{\delta_{void}}\left\{1 - \left(\frac{LTE_i}{100}\right)^2\right\} \tag{2-44}$$

式中：η——水的动态黏滞度（Pa·s）；

B_i——板底剪切速率（mm/s），可按式（2-46）计算；

δ_{void}——混凝土板下水运动的空隙（mm）；

LTE_i——横向裂缝上的传荷能力（%），随着集料之间嵌挤力的丧失而消减。

$$DE_i = \frac{k}{2}\delta_i^2\left[1 - \left(\frac{LTE_i}{100}\right)^2\right] \tag{2-45}$$

式中：k——地基反应模量（MPa/m）。

$$B_i = V_z\sin\theta + 6V_z\left[\frac{\sin\theta}{2} + \frac{\cos^2\theta}{\sin\theta}\right] \tag{2-46}$$

式中：V_z——混凝土板的弯沉速率（mm/s）；

θ——混凝土板与基层之间的夹角（°）。

有了 Van Wijk 的模型作为基础，Zollinger 和 Jung 提出了基于质量损失的基层抗冲刷性能评价方法。同时，Jung 和 Zollinger 建立的模型准确描述了基层受动水剪切作用时的力学状态，真实地反映了基层材料在饱水状态下，受车轮荷载反复作用冲刷深度不断增加的过程，可以用来描述基层发生冲刷损伤的概率。

在美国，水泥稳定材料也被广泛地用作道路的基层。根据 HWTD 试验的结果，Jung 和 Zollinger 发现在相同的集料级配情况下，使用不同水泥剂量（0~6%），基层材料的抗冲刷性能随着水泥剂量的增加而增强，如图 2-21 所示。而同样,如果集料相同,水泥剂量增加,水泥稳定基层材料的抗冲刷性能会显著提升,即水稳基层材料在车辆荷载和饱水状态下发生冲刷损伤的概率会降低。虽然从表面上看,发生冲刷的概率和冲刷深度之间不存在直接的关系,但是建立它们之间的等量关系,在工程上是说得通的,也对用数值模型描述工程行为具有实际的意义。从某种程度上说,使用数值模型建立冲刷深度和冲刷概率之间的关系,对描述和预测冲断破坏的发生是具有创造意义的。

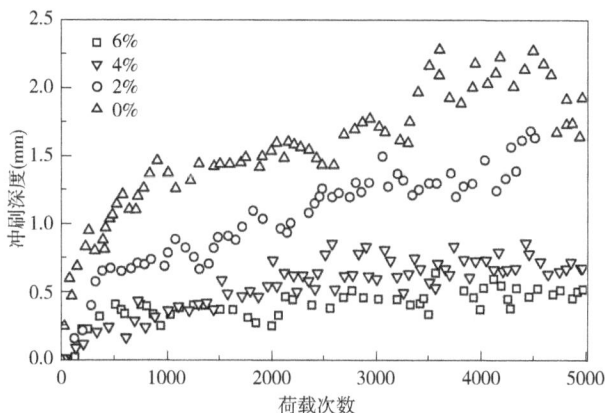

图 2-21　不同水泥剂量条件下 HWTD 试验冲刷深度[68]

Zollinger 认为基层与面层之间可以描述为二者交互作用的摩擦黏结模型[69],如图 2-22 所示。这种交互作用可以等效为一个层间结合与摩擦作用共同结合而形成的摩擦系数:

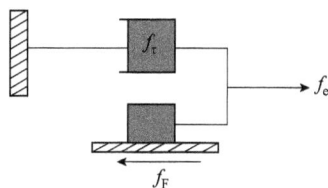

图 2-22　层间作用力模型

$$f_e = (1-P_e)\{[1-P(\sigma_n>0)]f_\tau + f_F\} \quad (2\text{-}47)$$

式中:　f_e——基层与面层之间的等效摩擦系数或者层间结合强度(MPa),$f_e = \sigma_v\mu_e$;

P_e——基层冲刷损伤的概率;

$P(\sigma_n>0)$——层间结合受水泥混凝土板翘曲作用失效的概率;

σ_n——净应力(MPa),$\sigma_n = \sigma_0 - f_t$,其中 σ_0 为引起层间分离的应力,f_t 为相邻界面之间最薄弱位置的抗拉强度,$f_t = f_\tau/\tan\varphi$;

σ_v——基层顶面的正应力(MPa),$\sigma_v = k_{eff}\Delta$;

k_{eff}——路基的等效反应模量(MPa/m);

Δ——荷载作用下的弯沉(m);

μ_e——等效摩擦系数。

遗憾的是,他们只是通过试验研究分析了动水作用对混凝土板下基层冲刷深度的影响,而没有对冲刷损伤的范围进行描述,更没有进行冲刷损伤条件下混凝土板的力学响应变化规律的研究。通过试验和理论分析掌握基层冲刷损伤对混凝土路面力学响应的变化规律,才能真正将基层冲刷损伤这一因素引入水泥混凝土路面的设计当中。

2.8　主要经验总结

冲断破坏是 CRCP 的典型结构破坏,是研究 CRCP 结构行为理论和设计方法的突破口。冲断破坏的形成有三大要素:较短的开裂间距、板顶的疲劳开裂和基层发生冲刷损伤。这意味着在钢筋约束作用下,受材料自身性质和环境共同作用下的 CRCP 开裂行为、荷载应力和环境应力作用下,在混凝土板顶位置发生的纵向开裂行为、水和动车辆荷载作用下基层材料与混凝土板之间相互作用的变化和材料损失,都是影响冲断破坏发生的关键因素。本章对冲断破坏的形成机理、主要影响因素做了详细介绍。由于问题的复杂性,关于 CRCP 的开裂行为,将在第 5 章中进行详细的介绍。

在板顶应力预测分析方面,由于 CRCP 的荷载应力受到相邻板块之间传荷能力的影响,所以使用 Westergaard 解析解的办法很难确定 CRCP 在不同工作状态条件下的应力。在 AASHTO 2002 M-E PDG 开发过程中,根据有限元计算结果进行了大量的运算,使用有限元计算不同工作状态组合时的应力来培训人工神经网络(ANN),用于结构计算分析时的应力快速计算。

和 JPCP 一样,温度应力同样对 CRCP 开裂行为有着显著的影响。然而通过一系列的研究发现,在高温季节白天进行施工,混凝土板会形成正的硬化温度梯度(水泥混凝土硬化时刻,板顶的温度要高于板底)。硬化温度梯度为正,也就意味着在混凝土板为水平时,板内有负的温度梯度,水泥混凝土板更容易受到负温度梯度的影响,会在混凝土板顶位置形成拉应力。然而,CRCP 冲断破坏的一个重要形成要素就是板顶的纵向开裂,使用 Bradbury 的温度应力校正关系分析,在横向开裂间距较小的情况下,温度应力对横向开裂的影响较小,而主要影响纵向开裂,所以施工条件对 CRCP 冲断破坏的发生影响更大。

基层发生冲刷将导致混凝土板底的工作状态发生改变,脱空作用下混凝土板中应力将大幅增加。对于 CRCP，基层冲刷是冲断破坏形成的一个必要条件。Zollinger 使用汉堡式车轮仪试验模拟了饱水作用下，基层受动水荷载冲刷作用时材料发生损失的过程，并在 Van Wijk 模型的基础上发展了基层受冲刷作用的力学模型和基层冲刷概率预测模型，对完善 CRCP 的结构行为理论和设计方法起到了重要作用。

第 3 章　美国 CRCP 设计方法简介

3.1　美国 CRCP 设计方法发展简述

第 2 章就 CRCP 冲断破坏行为的机理及预测方法做了简要的介绍,其中很多内容是学者们最新的研究成果。为了便于工程技术人员参考和吸纳美国 CRCP 的设计理论和设计方法,本章将对美国 AASHTO 2002 M-E PDG 中关于冲断破坏的预测流程做详细描述,并对美国得克萨斯州、伊利诺伊州的 CRCP 设计方法的主要理念进行简要介绍。笔者相信,美国的 CRCP 设计理论和设计方法研究成果,可以作为我们发展 CRCP 技术的重要参考资料,尤其是在一些重要参数的确定方法以及取值依据上,将对我国发展 CRCP 设计理论和设计方法有重要的促进作用。这里需要指出的是,AASHTO 2002 M-E PDG 所采用的设计方法不一定都能代表最新的研究成果,某些参数的选取也由各州自行确定,因此在采用和参考的时候,不一定要奉 AASHTO 2002 M-E PDG 为最高准则,也不必认为 AASHTO 所规定的即为正确的。工程问题是复杂多变的,有限的理论分析和不完全的现场观测数据很难发现问题的本质。工程技术领域的模型由于采用了过多的假设,所分析的结果也只能在一定程度上满足工程实际,不能代表全部情况。

刚性路面设计的基本思想是:通过输入工程所在区域的气象资料,预测交通量、路面结构信息、材料特性,预测使用年限内刚性路面的使用性能随车道荷载累计作用次数的衰减。刚性路面的主要破坏形式为横向开裂、错台和表面剥落[70-72] AASHTO 2002 M-E PDG 认为冲断是 CRCP 的主要结构性破坏,和其他路面结构形式一样,AASHTO 2002 M-E PDG 也是按照疲劳准则分析冲断行为[22]。

目前,得克萨斯州是全美 CRCP 使用最广泛的州,该州 CRCP 设计理论的研究随着工程技术的进步持续了近半个世纪的时间。美国得克萨斯大学奥斯汀分

校的 B. Frank McCullough 教授在 CRCP 研究方面有独特的建树,被誉为美国
"CRCP 之父"。他在得克萨斯交通厅的资助下开展了 CRCP 系统的研究。20
世纪 70 年代中期,在美国国家联合公路研究项目(National Cooperative Highway
Research Program,NCHRP)的资助下,美国第一个专门用于 CRCP 设计分析的软
件 CRCP-1 诞生了,之后经过不断的改进,现在已经发展到了 CRCP-10[73]。
CRCP 系列设计软件在疲劳设计的基础上主要进行了如下改进:1991 年,Won 在
CRCP 力学设计方法中加入了材料变异性对混凝土劈裂强度的模拟分析,并将
分析结果用于路面结果的疲劳分析上[74];CRCP-5 程序对得克萨斯州公路工程
常用的 8 种集料分别给出了标准化的曲线,预测不同龄期混凝土的抗压强度、弹
性模量、劈裂强度和干缩变形[75];CPCP-8 整合了前面的几个版本,但是该版本
仍是对应力和应变的一维分析,存在很大的局限性;随后在 2001 年开发了
CRCP-9,开始使用二维有限元的方法,并可以进行 CRCP 板内温度和收缩变形
的非线性分析、钢筋和混凝土之间的非线性黏结—滑动分析、混凝土的黏弹作用
分析、温度湿度翘曲作用分析,并且分析钢筋布置在混凝土当中不同深度处的作
用[73];随后开发的 CRCP-10,提高了计算精确度,可以分析移动双联轴荷载,并
开发了友好的使用界面,更加便于使用[76]。除此之外,美国得克萨斯农工大学
的 Dan G. Zollinger 教授和得克萨斯理工大学 Moon C. Won 教授等根据三维有限
元计算的结果,开发了一个基于 VBA 平台的 CRCP 疲劳分析与设计软件——
TxCRCP-ME[77]。该程序是基于疲劳分析进行冲断破坏数量的预测,工作原理
见图 3-1。

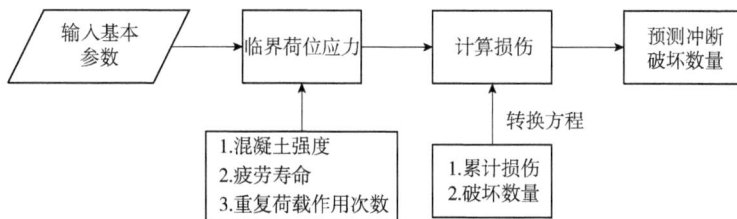

图 3-1　TxCRCP-ME 程序的冲断破坏预测流程

　　伊利诺伊州 CRCP 的修筑数量在美国居第二位,也是美国最早使用 CRCP
的几个州之一。该州早在 20 世纪 30~50 年代就开始了 CRCP 的试验段建设和
使用性能监测工作[36]。位于该州的伊利诺伊大学香槟分校的研究奠定了当前
美国力学—经验法的基础。该州交通万所采用的设计方法以 Zollinger 和 Baren-

berg[78]的研究成果为基础。Beyer 和 Roesler[79] 在 AASHTO 2002 M-E PDG 和 Zollinger 的研究基础上发展了伊利诺伊州的 CRCP 设计方法,同时考虑混凝土板顶和板底两个位置的拉应力,并分别计算疲劳开裂的可能,将累计疲劳破坏概率更大的位置作为冲断破坏的控制位置。虽然他们认识到基层的冲刷是冲断破坏发生的主要原因,但是"由于目前只有有限的数据用于描述基层冲刷损伤之后所形成的脱空面积,并且一旦考虑基层冲刷,CRCP 的受力分析将变得很复杂",所以设计方法中没有考虑基层冲刷和支撑的损失。

3.2　AASHTO 86/93 设计方法概述

目前美国主要使用 AASHTO 在 1986 年出版的设计方法,后来又改进为 1993 版本,但是后者只是在罩面设计上做了改动,对于 CRCP 的设计流程没有做变动,因此 AASHTO 86 或者 AASHTO 93 设计方法也被称为 AASHTO 86/93 设计方法。由于使用方便,该方法在美国获得了广泛使用。本小节只对 AASHTO 86/93 的设计方法做简要的介绍,AASHTO 86/93 中关于 CRCP 的配筋设计流程的规定可以参照文献[80]中的相关介绍。

3.2.1　主要设计参数

使用 AASHTO 86/93 设计方法进行 CRCP 的设计需要如下参数:
①混凝土的抗拉强度
②混凝土的 28d 收缩总量
混凝土失水造成的收缩是配筋设计的一个重要参数,影响混凝土收缩的因素主要有水泥用量、外加剂种类、养生的方法、集料的类型和养生的条件等。
③混凝土的热膨胀系数。
混凝土的热膨胀系数受到水灰比、混凝土龄期、胶结材料用量和相对湿度的影响。
④配筋的直径
⑤钢筋的热膨胀系数
钢筋的热膨胀系数可以假设为 $8×10^{-6}/℃$。
⑥设计温度降幅(DT_D),即施工季节温度与最冷月气温差,可用下式计算。

$$DT_D = T_H - T_L \tag{3-1}$$

式中:DT_D——设计温度降幅(℃);

　　T_H——施工季节的月度平均气温(℃);

　　T_L——最冷月份的日低温平均值(℃)。

3.2.2　配筋设计

配筋设计提出了进行配筋设计的基本原则,规定裂缝的开裂间距要在 1.05～2.4m 以防冲断破坏和混凝土板的剥离,而裂缝的宽度要求在最不利季节要小于 1.02mm(这一指标在 AASHTO 2002 设计方法中被修改为 0.5mm),同时要求钢筋中极限应力水平不超过屈服强度的 75%。

AASHTO 86/93 设计方法受当时数值分析手段还不成熟的影响,在指南中提供了用来确定荷载应力和配筋率的诺谟图,方便工程师快速确定所需的配筋率。

3.2.3　板厚设计

最初的板厚计算是根据试验路观测数据所建立的 Spangler 应力模型,后来开始考虑材料的性质,并在 AASHTO 86 设计方法修订时增加了考虑道路排水能力的参数 C_d 来描述道路可能在饱水状态下工作情形,同时考虑了基层冲刷可能带来的混凝土板失去支撑的情况。AASHTO 93 设计方法确定的结构设计模型如下:

$$\log_{10} W_{18} = Z_R \cdot S_0 + 7.35 \cdot \log_{10}(h_{PCC} + 1) - 0.06 + \frac{\log_{10}\left(\dfrac{\Delta PSI}{4.5 - 1.5}\right)}{1 + \dfrac{1.624 \cdot 10^7}{(h_{PCC} + 1)^{8.46}}} +$$

$$(4.22 - 0.32 p_t) \cdot \log_{10}\left\{ \frac{MR \cdot C_d(h_{PCC}{}^{0.75} - 1.132)}{215.63 \cdot J\left[h_{PCC}{}^{0.75} - \dfrac{18.42}{(E_{PCC}/k)^{0.25}}\right]} \right\} \quad (3\text{-}2)$$

$$W_{18} = W_{18}/F_R = W_{18}/10^{(-Z_R S_0)} \quad (3\text{-}3)$$

式中:W_{18}——18-kip(18 千磅力,约为 80kN)的累计当量轴载的作用次数;

　　F_R——可靠度设计参数;

　　Z_R——指定可靠度水平的标准正态差;

　　S_0——刚性路面的总体标准差;

　　h_{PCC}——刚性路面的板厚(in);

ΔPSI——路面服务能力损失，即 P_i-P_t；

P_i——初始的路面服务能力；

P_t——最终的服务水平；

MR——混凝土的28d抗弯拉强度(psi)；

J——接缝位置传荷能力的调整系数；

C_d——排水系数；

E_{PCC}——混凝土的弹性模量(psi)；

k——地基反应模量(psi/in)。

路面设计过程中一般将道路上的荷载通过一定的方法转换成等量标准的单轴荷载(18-kip＝18000lbs，约8154kg)的作用，而AASHO试验路进行的时候还没能考虑三联轴荷载的作用。从式(3-2)中可以看出，这种分析方法考虑了传荷能力、排水能力，但是整体上仍是一种经验方法。

3.2.4 AASHTO 86/93设计方法简析

AASHTO 86/93设计方法开始将CRCP的设计列入其中。但是当时的设计方法只是考虑使用连续配筋之后，裂缝的宽度减小，传荷能力也得到相应的提高，于是认为使用CRCP的混凝土板厚度可以比JPCP有所降低。

在AASHTO 86/93设计方法中提出了CRCP设计的基本框架，也奠定了CRCP分析的基础。AASHTO 86/93设计方法还没有把冲断作为CRCP的主要结构破坏进行计算分析，但由于使用方便，可以不依赖设计软件，所以AASHTO 86/93设计方法至今仍是一种主流的CRCP设计方法。

然而这种方法总体上是一种经验方法，对既有经验的依赖性很强。随着使用CRCP的地区越来越多，工程师和研究者发现很多经验公式或许并不适合本州(地区)的实际情况，所以AASHTO 86/93 CRCP设计方法在推广过程中有着无法克服的局限性。

3.3 AASHTO 2002设计方法

AASHTO 2002设计方法(即AASHTO 2002 M-E PDG)在AASHTO 93设计方法上做了很大的改进，在CRCP设计上，解决了原来的设计方法不能考虑基层的冲刷作用、钢筋位置和配筋率以及施工方法等问题，使得用新设计方法设计的

CRCP 的使用性能超过预期,达到了较为理想的使用效果[81]。

AASHTO 2002 M-E PDG[22]广泛吸收了全美最新的 CRCP 研究成果,成为当前使用最广泛的路面设计方法。主要设计思想是:通过场地条件(交通、气候、路基及当前修复道路条件)和施工条件预测路面损坏和平整度,如果设计不满足所需的性能标准,则变换输入参数重新进行计算。CRCP 的设计准则为控制使用年限内的冲断破坏水平。当前冲断数目的预测主要采用疲劳破坏准则,运用人工神经网络(Artifacial Neural Network,ANN)来确定荷载和温度梯度组合共同作用确定的应力并计算疲劳损伤,根据实际路况调查数据校正后的力学—经验设计模型来进行冲断破坏数目预估。

AASHTO 2002 M-E PDG 摆脱了路面设计单纯依靠力学分析,很难与实际使用情况相符的问题,将力学分析与经验进行了有效的整合。明确路面的主要结构破坏形式是进行理论分析的基础。在明确了某种破坏形式之后,从材料和力学等方法展开对该种破坏机理的研究,然后再应用理论模型进行路面破坏的预测,是一种从现象到本质再回归到现象的研究过程。

3.3.1　AASHTO 2002 M-E PDG 设计参数综述

3.3.1.1　板厚设计

在 AASHTO 2002 M-E PDG 中,CRCP 的板厚设计流程和 JPCP 的设计是一样的。水泥混凝土路面的板厚设计是在 20 世纪五六十年代美国 AASHO 所开展的试验路研究建立的模型基础上发展而来的。这种方法的基本流程是基于路面使用性能的衰减建立经验关系,描述在不同的车辆的重复作用下,路面是怎样服务道路的使用者的。进行板厚设计的目的是选择最小的厚度来使设计期内冲断破坏和平整度水平满足使用要求,而 CRCP 板厚的选择必须与开裂间距、裂缝宽度和配筋率等指标相结合。由于施工条件对路面使用性能的影响,CRCP 的板厚设计还必须结合施工的时机。正如在第 2 章中介绍的,一旦考虑施工条件,可能导致相同板厚条件下,夏季施工的路面破坏水平较高,而秋季施工的路面破坏水平较小。

3.3.1.2　横向裂缝宽度和开裂间距

在 AASHTO 2002 M-E PDG 中,认为横向裂缝的宽度是 CRCP 众多参数中的基础,因为横向裂缝的宽度直接影响了开裂处集料的嵌挤作用,即 CRCP 的传荷能力。通常,较小的横向裂缝开裂宽度意味着相邻板块之间传递荷载的能力较强;当裂缝宽度增加,意味着传荷能力的降低,受车辆荷载作用时板顶位置的应力增大,进而冲断破坏发生的概率增加。

另外,控制裂缝宽度在 0.5mm 以下,可以阻止水分侵入到路面内部,防止水分对钢筋造成腐蚀,特别是在冬季频繁使用除冰盐的地区,控制裂缝宽度对钢筋防腐的作用就更大。

一些调查表明(但不代表所有),横向裂缝的宽度会随着开裂间距的增加而增大,而有限元计算的结果显示过小的开裂间距会使板顶位置的拉应力水平增加,所以建议在设计中要对 CRCP 的最大和最小开裂间距做出要求。但是,当材料和环境因素相互耦合影响时,例如高温天气会使水泥的水化速率增加,使水泥混凝土的强度增长加快,水泥的硬化提前,同时高温天气还改变了水泥混凝土板内温度应力状态,加上钢筋和基层对 CRCP 的约束作用,使得混凝土的开裂控制变得非常困难。然而通过合理的组合配筋率、水泥混凝土材料设计、基层类型,避开高温、大风天气等不利施工条件,利用主动开裂控制技术,都可以改善 CRCP 的开裂分布。

3.3.1.3 水泥混凝土材料

对于 CRCP 而言,对水泥混凝土材料的要求不仅仅是抗压强度、抗折强度这么简单,水泥混凝土抗拉强度、弹性模型、热传导系数、热膨胀系数、极限干缩应变和集料类型等都对 CRCP 的设计有影响。

一般情况下,强度越高就意味着使用寿命越长,而这一规律对于 CRCP 未必适用。当强度提高,对 CRCP 可能带来的危害有如下三个方面:其一,水泥混凝土的抗压强度越高会导致混凝土的弹性模量越高,使 CRCP 的开裂间距和裂缝的宽度增大,使相邻板块之间的传荷能力降低,应力水平增加;其二,由于强度增加需要增加水泥混凝土单位体积的水泥用量,由于水泥水化热的增加,水泥混凝土板内的硬化温度梯度水平就会提高,增加板顶发生开裂的概率;其三,水泥用量的增加还会使水泥混凝土的极限干缩水平增大,同样增加了水泥混凝土发生不规则开裂和裂缝宽度增大的可能。

粗集料的类型会影响水泥混凝土的热膨胀系数,而热膨胀系数对 CRCP 的开裂间距和裂缝宽度都有显著的影响。通常,热膨胀系数越大,则开裂间距和裂缝宽度都会增大。并且,增加热膨胀系数的水平还会使水泥混凝土中温度应力的水平增大。除此之外,水泥混凝土中水泥含量的增加,也会增大水泥混凝土的热膨胀系数。

CRCP 对水泥混凝土的要求不仅限于水泥混凝土的强度,一味要求提高强度反而会起到一些副作用,对工程不利。

3.3.1.4　纵向配筋设计

纵向配筋是 CRCP 部分配筋设计中最重要的,主要是控制环境改变时由于混凝土自身体积的改变而引起的变形。纵向配筋设计主要是满足以下三个控制指标:开裂间距、横向裂缝位置裂缝的宽度和钢筋的容许应力。

开裂间距指的是 CRCP 的两条横向裂缝之间的距离,该指标的制定主要是从预防冲断和混凝土剥落两种破坏出发的。为了保证混凝土不出现剥落,最大的裂缝间距不应该超过 2.44m(8ft),而为了预防冲断破坏发生,AASHTO 建议的最小开裂间距为 1.07m(3.5ft)。对裂缝宽度的控制主要是考虑混凝土的剥落和水分侵入到路面内部,目前 AASHTO 要求的最大裂缝宽度为约 0.5mm(0.02in);而为了防止钢筋断裂和发生不可恢复的变形,应当控制钢筋当中的应力不超过钢筋允许最大应力值的 75%。

3.3.1.5　纵向钢筋的埋置深度

纵向钢筋的埋置深度一般是混凝土板中部略靠近板顶的位置。根据调研发现,钢筋越靠近板顶,越有利于控制 CRCP 的开裂。在得克萨斯州,一般将钢筋放在靠近板顶方向距离板中 2.54cm(1in)的地方,而伊利诺伊州则要求最小的钢筋保护层厚度不能小于 8.90cm(3.5in)。

3.3.1.6　横向裂缝位置传荷能力

对于 CRCP 横向裂缝位置的传荷能力,一般要求保持在 95% 以上。横向裂缝位置的传荷能力是控制引起冲断发生的纵向开裂的有效保证手段。裂缝位置的传荷能力受到板厚、开裂间距和裂缝宽度等因素的影响,通过调整以上参数保证传荷能力在 95%,可以保证集料之间的嵌挤作用最大,减小混凝土板顶的拉应力,减少冲断破坏发生。

3.3.1.7　横向钢筋设计

设置横向钢筋是为了支撑纵向钢筋,一般不需要做特殊的设计。而一些现场调查的结果发现,横向钢筋的位置往往和横向开裂的位置相重合,特别是在设置双层钢筋网的地方。考虑到横向钢筋可能对纵向接缝的发展有约束作用,美国一些州的交通部门很重视横向钢筋的布置。

3.3.1.8 板宽设计

板的宽度一般都设置为 3.65m,即一个车道的宽度。美国也有使用较大的板宽来提高 CRCP 使用性能的案例,一般增加到 4.27m 左右。板宽增大之后,汽车荷载就不容易作用到纵向接缝位置,有效避免了临界荷位的发生,降低了水泥混凝土板的应力水平和弯沉,进而降低了冲断破坏发生的可能性。

3.3.1.9 基层

基层起到对 CRCP 的支撑作用,对预防发生冲断破坏、提高平整度都有重要作用,特别是基层的类型还对 CRCP 的开裂行为有重要影响。工程调查结果表明,由于基层刚度和摩擦系数的影响,CRCP 的开裂行为会发生很大变化。一般 CRCP 不会使用级配碎石作为基层,因为级配碎石对 CRCP 的约束作用较小,而使开裂间距过大。当 CRCP 直接铺筑在沥青稳定基层上的时候,混凝土材料与沥青材料的结合作用对 CRCP 的约束效果最佳,一般 CRCP 能达到较为理想的开裂状态,所以美国的 CRCP 的基层一般都设计成大约 5cm 厚的沥青稳定材料+水泥稳定基层的形式。而如果 CRCP 需要直接作用在贫混凝土或者水泥稳定基层,需要设置一层类似蜡质基的养护剂的层间分离材料,来降低层间的结合作用。

基层对 CRCP 起支撑作用,这就需要基层有足够的抗冲刷能力。当使用贫混凝土基层等抗冲刷性好的材料作为基层时,CRCP 发生冲断破坏的概率会大大降低。

鉴于基层对 CRCP 的重要作用,基层的设置要合理考虑板厚、板宽、混凝土材料、开裂特性、抗冲刷损伤能力、汽车荷载水平以及综合造价等因素。简而言之,选择基层的原则就是用造价最低的材料来满足 CRCP 对支撑、开裂水平的要求,尽可能降低发生基层冲刷和 CRCP 冲断破坏的可能性。

3.3.1.10 底基层

是否要设置底基层,要根据土基的刚度和类型、基层的形式(稳定类或碎石类)以及在路面结构中是否设置了排水层等条件来确定。在刚性路面板下设置的稳定类基层不可避免地要受到水分的侵蚀而发生材料损失,而如果在基层下面再铺设一层粒料类的材料作为底基层,就可以在一定程度上减小基层发生损伤之后对路面板的侵害。因此美国有若干州要求在基层下面必须设置粒料类材料作为底基层。除此之外,粒料类材料底基层还起到防治软土、粉质土侵害基层的作用。当使用透水材料基层的时候,在基层下面的密级配集料类底基层可以起到过滤层的作用,防止土基中的细料侵入到基层内部造成堵孔。

3.3.1.11 路肩

CRCP 的路基一般设置成普通的 JPCP 或者沥青路面。然而,无论哪种形式,充分保证 CRCP 板与路肩的传荷能力都十分重要。路肩设计的主要内容包括:行车道与路肩之间的联系,路肩位置基层的抗冲刷损伤能力,路肩的作用(是否用于紧急停车,作为停车区,或者考虑为增加通行能力)。

3.3.2 AASHTO 2002 方法的设计流程

整个设计过程大概包括如下几个步骤:

(1)构建一个试验设计,输入参数,包括交通、气候、土基、结构组合、水泥混凝土和基层等材料参数,以及设计与施工的其他细节。

(2)使用 AASHTO 设计软件进行 CRCP 的结构设计,主要是计算在设计期内冲断破坏的数量是否达到预定的要求,一般设定为 10~20 冲断/mile,或者 6~13 冲断/mile,并设定所要求的平整度 IRI 水平,一般初始值设定为 0.78~1.57m/km。

(3)选择对应控制指标的可靠度水平。

以下流程需要用设计软件来完成:

①通过输入的基本参数,运行软件生成整个设计寿命周期每个月的交通、材料和气象输入。

②在设计周期内的每一个时间增量,对应每一种轴型(单轴、双轴或三轴)和每一个轴重水平,使用基于人工神经网络方法所训练的人工神经网络来计算结构的响应(应力和弯沉)。

③计算设计周期内每个月结束后的累计损伤水平。

④根据损伤水平预测设计周期内的冲断破坏。

⑤根据预先设定的 IRI 水平,预测整个设计周期的 IRI 水平。

(4)根据预先设定的可靠度水平,评价试验设计的结果。

(5)若设计结果不满足,修改和调整设计参数,直到设计满足使用要求。

3.3.3 AASHTO 2002 方法的设计流程

AASHTO 2002 的 CRCP 设计流程如图 3-2 所示。

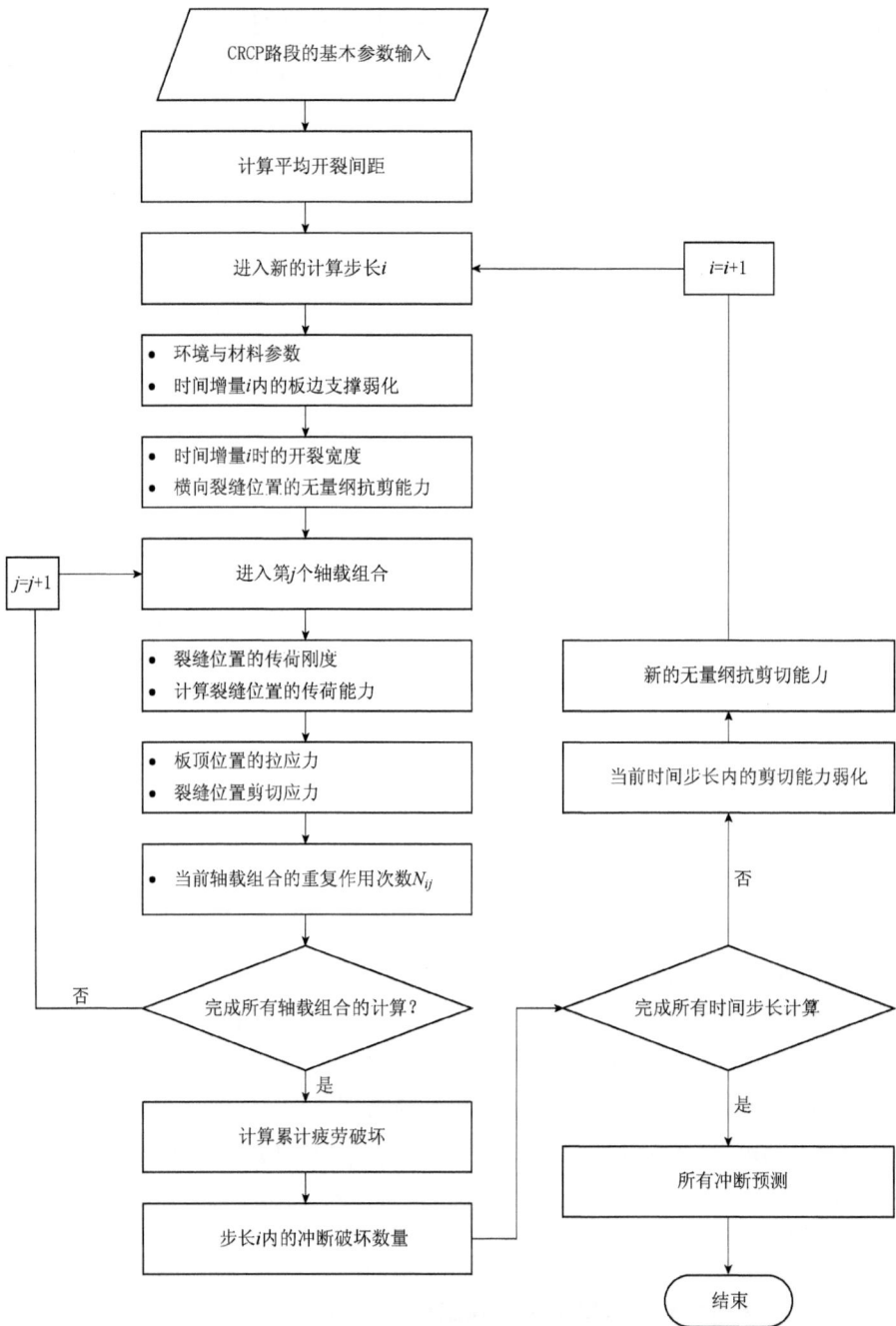

图 3-2 AASHTO 的 CRCP 设计流程

3.3.4　开裂控制参数的确定

进行 CRCP 配筋设计的目的是使 CRCP 的开裂间距、裂缝宽度和钢筋的极限应力满足要求。本节简要介绍 AASHTO 设计方法中关于开裂控制参数的确定方法[81]。

3.3.4.1　平均开裂间距

使用单层钢筋时,AASHTO 建议的平均开裂间距的确定公式如下[21]:

$$\bar{L} = \frac{f_t - f_\sigma}{\dfrac{f}{2} + \dfrac{U_m \rho_s}{c_1 d_b}} = \frac{f_t - C\sigma_0 \left(1 - \dfrac{2\zeta}{h_{PCC}}\right)}{\dfrac{f}{2} + \dfrac{U_m \rho_s}{c_1 d_b}} \tag{3-4}$$

式中:$\bar{L}$ ——CRCP 的平均开裂间距(in);

f_t ——混凝土的劈裂强度(psi);

f_σ ——钢筋层位水泥混凝土的最大应力(psi);

f ——根据 AASHTO 推荐值确定的基层摩阻系数,可参照表 3-1 取值;

ζ ——钢筋到混凝土板顶的距离(in);

h_{PCC} ——水泥混凝土板厚(in);

C ——翘曲应力系数,确定方法见式(2-11);

ρ_s ——配筋率(%);

c_1 ——混凝土与钢筋之间的黏结滑移系数;

d_b ——纵向钢筋的直径(in);

σ_0 ——Westergaard 正应力系数(psi),可由式(3-5)确定;

$$\sigma_0 = \frac{E_{PCC} \varepsilon_{tot-\Delta m}}{2(1 - \mu_{PCC})} \tag{3-5}$$

$\varepsilon_{tot-\Delta m}$ ——混凝土板顶和板底的等效应变差[83];

E_{PCC} ——混凝土的弹性模量(psi);

μ_{PCC} ——混凝土的泊松比;

U_m ——钢筋的最大黏结应力(psi),可由式(3-6)确定;

$$U_m = \frac{0.24 k_1 E_{PCC} \varepsilon_{tot-\zeta}}{1 + 3\dfrac{d_b}{s_L}} \tag{3-6}$$

$\varepsilon_{\text{tot}\_\zeta}$——钢筋位置的总应变(一般在 $150\sim600\ \mu\varepsilon$);

s_{L}——配筋的间距(in);

k_1——黏结系数,由式(3-7)计算。

$$k_1 = 117.2 \times f_c \tag{3-7}$$

式中:f_c——水泥混凝土的抗压强度(psi)。

当使用双层钢筋时,

$$\bar{L} = \frac{f_t - C\sigma_0\left(1 - \dfrac{\zeta_1}{h_{\text{PCC}}} - \dfrac{\zeta_2}{h_{\text{PCC}}}\right)}{\dfrac{f}{2} + \dfrac{U_{\text{m}}\rho_{\text{s}}}{c_1 d_{\text{b}}}} \tag{3-8}$$

式中:ζ_1——第一层钢筋距离板顶的距离(in);

ζ_2——第二层钢筋距离板顶的距离(in)。

其他参数同式(3-4)。

不同基层的摩阻系数 表 3-1

基层的形式	摩阻系数	基层的形式	摩阻系数
表面处置	2.2	级配砾石	1.5
石灰稳定碎石	1.8	级配碎石	1.5
沥青稳定碎石	1.8	砂岩	1.2
水泥稳定碎石	1.8	天然路基	0.9

3.3.4.2 裂缝宽度

Zollinger 等根据 Reis[82]的研究成果,对 AASHTO 2002 M-E PDG 推荐的公式进行了改进,水泥混凝土的裂缝开裂宽度可以计算为:

$$\text{cw} = \bar{L}(\varepsilon_{\text{shr}} + \alpha_{\text{PCC}}\Delta T_{\zeta\text{m}}) - \bar{L}\frac{c_2}{E_{\text{PCC}}}\left[\frac{\bar{L}U_{\text{m}}\rho_{\text{s}}}{c_1 k_i d_{\text{b}}} + C\sigma_0\left(1 - \frac{2\zeta}{h_{\text{PCC}}}\right) + \frac{\bar{L}}{2}f\right] \tag{3-9}$$

式中:cw——裂缝宽度(in);

ε_{shr}——无约束条件下,水泥混凝土在钢筋位置的干缩应变;

α_{PCC}——混凝土的热膨胀系数(1/℉);

$\Delta T_{\zeta\text{m}}$——钢筋深度混凝土温度与混凝土硬化温度的差(℉);

c_1——第一黏结应力系数,可由式(3-10)确定:

$$c_1 = 0.577 - 9.499 \times 10^{-9} \frac{\ln \varepsilon_{\text{tot}\_\zeta}}{\varepsilon_{\text{tot}\_\zeta}^2} + 0.00502 \bar{L} (\ln \bar{L}) \tag{3-10}$$

c_2——第二黏结应力系数,可由式(3-11)确定,一般取值为 0.7~0.9。

$$c_2 = a + \frac{b}{k_1} + \frac{c}{\bar{L}^2} \tag{3-11}$$

$$a = 0.7606 + 1772.5 (\varepsilon_{\text{tot}\_\zeta}) - 2 \times 10^6 (\varepsilon_{\text{tot}\_\zeta})^2 \tag{3-12}$$

$$b = 9 \times 10^8 (\varepsilon_{\text{tot}\_\zeta}) + 149486 \tag{3-13}$$

$$c = 3 \times 10^9 (\varepsilon_{\text{tot}\_\zeta})^2 - 5 \times 10^6 (\varepsilon_{\text{tot}\_\zeta}) + 2020.4 \tag{3-14}$$

上式中其他符号含义见式(3-4)。这里需要指出,用公式计算的裂缝宽度只是整个路面的长度方向上裂缝宽度分布(纵向和横向)的平均值,由于受到温度变化的影响,不同的季节,甚至一天当中的不同时刻,裂缝的宽度都会有所不同。

3.3.4.3 钢筋应力的预测

$$f_s = 2 n f_t - E_s \left[\Delta T_{\zeta m} (\alpha_{\text{PCC}} - \alpha_s) + (\varepsilon_{\text{tot}\_\zeta} - \varepsilon_{\text{crp}}) \right] + \frac{U_m \bar{L}}{d_b c_1} \tag{3-15}$$

式中:n——钢筋与混凝土的弹性模量之比,即 E_s / E_{PCC};

$\quad f_s$——钢筋当中的应力(psi);

$\quad E_s$——钢筋弹性模量(psi);

$\quad \alpha_s$——钢筋的热膨胀系数($^{\circ}\text{F}^{-1}$);

ε_{crp}——水泥混凝土的徐变应变。

其他参数参见 3.3.4.1 与 3.3.4.2 的说明。

3.3.4.4 混凝土应力的预测

在 Reis 的研究成果基础上,根据 Westergarrd 和 Bradbury 对混凝土的翘曲应力的研究,混凝土在纵向方向的应力可以按下式计算:

$$f_\sigma = \bar{L} \cdot \frac{f}{4} + \frac{\bar{L} U_m \rho_s}{c_1 d_b} + C \sigma_0 \left(1 - \frac{2 \zeta_1}{h_{\text{PCC}}} \right) \tag{3-16}$$

式中:f——水泥混凝土板与基层之间的摩擦系数,可参照表 3-1 取值;

$\quad C$——翘曲应力系数,参见 2.4.1。

$\quad \sigma_0$——Westergarrd 正温度应力系数,可由式(3-17)计算:

$$\sigma_0 = \frac{E_{\text{PCC}} \Delta \varepsilon_{\text{tot}}}{2 (1 - \mu_{\text{PCC}})} \tag{3-17}$$

$\Delta\varepsilon_{tot}$ ——无约束条件下的总翘曲应变；

μ_{PCC} ——混凝土的泊松比。

$$\varepsilon_{tot} = \alpha_{PCC}\Delta t_{eqv} + \varepsilon_{\infty}\Delta\left(1 - RH_{PCC}^3\right)_{eqv} \tag{3-18}$$

式中： Δt_{eqv} ——混凝土板底和板顶的等效温度差(℉)；

$\Delta\left(1 - RH_{PCC}^3\right)_{eqv}$ ——板顶和板底的等效相对湿度(%)。

3.3.5 传荷能力弱化模型

传荷能力指的是当一块板受到车辆荷载作用,一部分荷载被传递到相邻板块之间的能力。一般传荷能力表示为[84]:

$$LTE = \frac{d_u}{d_l} \times 100\% \tag{3-19}$$

式中: d_u ——相邻板的弯沉(mm)；

d_l ——加载板的弯沉(mm)。

Ioannides 和 Korovesis 对板块之间的传荷作用重新进行了的描述,将接缝的作用行为描述成两种,对于没有传力杆的路面可以表述为:

$$AGG^* = \frac{AGG}{k\ell} \tag{3-20}$$

对于有传力杆作用的路面,可以表述为:

$$D^* = \frac{D}{sk\ell} \tag{3-21}$$

式中: AGG^* ——无传力杆作用的接缝无量纲刚度；

D^* ——有传力杆作用的接缝无量纲刚度；

D ——单根传力杆的抗剪刚度(N/mm)；

AGG ——单位长度集料嵌挤作用的抗剪切刚度(N/mm)；

ℓ ——水泥混凝土板的相对刚度半径(mm)；

k ——地基的反应模量(MPa/m)；

s ——传力杆的间距(m)。

Crovetti 提出了无量纲刚度与传荷能力之间的关系式[85]:

$$LTE = \frac{1}{1 + 1.2\left(\dfrac{AGG_{tot}}{k\ell}\right)^{-0.849}} \times 100\% \tag{3-22}$$

Zollinger 建议的模型如下[86]：

$$LTE = \frac{1}{1 + 10^{\left[\dfrac{0.214 - 0.183\dfrac{a}{\ell} - \log\left(\dfrac{AGG_{tot}}{k\ell}\right)}{1.18}\right]}} \times 100\% \qquad (3\text{-}23)$$

式中：AGG_{tot}——裂缝位置总的接缝刚度（N/m）；

　　　a——施加荷载的等效半径（m）。

水泥混凝土板块变小时，水泥混凝土板顶的拉应力将增大。当板块保持足够高的传荷能力时，相邻板块之间能够协同工作，水泥混凝土的应力将会大幅减小。使用过程中，受到荷载应力的影响，相邻板块之间的传荷能力会不断降低，Zollinger 等发展了传荷能力弱化的预测模型。

CRCP 的传荷能力主要依靠集料之间的嵌挤作用，横向裂缝位置传荷能力的确定可以依据 Zollinger 在 Ioannides[87] 和他本人之前工作[88,89]的基础上确定的新公式确定：

$$LTE = 100\left\{\frac{1}{1 + \log^{-1}\left[\left(0.214 - 0.183\dfrac{a}{\ell} - \log(J_c) - R\right)/1.18\right]}\right\} \qquad (3\text{-}24)$$

式中：a——荷载作用面积的半径（mm）；

　　　ℓ——混凝土路面的相对刚度半径（mm）；

　　　R——钢筋作用传力系数，根据纵向钢筋的直径确定（16mm，0.5；19mm，1.0；22mm，1.5）；

　　　J_c——横向裂缝的刚度，可由式（3-25）计算；

$$\log(J_c) = ae^{-\exp\left(\frac{J_s-b}{c}\right)} + de^{-\exp\left(\frac{s-e}{f}\right)} + ge^{-\exp\left(\frac{J_s-b}{c}\right)} \cdot e^{-\exp\left(\frac{s-e}{f}\right)} \qquad (3\text{-}25)$$

式中：a、b、c、d、e、f、g——参数，取值分别为 −2.2、−11.26、7.56、28.85、0.035、0.038、49.8；

　　　J_s——路肩或者道路纵向接缝的刚度；

　　　s——无量纲抗剪切能力，由式（3-26）确定。

抗剪切能力的确定基于 Zollinger 等提出的集料嵌挤的磨损模型[34]：

$$s_i = s_{0i} - \sum_{i=1}^{i-1}(0.069 - 2.75 \cdot e^{-cw_i/h_{PCC}})\left(\frac{n_i}{10^6}\right)\left(\frac{\tau_i}{\tau_{ref}}\right) \qquad (3\text{-}26)$$

式中：s_i——第 i 个时间增量时裂缝的抗剪切能力；

s_{0i} ——第 i 个时间增量时的抗剪切能力,由式(3-27)确定;

cw_i ——第 i 个时间增量时的裂缝宽度(mm);

h_{PCC} ——水泥混凝土板的厚度(mm);

n_i ——第 i 个时间增量时的累计当量单轴荷载的数目(基于基层损伤);

τ_i ——裂缝位置的剪应力(MPa);

τ_{ref} ——根据 PCA[90] 试验结果确定的剪应力参考值(MPa)。

根据裂缝宽度确定的裂缝抗剪切能力,可以表示为:

$$s_{0i} = \left(\frac{7.9h_{PCC}^2}{9000}\right)^{0.723} \cdot e^{-\left(\frac{0.039cw_i}{D_N}\right)} \tag{3-27}$$

式中:D_N ——粗集料的公称最大粒径(mm)。

剪切应力和压力的参考值可分别由式(3-28)和式(3-29)计算:

$$\tau_i = \delta_i J_c \tag{3-28}$$

式中:δ_i ——使用人工神经网络确定的混凝土板弯沉最大值(mm)。

$$\tau_{ref} = 111.1 \cdot s_{PCA} \tag{3-29}$$

$$s_{PCA} = 0.0848 - 0.000264\ln(J_c) + 0.0188\ln(J_c) - 0.006357\exp(-J_c) \tag{3-30}$$

3.3.5.1 交通荷载参数的确定

路面的表面功能和使用功能都与交通荷载有很大关系,AASHTO 2002 设计方法在强调收集实际交通荷载的基础上,在交通量、轴载类型和轴重的分布以外,对不同车道上的车辆分布比例、卡车比例以及车辆运行速度都做了规定,还对车辆荷载在不同月份以及一天之内不同时间段的分布都做了详细的考虑。

针对卡车荷载,交通荷载的参数包括如下:

- 双向年平均日交通量(Two-way Annual Average Daily Truck Traffic, AADTT)
  - 设计方向上的车道数量
  - 设计方向上的卡车比例
  - 设计车道上的卡车比例
  - 车辆的运行速度

3.3.5.2 车道分布系数

根据以上参数,对设计车道上的荷载数量进行调整,其中车道分布系数根据单方向车道数量来确定,具体见表 3-2。

单方向车道数量及对应车道分布系数　　　　　　表 3-2

车 道 数 量	车道分布系数	车 道 数 量	车道分布系数
1	1.00	3	0.60
2	0.90	4	0.45

3.3.5.3　方向分布系数

不同类型车辆的方向分布系数,可以参照图 3-3 选取。

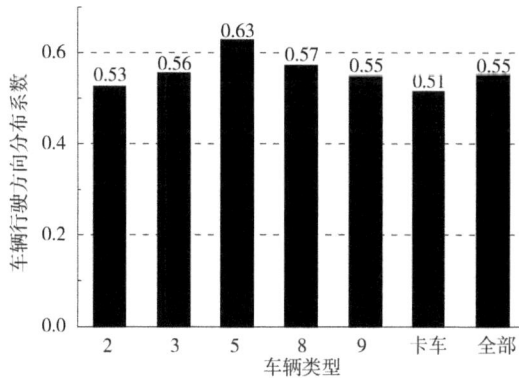

图 3-3　不同类型车辆的方向分布系数

3.3.5.4　卡车荷载小时分布系数

卡车荷载的小时分布系数,用来表征车辆荷载在一天中不同时刻的分布比例。对于水泥路面而言,这个参数非常重要。水泥混凝土路面的翘曲作用对水泥混凝土路面温度应力影响十分显著。例如,在中午时刻,板顶的温度高于板底,水泥混凝土路面向下翘曲导致混凝土板底产生拉应力,如果这一时刻的车辆分布较多,那么路面容易发生板底到板顶的开裂;而在夜间,混凝土板底的温度高于板顶的时候,水泥混凝土路面将向上翘曲,混凝土板顶产生拉应力,在一些城市道路上,大型的卡车只允许夜间通行,那么在温度应力荷载的叠加作用下,混凝土路面容易发生板顶到板底的开裂。

AASHTO 2002 设计软件中默认的小时分布系数,如表 3-3 所示。当设计者没有可靠的调查数据时,可以参照该表中所列的值进行设计。小时分布系数对于具有显著温度梯度的水泥混凝土路面设计分析具有显著的影响。

卡车荷载的默认小时分布系数 表 3-3

时 间 段	分布百分率(%)	时 间 段	分布百分率(%)
12:00am~01:00am	2.3	12:00pm~01:00pm	5.9
01:00am~02:00am	2.3	01:00pm~02:00pm	5.9
02:00am~03:00am	2.3	02:00pm~03:00pm	5.9
03:00am~04:00am	2.3	03:00pm~04:00pm	5.9
04:00am~05:00am	2.3	04:00pm~05:00pm	4.6
05:00am~06:00am	2.3	05:00pm~06:00pm	4.6
06:00am~07:00am	5.0	06:00pm~07:00pm	4.6
07:00am~08:00am	5.0	07:00pm~08:00pm	4.6
08:00am~09:00am	5.0	08:00pm~09:00pm	3.1
09:00am~10:00am	5.0	09:00pm~10:00pm	3.1
10:00am~11:00am	5.9	10:00pm~11:00pm	3.1
11:00am~12:00pm	5.9	11:00pm~12:00am	3.1

3.3.5.5 卡车荷载月份分布系数

除了考虑车辆荷载在一天不同时刻的分布之外,AASHTO 还考虑了车辆荷载在不同月份的分布。比如一些旅游公路,在旅游旺季的时候交通量骤增;又如一些承担煤炭、矿产运输的道路在运输繁忙季节和淡季荷载的数量有着明显的差异。同样,当所在道路的季节特性不明显,或者缺乏可以使用的有效数据时,AASHTO 设计软件为使用者提供可以直接使用的默认值。卡车荷载默认的月份分布系数如图 3-4 所示,若有实际观测数据时也可根据实际情况确定。

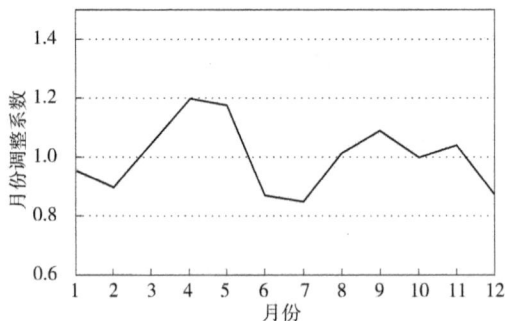

图 3-4 卡车荷载的月份分布系数

3.3.6　轴载换算的方法

3.3.6.1　输入参数

CRCP 的设计分析与 JPCP 的开裂预测基本一致,在 AASHTO 设计方法里借助计算机强大的计算能力,已经可以考虑多种荷载在不同时间作用对路面的影响。前面已经对 CRCP 的基本设计方法做了介绍,而力学—经验方法的关键是将不同形式的荷载作用转换为标准的轴载。为了让读者能够系统地了解 AASHTO 设计方法中轴载换算的流程和换算方法,进一步加强对力学—经验法中破坏的预测与模型的校正方法的理解,本小节将对轴载换算的 AASHTO 方法做详细的介绍。

在 AASHTO 计算模型当中,影响荷载应力的因素包括:
- 混凝土板的厚度
- 混凝土板的弹性模量
- 混凝土的泊松比
- 混凝土的单位质量
- 混凝土的热膨胀系数
- 基层的厚度
- 基层的弹性模量
- 基层与混凝土板之间的接触状态——假设为无接触
- 平均开裂间距(假设为 0.6m,即 2ft)
- 路基的刚度
- 裂缝位置的传荷能力
- 混凝土板顶与板底的等效线性温度差
- 混凝土板内的湿度分布状态
- 混凝土板内的永久翘曲量(permanent curl/warp gradient),即混凝土的硬化温度梯度(built-in temperature gradient)
- 轴载的形式(单轴或双轴)
- 轴载的重量
- 轴载的位置(到板边的距离,距离路面纵向边缘从 0 到 18in 不等)

由于假设板与基层之间的接触状态为完全分离,混凝土的单位质量也即设为 0。这说明混凝土板与基层之间不存在任何法向的拉伸作用,基层不会给路面板施加荷载。

假设基层与混凝土层的热膨胀系数相等。

CRCP 纵向板之间的传荷能力假设为 50%，计算分析当中只考虑横向位置传荷能力的变化。

3.3.6.2　可变参数

在以上输入参数当中，有些在整个设计分析周期中都是恒定的，比如面层与基层的厚度、接缝的间距，而其他参数则要考虑季节和月份的变化，温度应力等参数甚至还要考虑小时的变化。相较于我国的路面设计方法，AASHTO 设计方法已经将参数随时间的变化考虑在内。在刚性路面的疲劳分析中，随着时间的变化而变化的参数，主要有：

- 混凝土龄期——混凝土的强度与模量的变化。

- 月份——主要考虑基层的刚度、土基的回弹模量在不同月份的变化（主要考虑基层和底基层中温度与湿度变化对路基的等效刚度的影响）。

- 轴载分布——不同轴型轴载水平范围见表 3-4。

不同轴型轴载水平范围　　　　　　　　　　表 3-4

轴 载 类 型	轴载水平(lb)	增 量 步 长
单轴	3000~41000	1000
双轴	6000~82000	2000
三轴	12000~102000	3000
四轴	12000~102000	3000

- 温度——温度梯度、永久翘曲、每个月的湿度翘曲变化（等效为板顶与板底的温度差，板顶减去板底；最大值为 0，即板顶由于水分蒸发等作用湿度一般都小于板底）。

- 荷载作用位置——荷载的横向分布（用于计算车辆荷载对临界荷位路面的疲劳破坏作用，一般假设为荷载距离板边 1.21m 时对路面的破坏作用）。

3.3.6.3　车辆类型轴载谱划分

根据美国联邦公路管理局的规定，将城市道路和公路上的车辆荷载划分为 13 个类型，并分别用 1~13 进行编号，如图 3-5 所示。

在 AASHTO 设计软件中，对不同道路上的交通组成进行了分类。根据所处道路的特点，对其交通组成进行了推荐分类，如果设计资料中缺乏实测的交通组成,可以参照交通特点进行选择。交通分类组成的默认值如表 3-5 所示。

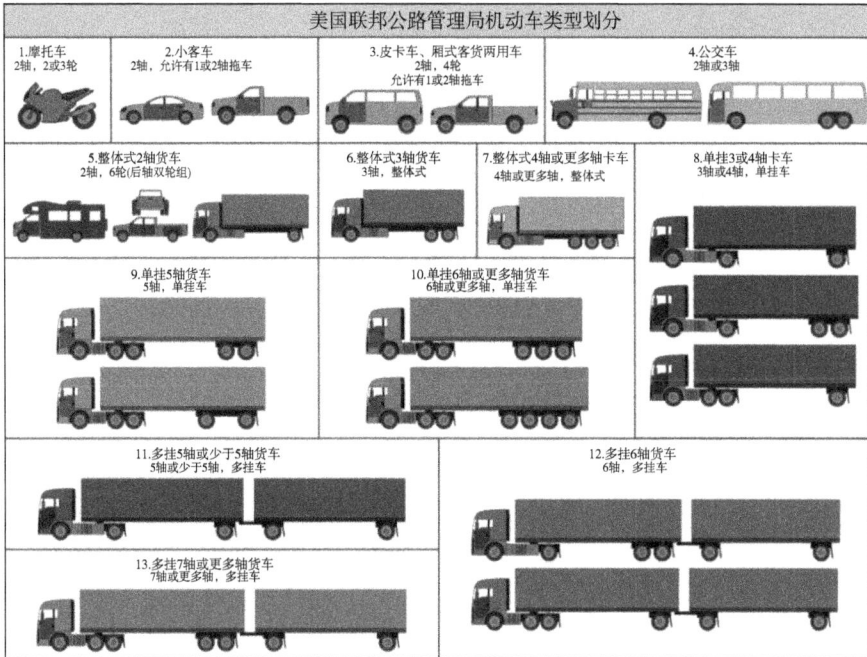

图 3-5　FHWA 车辆类型划分

汽 车 组 合 分 类 表 3-5

分类	描　　述	4	5	6	7	8	9	10	11	12	13
1	单挂车为主（Ⅰ型）	1.3	8.5	2.8	0.3	7.6	74.0	1.2	3.4	0.6	0.3
2	单挂车为主（Ⅱ型）	2.4	14.1	4.5	0.7	7.9	66.3	1.4	2.2	0.3	0.2
3	单挂车与多挂车为主（Ⅰ型）	0.9	11.6	3.6	0.2	6.7	62.0	4.8	2.6	1.4	6.2
4	单挂车为主（Ⅲ型）	2.4	22.7	5.7	1.4	8.1	55.5	1.4	2.2	0.2	0.4
5	单挂车与多挂车为主（Ⅱ型）	0.9	14.2	3.5	0.6	6.9	54.0	5.0	2.7	1.2	11.0
6	中轻交通和单挂车（Ⅰ型）	2.8	31.0	7.3	0.8	9.3	44.8	2.3	1.0	0.4	0.3
7	混合卡车交通（Ⅰ型）	1.0	23.8	4.2	0.5	10.2	42.2	5.8	2.6	1.3	8.4
8	多挂车为主（Ⅰ型）	1.7	19.3	4.6	0.9	6.7	44.8	6.0	2.6	1.6	11.8
9	中轻交通和单挂车（Ⅱ型）	3.3	34.0	11.7	1.6	9.9	36.2	1.0	1.8	0.2	0.3
10	混合卡车交通（Ⅱ型）	0.8	30.8	6.9	0.1	7.8	37.5	3.7	1.2	4.5	6.7
11	多挂车为主（Ⅱ型）	1.8	24.6	7.6	0.5	5.0	31.3	9.8	0.8	3.3	15.3

续上表

分类	描　　述	4	5	6	7	8	9	10	11	12	13
12	中轻交通和单挂车（Ⅲ型）	3.9	40.8	11.7	1.5	12.2	25.0	2.7	0.6	0.3	1.3
13	混合卡车交通（Ⅲ型）	0.8	33.6	6.2	0.1	7.9	26.0	10.5	1.4	3.2	10.3
14	轻型卡车（Ⅰ型）	2.9	56.9	10.4	3.7	9.2	15.3	0.6	0.3	0.4	0.3
15	轻型卡车（Ⅱ型）	1.8	56.5	8.5	1.8	6.2	14.1	5.4	0.0	0.0	5.7
16	轻型与多挂车	1.3	48.4	10.8	1.9	6.7	13.4	4.3	0.5	0.1	12.6
17	公交线路	36.2	14.6	13.4	0.5	14.6	17.8	0.5	0.8	0.1	1.5

3.3.7　应力与疲劳计算

在第 2 章冲断破坏行为分析中,对影响 CRCP 发生板顶位置疲劳开裂的荷载应力与温度应力进行了详细的计算分析。关于荷载应力与温度应力的计算以及叠加,参见第 2.3、2.3.3、2.5 节和第 2.6 节。

在 AASHTO 2002 M-E PDG 中,基于开裂的疲劳破坏计算公式为:

$$FD = \sum \frac{n_{i,j,k,l,m,n}}{N_{i,j,k,l,m,n}} \tag{3-31}$$

式中:FD——临界荷位的疲劳损伤;

$n_{i,j,k,l,m,n}$——在条件 i,j,k,l,m,n 时的荷载作用次数;

$N_{i,j,k,l,m,n}$——在条件 i,j,k,l,m,n 时的允许荷载作用次数;

　　　　i——龄期(主要考虑混凝土弯拉强度、层间结合程度和路肩、裂缝位置传荷能力的变化);

　　　　j——月(主要考虑基层的状态和地基反应系数的变化);

　　　　k——荷载类型(单轴、双轴或三轴)和破坏类型;

　　　　l——荷载水平;

　　　　m——温度梯度;

　　　　n——荷载路径,主要考虑车辆轴载的横向分布。

3.3.8　冲断预测模型

AASHTO 2002 M-E PDG 中 CRCP 的冲断破坏预测模型为[22]:

$$PO = \frac{A}{1 + \alpha \cdot FD^{\beta}} \tag{3-32}$$

式中:PO——预测的单位长度冲断破坏数目;

A、α、β——根据全美调查确定的参数,分别为 105.26、4.0、-0.38。

需要指出,根据全美调查结果统计出来的数据所确定的参数是一个平均或者说整体水平的体现,但是可能与某地实际的状况不符,需要做进一步的校正。使用 LTPP 的观测数据,在一定疲劳损伤水平条件下,校正后的力学模型预测值与观测到的冲断数目关系见图 3-6。

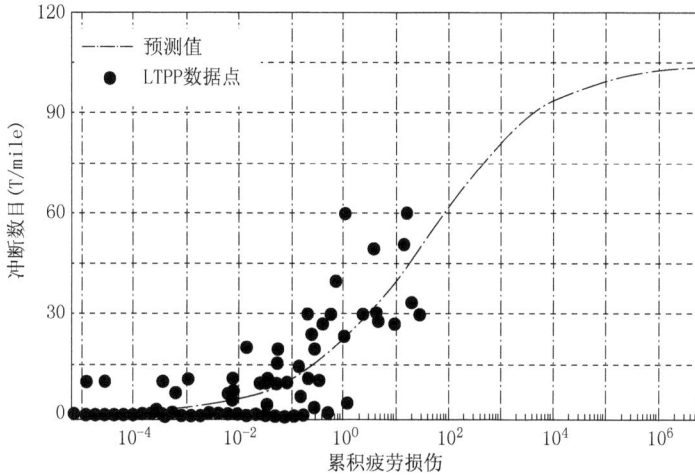

图 3-6   冲断数目与疲劳损伤之间的关系[22]

目前 AASHTO 计算分析软件中使用的是基于全美调查的默认参数,但各地的交通水平、材料性质、气候气象条件和施工水平均存在很大的差异。以得克萨斯州为例,该州属于美国西南地区,与美国北部存在冰冻的区域在气候上有着很大差异,如果使用基于全国调查结果的参数进行预测,可能存在很大的误差,在使用过程中对某些地区的破坏水平的预估可能远高于或者远低于实际的水平,造成设计出现缺陷或者过于保守[91-93]。关于连续配筋水泥混凝土路面力学—经验模型的校正方法和流程,将在下一章中做详细的介绍。

3.4   CRCP-X 系列设计方法简介

美国最早的 CRCP 设计方法 CRCP-1 是由有着"连续配筋水泥混凝土路面之父"的 Benjamin Frank McCullough(图 3-7)在 20 世纪 70 年代中期提出的。在水泥混凝土路面计算的解析解和数值解发展的基础上,CRCP-1 主要通过分析混凝土的干缩和温度变化来计算板内应力[94]。该模型建立了混凝土板内应力的平衡关系,综合考虑了环境因素、配筋作用及基层的摩阻作用对混凝土开裂的影响。在 CRCP-1 的基础上,McCullough 进一步完善了计算模型,开发了后续的版本 CRCP-2、CRCP-3、CRCP-4,主要的变化是在 CRCP-2 中体现的,其中包括:

①模型中包括了计算板中位置的荷载应力。

②开发了考虑黏结强度传递长度的钢筋内应力计算模型。

③将强度计算的分析周期延长到了 28d 以后。

图 3-7　CRCP 之父 B. F. McCullough 教授

1991 年,Won 等人[73]改进了 CRCP-X 系列方法中的材料抗拉强度和疲劳开裂模拟方法。在 CRCP-7 中,该软件具备了分析在得克萨斯州分布的不同粗集料对混凝土性质影响的能力。在 CRCP-8 中,对前序的版本做了整合,但是由于计算过程仍基于一维有限元的结果,使得计算结果的应用受到了限制。1996年,为了提高计算的准确度,得克萨斯州交通厅开发了用于 CRCP 开裂分析计算的二维有限元软件,在 1998 年用商业软件 ABAQUS 对二维软件的计算结果进行了对比分析,进一步提高精确性,并在此基础上开发了 CRCP-9,根据有限元分析的结果预测平均开裂间距、裂缝宽度和裂缝位置的钢筋应力,进行冲断破坏的预测分析。

3.4.1　荷载应力

当 CRCP 的配筋放置在混凝土板中或者接近板中的位置的时候,荷载作用下,混凝土的应力不受配筋的影响。因此,即使到今天,CRCP 的设计当中都没有考虑配筋对荷载应力的影响。这一方面是出于安全性的考虑,另一方面是因为在理论上,当配筋放在混凝土的中性轴深度的时候,混凝土的压应力和拉应力将和普通的水泥混凝土路面一样。早期的设计方法和我国目前的设计方法一样,对 CRCP 临界荷载应力的分析是考虑板底位置的拉应力;而在 CRCP-2 中,主要考虑的是 CRCP 在板中加载时板底的拉应力。由于 Westergaard 解析解简便实用,只需要输入荷载的大小、轮迹的等效半径等参数,并且计算时间的需求小、计算结果整体可靠,所以 CRCP-2 提供了两种确定应力的途径,其中一种就是使用 Westergaard 解析解进行计算。而如果当板厚不均匀或不均匀支撑,使用者有可供使用的有限元或者离散元程序时,则可以使用外部的计算工具确定荷载应力水平之后再代入到 CRCP-2 程序中。使用外部的计算工具大大增强了应力确定的准确性,比如可以考虑板底的脱空、接缝的传荷能力等。直到 CRCP-9,荷载应力计算仍然采用 Westergaard 解析解的方法。

3.4.2　应力和强度的发展关系

水泥混凝土的强度受到混凝土的材料组成、水灰比和配合比设计以及养护时间和条件的影响,而强度与水泥混凝土中的应力变化是同步发展的。在 CRCP-1 程序中,描述了 CRCP 的应力与强度变化规律。如图 3-8 所示,图中的实线表示的是水泥混凝土的强度增长曲线,而虚线是 CRCP 中应力的变化曲线。

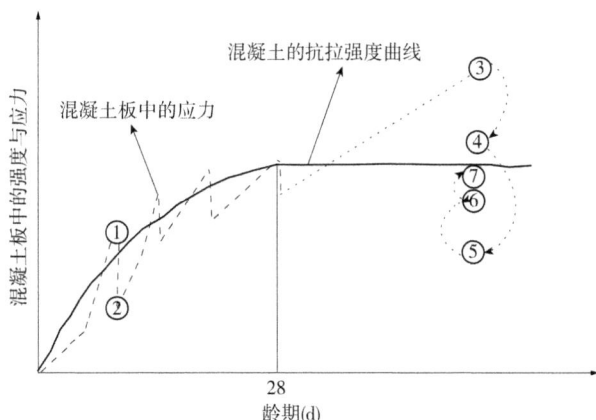

图 3-8　CRCP-1 的强度与应力发展关系

①在点 1 时,应力值超过混凝土的抗拉强度,混凝土产生裂缝,应力水平降低到点 2。

②开裂间距减小使得混凝土中的应力释放,应力水平降低,但强度进一步增加。

③当龄期达到 28d 时,混凝土的强度已经基本不增加。由于混凝土剧烈地降温或者干缩,混凝土的应力会不断增加,达到点 3,然后到点 4,再降低到点 5,而此刻混凝土的应力水平已经小于混凝土强度,混凝土不会进一步发生开裂,之后裂缝会进一步调整,最终在强度达到点 7 的时候达到平衡。

CRCP-2 模型对 28d 以后的强度发展做了进一步的预估。如图 3-9 所示,在 CRCP-2 的模型中 28d 以后的强度略有增长,而 28d 之前的应力与强度变化与 CRCP-1 模型没有区别。同样,最终开裂间距略有变化,混凝土的应力和强度水平在点 7 的时候达到平衡。

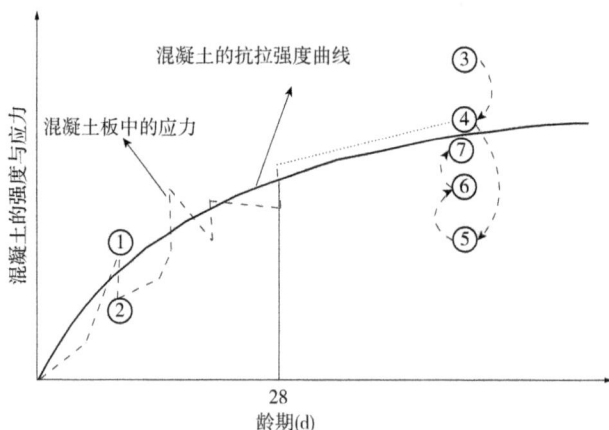

图 3-9 CRCP-2 的强度与应力发展关系

CRCP-2 模型中的抗压强度可以用式(3-33)估计:

$$f'_c = f'_{c\_28d}\left[1 + 0.1972 \times \log\left(\frac{t}{28}\right)\right] \tag{3-33}$$

式中:f'_c——混凝土的抗压强度(MPa);

t——龄期(d);

f'_{c_28d}——混凝土的 28d 抗压强度(MPa)。

混凝土的抗拉强度可以用式(3-34)来估计:

$$f'_t = \frac{3000}{3 + \frac{12000}{f'_c}} \times C \tag{3-34}$$

式中:t——混凝土的龄期(直到混凝土的温度达到最低);

　　C——某一常数。

3.4.3　CRCP 的冲断破坏预测模型

冲断破坏预测是 CRCP 设计不可缺少的一部分,在力学方法完全发展之前,得克萨斯州交通部门曾尝试用回归分析的方法进行 CRCP 冲断破坏的预测[95]。McCullough 等根据 1974 年和 1978 年得克萨斯州的 CRCP 破坏情况调查的结果,使用方差分析和多元回归的方法,利用工程上的基本数据,如建设背景、环境参数、交通荷载、道路的使用年限以及破坏情况,发展了 CRCP 冲断破坏的预测模型:

$$N = \frac{-381 - 35.6X_1 + 0.131X_2^2 + 46.1X_3(X_2 - X_1) + 0.0494X_2X_4 + 1000X_5}{1000}$$

$$(3-35)$$

式中:N——未来某一时间点上每英里预测的冲断数目;

　　X_1——进行路况调查时的使用月数;

　　X_2——进行冲断预测分析时所达到的使用月数;

　　X_3——进行路况调查时的冲断数目;

　　X_4——得克萨斯州 SDHPT 温度常数,可见文献[96]的详细规定;

　　X_5——当使用未筛分砾石作为底基层时为$-5.840+0.0988X_2$,使用其他集料做底基层的时候为 0。

3.5　重要参数的选取原则

本节中将介绍 CRCP 的板厚,纵向配筋率,横向配筋率这三个重要参数的选取原则[97]。

3.5.1　板厚

通过选取 CRCP 的板厚来保证使用期内路面的平整度水平和冲断破坏数量都能满足使用要求。然而,和 JPCP 不同,单纯提高混凝土板的厚度并不是完全从降低荷载和环境应力出发的,除选择合适的板厚之外还需要考虑如下因素:

- 足够的传荷能力

进行配筋设计,保证钢筋位置的开裂宽度在允许的范围内,使裂缝位置有足够的集料嵌挤。选择粒径较大的碎石,保证裂缝界面上有足够的抗剪切破坏能力。

- 稳定的侧向约束

使用设置拉杆的混凝土硬路肩,可以加强路面侧向的传荷能力,从而降低路面板行车道上的应力水平和板边的弯沉,进而能够减少冲断破坏发生的可能。

- 均匀而稳定的板下支撑

需要对土基进行加固处理,防止土基遇水发生膨胀。选择抗冲刷破坏和抗冻融破坏性能良好的基层,尽量减少在雨天环境下车辆荷载的泵吸作用而导致的基层破坏和材料流失,以及冻融循环作用下基层的冻融损伤。

- 防止路基和基层的饱和

加强路面的排水设计,使用防水或者透水基层。

- 改善混凝土的性能

对于 CRCP 而言,不需要过分强调混凝土的强度,只要混凝土能够满足基本的强度要求,适当降低混凝土的弹性模量和热膨胀系数可以有效降低在车辆荷载和温度应力作用下的应力,提高 CRCP 的使用寿命。

综合考虑以上措施,可以减少冲断破坏发生的可能,而由于 CRCP 相邻板之间良好的传荷能力,CRCP 的板厚度可以较 JPCP 路面厚度降低 20%。

3.5.2 纵向配筋率

- 配筋率

纵向配筋率的选取原则,保证以下参数在合适范围内:

①使用开裂间距在合适范围内,即 1.1~2.4m。

②裂缝宽度要小于 0.5mm。

③钢筋中的应力不超过钢筋的屈服应力。

尽管 CRCP 的开裂行为主要受到配筋量的影响,其他因素的影响也不可忽视,诸如施工时的气象条件(见 5.3.3)、材料性质、施工条件等。因此除了保证配筋率以外还需要对混凝土的温度、混凝土的热膨胀系数等做出严格的规定。根据美国的经验,CRCP 的配筋率一般在 0.6%~0.8%,一般不能小于 0.6%。

- 钢筋的尺寸和间距

纵向配筋的间距不能太小。若太小的话,会影响振捣作用下混凝土的密实。同时钢筋的间距也不能过大,过大的开裂间距会影响钢筋与混凝土的黏结作用。因此一般规定:

①纵向钢筋的最小间距一般应大于 100mm,或者 2.5 倍的集料最大粒径。

②纵向配筋的最大间距不应大于 230mm。

美国通常选择直径 13~22mm 的钢筋对 CRCP 进行纵向配筋,而钢筋直径的选择还受到配筋率和最大、最小钢筋间距的影响。钢筋的间距可以由式(3-36)计算:

$$s_{\mathrm{L}} = \frac{\phi^2 \cdot \pi}{4 \cdot h_{\mathrm{PCC}} \cdot \rho_{\mathrm{s}}} \tag{3-36}$$

式中:s_{L} ——纵向配筋的间距(mm);

ρ_{s} ——CRCP 的配筋率(%);

h_{PCC} ——混凝土板厚(mm);

π ——圆周率,取 3.141593;

ϕ ——钢筋的直径(mm)。

由式(3-36)计算确定的钢筋间距为既定配筋率条件下的钢筋间距最大值,设计者可以根据实际情况对其值进行调整,合理确定钢筋间距。为了方便钢筋间距的选取,得克萨斯州交通部门专门编制了用于钢筋间距选择的表格(表3-6)方便设计者使用。

3.5.3　横向钢筋

在 CRCP 中不仅要设置纵向钢筋,横向钢筋也发挥着重要的作用。设置横向钢筋的目的如下:

①横向钢筋可以起到拉杆的作用,增强不同车道之间的横向联系。

②起到支撑纵向钢筋的作用,保持钢筋在预定的位置。

③防止路面发生不规则的纵向开裂。

美国伊利诺伊州和得克萨斯州都要求使用横向钢筋,并且建议在超过 7m 的路面宽度上,使用连续的横向配筋,以增强各个车道之间的横向联系。

横向钢筋的设置要基于基层约束和钢筋收缩力的平衡来确定横向钢筋的配筋率,然后再确定钢筋的尺寸和间距。横向钢筋的配筋率可以用下式进行计算。

钢筋间距建议值（%）

表 3-6

板厚(mm)	φ 15.9					φ 19.1					φ 22.2					φ 25.4				
间距(mm)	127	152	178	203	229	127	152	178	203	229	127	152	178	203	229	127	152	178	203	229
单层钢筋																				
203	0.77	0.64	0.55	0.55		0.98	0.92	0.79	0.69	0.61										
229	0.68	0.57		0.51		0.88	0.82	0.70	0.61				0.95	0.94	0.84					
254	0.61	0.51				0.80	0.74	0.63				1.00	0.86	0.84	0.74		1.01	0.98	0.98	0.97
279	0.56					0.77	0.67	0.57				0.91	0.78	0.75	0.67			0.93	0.89	0.87
292	0.53					0.74	0.64					0.87	0.75	0.68				0.86	0.85	0.79
305	0.57					0.68	0.61					0.84	0.72	0.65					0.82	0.76
330							0.57					0.77	0.66					0.76	0.76	
双层钢筋																				
356	0.88	0.73	0.63	0.55		1.18	1.05	0.90	0.79	0.70					0.95					
381	0.82	0.68	0.58	0.51			0.98	0.84	0.74	0.65				1.00	0.89					0.97

$$p_t = \frac{\gamma_c \cdot W_s \cdot f}{2 f_s} \times 100 \qquad (3\text{-}37)$$

式中：p_t ——横向钢筋的配筋率(%)；

γ_c ——混凝土的重度(kN/m^3)；

W_s ——路面的宽度(m)；

f ——基层的摩阻系数(无量纲)；

f_s ——钢筋的工作应力(kPa,钢筋屈服强度的75%)。

确定了横向配筋率之后,横向钢筋的间距可以由下式确定：

$$s_T = \frac{\phi^2 \cdot \pi}{4 \cdot p_t \cdot h_{PCC}} \times 100 \qquad (3\text{-}38)$$

式中：s_T ——横向钢筋的间距(mm)；

p_t ——横向钢筋的配筋率(%)；

ϕ ——钢筋的直径(mm)。

通常,纵向钢筋使用直径为 12~20mm 的螺纹钢筋,横向钢筋的间距设置为 0.3~0.9m。当横向钢筋也按照拉杆的功能设计时,则需要在接缝的位置将横向钢筋延长二分之一拉杆长度。横向钢筋的埋置深度比较简单,一般只需要将横向钢筋设置在纵向钢筋的底部即可。

3.6　主要经验总结

和我国不一样,美国并没有统一的设计规范或者指南,各州交通厅可以根据自己实际的情况来选择合适的路面设计规范。总体上,AASHTO 设计方法是美国设计方法的代表,AASHTO 86/93 设计方法大量使用经验公式、诺谟图等偏经验的设计方法,方便使用,计算快捷,所以至今仍然是一种使用广泛的方法。

为了克服 AASHTO 86/93 设计方法过分依赖经验公式的缺点,在吸收全美最新研究成果的基础上,美国又进一步开发了 AASHTO 2002 M-E PDG。新的设计方法中关于温度应力和荷载应力的确定方法,已经在上一章当中做了介绍,本章主要介绍了 AASHTO 2002 M-E PDG 中的开裂预估模型、传荷能力弱化预测模型、交通荷载的累计当量损伤的计算方法和冲断破坏预测模型。使用 AASHTO 2002 M-E PDG 进行 CRCP 设计的优势是,所有的计算过程都有较为可靠的力学与理论依据,并且使用者可以根据当地的实际情况对冲断破坏预测模型参数进行校正,使设计的结果更能满足当地的实际水平。AASHTO 2002 M-E PDG 具有更好的兼容性,可以适应更多地区,具有广泛的推广价值,但是过程相对复杂,参数的确定依赖根据使用情况的不断迭代,其中一些流程需要依靠专用的设计软件才能完成,这在一定程度上约束了 AASHTO 2002 M-E PDG 的推广。

除了 AASHTO 设计方法,本章还对有着"连续配筋水泥混凝土路面之父"美誉的得克萨斯大学奥斯汀分校的 McCullough 教授等创立和发展的 CRCP-X 系列设计方法做了简介,简要介绍了 CRCP-X 设计方法中一些特殊做法,供读者参考。

第 4 章　冲断破坏的力学—经验法校正

影响 CRCP 冲断破坏的因素众多,路面的结构与材料、车辆荷载特征、施工条件和使用环境因素等都将显著影响 CRCP 的冲断破坏行为。单纯依靠力学分析方法无法将所有已知和未知的因素都纳入路面结构的设计体系当中,而其中一些因素对路面结构的破坏的影响可能是十分关键的,需要加入经验因素才能体现出它(们)对路面破坏的影响。路面的设计方法之所以被称为力学—经验法,是因为路面设计都是将最基本的力学反应——应力和应变,作为路面破坏分析的基础,并将路面的破坏(开裂、车辙、错台、冲断)作为材料失效的指标[98]。由于路面破坏行为在材料、交通、环境、路面施工和管理等因素的作用下变得十分复杂,至今还没有一个力学模型能够准确地预测路面的破坏,因而通过对力学模型中参数的修正来提高模型预测某种破坏的准确性,成为路面力学—经验法的一个核心步骤[99]。换言之,没有任何一个力学模型可以在未经校正的情况下用于路面破坏的预测,使用实际路面破坏数据进行力学模型的校正能够大大提高力学模型的准确性、可靠性和鲁棒性[100]。通过对理论模型与实际工程现象之间的反复校核,才能选择可以真实反映工程现象的力学模型[101]。

美国 AASHTO 2002 M-E PDG 发布以来,研究者们发现刚性路面的设计与一些关键参数之间存在紧密的关系,而该设计方法所提供的一些参数不能完全代表当地的实际情况,因此鼓励研究者和工程师根据当地实际情况对该设计方法进行校正[102]。在这种背景下,美国和其他国家的道路工程研究者展开了使用当地气候、交通、材料和道路破坏的数据对力学—经验法的校正工作[91,92,103]。路面力学—经验法的主要工作是建立力学模型与实际路面使用性能之间的关系。作为当今最大的路面使用性能监测数据库[104],美国长寿命路面使用性能项目(LTPP)为路面力学设计模型的校正工作提供了大量的、关键的数据。

Zollinger 和 McCullough[105]认为根据工程力学、统计学、材料学的准则加上实际路况调查的数据进行路面设计模型的参数估计,比单纯依赖大规模、长时间、高投入的经验方法更有效。根据美国伊利诺伊州的调查数据,施工温度对刚性路面的开裂影响很大[106]，因此 Zollinger 和 McCullough 在模型参数估计时，将不同施工季节所对应的初始开裂率纳入了考虑的范围。

Buch[107]使用 Weibull 分布对 10 个位于美国加利福尼亚州的试验段进行了错台数据的模型校正，并使用线性回归分析的方法得到了 Weibull 模型的形状和尺度参数与地基反应系数、降雨量、传荷能力和基层厚度之间的关系。

4.1　LTPP 项目中的冲断破坏监测

为了全面了解路面使用性能的发展趋势和出现各种病害的原因，从 1987 年开始，美国的公路研究计划（SHRP）开始将 LTPP 列入其研究计划。1988 年，LTPP 的信息管理系统（Information Management System, IMS）建立。1989 年，LTPP 项目正式开始数据的采集工作。美国 SHRP 研究计划资助了 LTPP 项目 5 年之后，从 1991 年开始，联邦公路管理局（Federal Highway Administration, FHWA）开始继续对 LTPP 项目进行资助和管理。LTPP 项目主要包括美国和加拿大的路面调查数据，近年来也开始将欧洲一些国家的路面调查数据列入其中。截至 2015 年，LTPP 中共有 2548 个试验段，仍继续在约 700 个试验段上采集数据，所采集数据的类型见图 4-1。

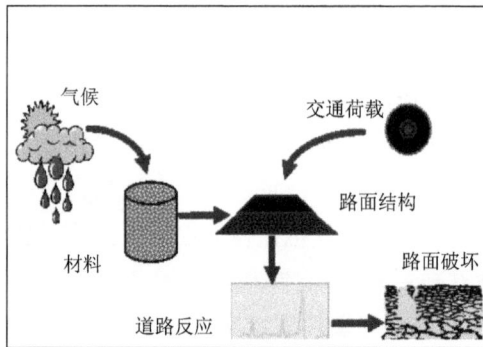

图 4-1　LTPP 的数据采集类型

LTPP 从一开始就关注对道路影响最为关键的因素的采集，所采集的数据放在 LTPP 数据库当中，当前主要储存在高存储量的亚马逊云（Amazon Cloud）。从 2014 年 1 月开始，LTPP 的 InfoPave™ 系统上线，使之能够与使用者进行交互，为使用者提供其所需要的数据。其中包括：一般道面研究（General Pavement

Studies,GPS),共9种路面结构形式;特殊路面研究(Specific Pavement Studies, SPS),共有10种路面结构形式(表4-1)。

LTPP项目中GPS和SPS项目的类别汇总　　　　　表4-1

GPS研究项目	SPS 研 究
GPS-1:碎石基层—沥青路面	SPS-1:柔性路面结构参数研究
GPS-1:稳定基层—沥青路面	SPS-2:刚性路面结构参数研究
GPS-3:普通接缝式水泥混凝土路面	SPS-3:柔性路面预防性养护有效性研究
GPS-4:钢筋水泥混凝土路面	SPS-4:刚性路面预防性养护有效性研究
GPS-5:连续配筋水泥混凝土路面	SPS-5:沥青混凝土路面重建研究
GPS-6:沥青路面的沥青混凝土罩面	SPS-6:普通接缝式水泥混凝土路面重建研究
GPS-7:水泥路面的沥青混凝土罩面	SPS-7:层间结合式刚性路面水泥混凝土路面罩面研究
GPS-9:水泥路面的层间分离式水泥混凝土罩面	SPS-8:非重型荷载条件下环境作用
	SPS-9:Superpave沥青和混合料设计标准验证研究
	SPS-10:沥青路面温拌沥青罩面

LTPP的所有数据放置在以下7个模块当中:概况(主要是道路的建设基本信息)、养护、调查(弯沉、破损和断面)、重建情况、材料测试、交通调查和气象数据。LTPP项目中关于通用刚性路面的研究分为针对JPCP的研究(GPS-3)和针对CRCP的研究(GPS-5)两个项目。其中,得克萨斯州GPS-5的试验段数量最多,达到19个,占到全美85个试验段的近四分之一。美国各州GPS-5试验段的数量见表4-2[5]。

美国GPS-5试验段数量分布　　　　　表4-2

所 在 州	州 编 号	GPS-5试验段数量
阿拉斯加	01	2
亚利桑那	04	1
阿肯色	05	2
加利福尼亚	06	1
康涅狄格	09	1
特拉华	10	2
佐治亚	13	1

续上表

所 在 州	州 编 号	GPS-5 试验段数量
爱达荷	16	1
伊利诺伊	17	8
印第安纳	18	3
爱荷华	19	3
马里兰	24	1
密歇根	26	1
明尼苏达	27	1
密西西比	28	5
密苏里	29	1
内布拉斯加	31	1
北卡罗来纳	37	3
北达科他	38	1
俄亥俄	39	2
俄克拉哈马	40	3
俄勒冈	41	6
宾夕法尼亚	42	3
南卡罗来纳	45	3
南达科他	46	3
得克萨斯	48	19
弗吉尼亚	51	4
西弗吉尼亚	54	1
威斯康星	55	2
总计	29	85

在 LTPP 项目中将年降水量 508mm 设为干燥/潮湿区域的分界线,年降水量大于 508mm 即定义为湿润区,小于此值即为干燥区;将冻结指数 83.3 ℃·days 作为冰冻区与非冰冻区的划分界限,当冻结指数高于此值的时候即定义为冰冻区,小于此值时即定义为非冰冻区。按气候分区,各个气象区域的 GPS-5 试验段分布数量如表 4-3 所示。

各气候分区 GPS-5 试验段分布　　　　　表 4-3

气 候 分 区	试验段数量	气 候 分 区	试验段数量
潮湿—冻区	40	干燥—冰冻区	6
潮湿—无冰冻区	35	干燥—无冰冻区	4

1978 年,伊利诺伊州对州内 132 个州际公路上的 CRCP 项目进行了调查,发现已经有 60 个项目出现冲断破坏,冲断成为 CRCP 的主要破坏形式,而当时,这些 CRCP 的使用年限仅为 5～14 年[36]。1999 年,Tayabji 和 Selezneva 等[5]分析了当时 LTPP 中 85 个 CRCP 路段的路况监测数据,发现 13 个存在严重的开裂和冲断破坏。目前,LTPP 中通用路面研究共包含 108 个试验段,每个试验段的长度只有 150m。分别提取这 108 个试验段中最早期和最晚期(平均在早期调查的 11 年之后)的冲断破坏数目(表 4-4),108 个试验段的总长度仅为 16.2km,根据早期和晚期调查数据确定的平均冲断数量分别达到每千米 113.5 和 359 个。陈兆军在 2010 年对通车仅有 9 年的湖南耒宜高速的 CRCP 进行路况调查,发现耒宜高速 CRCP 已经出现了大面积的破坏,混凝土路面的折算破损量已经达到 40%,并且主要的破坏形式是不同程度的冲断破坏[20]。可见冲断破坏在 CRCP 上普遍存在,设计和施工不良导致的 CRCP 冲断破坏十分严重。

LTPP 冲断破坏调查结果　　　　　表 4-4

检 测 时 间	发现冲断破坏的试验段个数	出现冲断破坏的试验段比例(%)	冲断破坏的总数	单位里程冲断数(No./km)
早期	22	20.4	184	113.5
晚期	37	34.2	583	359.9

从表 4-4 中可以看出,不同时期 CRCP 冲断破坏发生的概率在 20%～30%。

4.2　基于 LTPP 数据的模型校正方法

4.2.1　基于当地数据的模型校正

对于路面模型的校正工作,最困难的就是数据的缺失。众多的影响因素,意味着如果用真实的数据进行力学—经验法模型的校正,那么就需要道路建设的原材料的试验数据(包括混凝土、基层、钢筋等)、施工的日期和条件、汽车荷载的调查数据、路面历史的破坏调查和修补记录等一系列数据,系统地进行调查和分析,并且这些数据要具有足够的代表性,才能用于力学经验法模型的校正。Chen 和 Zollinger 等发展了使用 LTPP 数据的 CRCP 模型校正方法[108]。

由于通过力学计算无法直接得到路面结构破坏的预测结果,所以路面结构破坏预测除了需要力学计算分析以外,还要用经验的方法来校正[98]。实际上路面的设计就是在力学分析的基础上,依靠一些简化模型来描述力学响应和破坏之间的关系。显然,这些简化模型无法准确无误地预测破坏,但是这些模型整体上体现了对路面结构影响最多的变量,从而最大限度地提高了预测结果的稳定性。使用本地数据的校正(Local Calibration)就是对预测过程进行系统和精细的模型修订,使预测的结构尽可能接近实际观测到的破坏数量,而这种基于经验的校正工作实际上就是将通过路况调查结果所确定的预测模型所需的参数组合成一个转换工具,进行路面破坏的预测[99]。

刚性路面的校正过程需要水泥混凝土板厚和强度、年日平均交通量(AADT)、各种车辆的比例、路肩的类型和配筋量等参数。美国在发展了 AASHTO 2002 M-E PDG 之后,为了不断完善其计算过程,提高对路面使用性能预测的准确性,美国各州的很多学者都基于本地的气候、交通、材料和路面破坏调查数据进行模型校正,提高预测工具的准确性[71,91,92,99,103]。一般而言,水泥混凝土路面的破坏包括横向开裂、纵向开裂、错台和表面的剥离[70,71],而对于连续配筋混凝土路面,其主要的结构破坏形式就是冲断破坏[34]。

Zollinger 通过系统的总结分析,认为冲断破坏本质上是混凝土的疲劳和基层的冲刷作用[96]。尽管工程实践经验和理论分析都认为基层冲刷是水泥混凝土路面发生破坏的一个重要诱因,然而在水泥混凝土路面的破坏预测方面,还很少考虑基层的冲刷作用。在第 2 章中介绍了 Jung 和 Zollinger 在基层冲刷作用及路面破坏预测方面做的工作,但是其工作仍然停留在模型和室内试验阶段,距离真正用于工程中基层的冲刷破坏预测还有一定差距。

4.2.2　预测模型的参数确定

Weibull 分布最早由瑞典物理学家 Waloddi Weibull 在 1939 年提出,是寿命分析和可靠性分析方面使用最广泛的数学模型[109]。Weibull 分布在模拟和分析寿命数据方面的有效性,在医学、生物学和工程领域都得到了很好的验证[110]。

Weibull 分布的分布函数为式(4-1),表示样本寿命小于 t 的概率。t 可以为时间,也可以为使用的次数等。

$$F(t) = 1 - e^{-(\lambda t)^{\beta}}, t > 0 \tag{4-1}$$

同样,Weibull 分布的生存函数,即样本寿命大于 t 的概率可表示为:

$$S(t) = 1 - F(t) = e^{-(\lambda t)^{\beta}}, t > 0 \tag{4-2}$$

危险率函数是 Weibull 分布的一个重要函数,指的是当 Δt 趋近于 0 时,样本在一个很小的寿命区间 $[t, t + \Delta t)$ 失效的概率。Weibull 分布的危险率函数为:

$$h(t) = \lim_{\Delta t \to 0} \frac{\Pr(t \leqslant T < t + \Delta t \mid T \geqslant t)}{\Delta t} = \frac{f(t)}{S(t)} = \lambda \beta (\lambda t)^{\beta - 1} \tag{4-3}$$

当 Weibull 的形状参数 $\beta>1$ 时,危险率将随着时间的上升而不断增加;当 $\beta<1$ 时,样本失效的危险率将随着时间的增长而减小[111]。而当 $\beta = 1$ 时,Weibull 分布就成为指数分布,也可以说指数分布是一种特定条件下的 Weibull 分布。美国学者 Buch[107]认为 Weibull 函数适合用来描述路面破坏的发生过程,因为当 Weibull 函数的形状参数 $\beta>1$ 时,路面在某微小时间段内发生破坏概率是不断增加的,这和现实的情况是完全吻合的。

使用 Weibull 函数描述冲断破坏的发生,可将冲断破坏发生概率描述为:

$$P_{\text{p.o.}} = e^{-\left(\frac{\lambda_c}{D_c}\right)^{\beta_c}} = e^{-\left(\frac{\lambda_c}{\frac{N_{ec}}{N_{fc}}}\right)^{\beta_c}} = e^{-\left[(\lambda_c N_{fc})^{\beta_c}(N_{ec})^{\beta_c}\right]} \tag{4-4}$$

式中:$P_{\text{p.o.}}$——发生破坏的混凝土板的比例;

　　　D_c——基于开裂的路面损伤,$D_c = N_{ec}/N_{fc}$;

　　　N_{ec}——基于开裂发展的等效荷载作用次数;

　　　N_{fc}——路面失效最大承受等效荷载作用次数;

　　$\lambda_c \ \beta_c$——开裂模型的尺度和形状参数。

如第 2 章所述,CRCP 的结构性破坏主要考虑冲断破坏的发生,而冲断破坏是在基层发生损伤后,两条距离很近的横向裂缝之间发生的纵向开裂的行为。因此这里的疲劳开裂主要考虑如图 4-2 所示的板顶位置纵向开裂,而当荷载达到允许通过的最大作用次数,路面发生的破坏达到一定程度,即认为路面发生失效,式(4-4)中 λ_c 和 β_c 的确定就成为整个校正过程的关键。

$$\left.\begin{array}{l} -\ln(P_{\text{p.o.}}) = (\lambda_c N_{fc})^{\gamma_c}(N_{ec})^{-\gamma_c} \\ \ln[-\ln(P_{\text{p.o.}})] = \gamma_c \ln(\lambda_c N_{fc}) - \gamma_c \ln(N_{ec}) \end{array}\right\} \tag{4-5}$$

令

$$\left.\begin{aligned} y &= \ln\left[-\ln(P_{\text{p.o.}})\right] \\ x &= \ln(N_{\text{ec}}) \end{aligned}\right\} \tag{4-6}$$

将方程变为 $y = mx + b$ 的形式,即可得到:

$$m = -\gamma_{\text{c}} \tag{4-7}$$

$$b = -m\ln(\lambda_{\text{c}}N_{\text{fc}}) \tag{4-8}$$

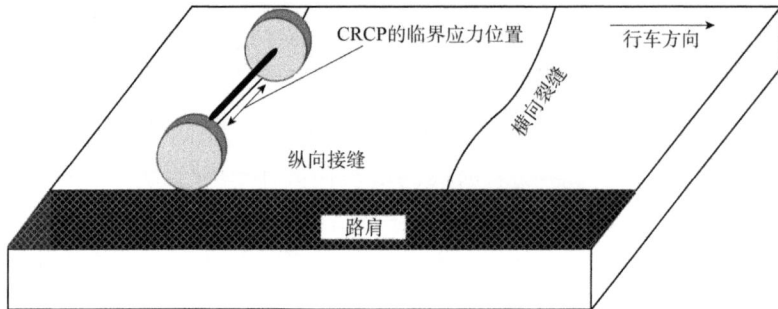

图 4-2　CRCP 的临界应力位置

需要说明的是,冲断破坏的发生率是指在一定长度的 CRCP 上冲断破坏的数目和该区间横向裂缝数目(也近似于板块的数量)的比。同其他路面结构形式一样,对于开裂等破坏,会规定一个数目作为最大的可接受破坏程度,冲断破坏数目超过这个值的时候,就必须采取必要的措施对路面进行修复或重建。当冲断破坏的数目达到规定值的时候,相应的路面承受的累计当量轴载作用次数也达到允许值,即 N_{fc},那么当 N_{ec} 的值接近 N_{fc} 的时候,就有:

$$P_{\text{d}} = \lim_{N_{\text{ec}} \to N_{\text{fc}}} \text{e}^{-\left[\lambda_{\text{c}}/(N_{\text{ec}}/N_{\text{fc}})\right]^{\gamma_{c}}} = \text{e}^{-(\lambda_{\text{c}})^{\gamma_{c}}} \tag{4-9}$$

对于一个 CRCP 路段,容许的最大冲断破坏发生概率为 P_{d},可以由公路管理部门自行约定,也即可以将 P_{d} 当作已知。那么根据实际观测数据所确定的尺度参数 λ_{c}^{*} 可以用来估计 λ_{c} 的值:

$$\lambda_{\text{c}} = \lambda_{\text{c}}^{*} = \frac{1}{\left[-\ln(P_{\text{d}})\right]^{m}} \tag{4-10}$$

进而,可以将由式(4-10)所确定的 λ_{c} 值代入式(4-8)中,得:

$$N_{\text{fc}} = \text{e}^{-\left(\frac{b}{m} + \ln\lambda_{\text{c}}^{*}\right)} \tag{4-11}$$

4.2.3 确定累计当量轴载作用次数

在路面上行驶的车辆种类、轴重、横向分布变异性非常大,使得用单一的某一种荷载形式来表征交通荷载的作用变得十分困难。2012 年,Jung 和 Zollinger 采用了一种根据美国 AASHTO 2002 M-E PDG 改进的模型,累计当量单轴荷载(Equivalent Single-Axle Load,ESAL)可以根据式(4-12)、式(4-13)计算:

$$\text{ESAL}_i = P_{\text{truck}} \cdot \frac{\text{ADT}}{2} \cdot \text{LDF} \sum_{j=3}^{3} \left[(\%\text{ADT}_{i+1,j} - \%\text{ADT}_{i,j}) A_j \cdot \text{ELF}_j \right] \cdot \text{EAF}_i$$

$$(4-12)$$

$$\text{ESAL}_d = \text{EWF} \cdot \sum_i \text{ESAL}_i \qquad (4-13)$$

式中: ESAL_i ——根据各种轴型和轴重换算成的累计当量轴载次数;

$\quad\text{ESAL}_d$ ——考虑交通横向分布后的设计当量轴载次数;

$\quad P_{\text{truck}}$ ——日交通量中卡车荷载的比例;

$\quad\text{ADT}$ ——日平均交通量;

$\quad\text{LDF}$ ——车道分布系数;

$\quad i$ ——轴重分组;

$\quad j$ ——轴型分组;

$\quad A_j$ ——轴重组所占比例;

$\quad\text{ELF}$ ——轴重等效系数;

$\quad\text{EAF}$ ——等效轴型系数;

$\quad\text{EWF}$ ——基于横向分布的等效系数。

Zollinger 定义了 ELF、EAF 和 EWF 的计算方法,如表 4-5 所示。

交 通 等 效 系 数 表 4-5

等效系数	基于疲劳破坏	冲刷损坏
ELF	单轴(SA): $10^{k_2(r_{18\text{kipload}} - r_{\text{load}})}$ 双联轴(TA): $10^{k_2(r_{36\text{kipload}} - r_{\text{load}})}$ 三联轴(TR): $10^{k_2(r_{54\text{kipload}} - r_{\text{load}})}$	SA: $\dfrac{\text{DE}_{\text{load}}}{\text{DE}_{18\text{kipload}}}$ TA: $\dfrac{\text{DE}_{\text{load}}}{\text{DE}_{36\text{kipload}}}$ TR: $\dfrac{\text{DE}_{\text{load}}}{\text{DE}_{54\text{kipload}}}$

等效系数	基于疲劳破坏	冲刷损坏
EAF	SA：1 TA：$10^{k_2(\text{SA}-\text{TA})}$ TR：$10^{k_2(\text{SA}-\text{TR})}$	SA：1 TA：$\dfrac{\text{DE}_{\text{TA}}}{\text{DE}_{\text{SA}}}$ TR：$\dfrac{\text{DE}_{\text{TR}}}{\text{DE}_{\text{SA}}}$
EWF	$0.8765 \times \ln(\ell) - 3.0084$	$e^{0.049} - \dfrac{25.207}{\ell} - \dfrac{0.775}{\ln(\text{LTE})}$

表中：k_2——基于疲劳损伤破坏的系数；

$\quad\ \ r_i$——对应轴载水平下的水泥混凝土应力与强度比；

$\quad\ \ \ell$——水泥混凝土路面的相对刚度半径(in)；

$\ \ $LTE——传荷能力；

$\quad\ DE_i$——对应轴型、轴载水平下的水泥混凝土变形能，可以按式(4-14)计算。

$$DE = \frac{(P\delta^*)}{2k\ell}\left[1 - \left(\frac{\text{LTE}}{100}\right)^2\right] \tag{4-14}$$

式中：DE——变形能(lb/in)；

$\quad\ \ P$——荷载水平(lbf)；

$\quad\ \ k$——土基反应模量(psi/in)；

$\quad\ \ \ell$——水泥混凝土路面的相对刚度半径(in)；

$\quad\ \ \delta^*$——轴载作用时的无量纲弯沉。

当轴载当为单轴荷载时：

$$\ln\delta^* = -0.5567 + 0.09478\sqrt{\ell} - 0.007026\text{LTE} \tag{4-15}$$

当荷载为双联轴荷载时：

$$\ln\delta^* = -2.1498 + 0.0447\sqrt{\ell}\ln(\ell) - 0.01138\sqrt{\text{LTE}}\ln(\text{LTE}) \tag{4-16}$$

当荷载为三联轴荷载时：

$$\ln\delta^* = -2.7649 + 0.01203\frac{\ell}{\ln(\ell)} - 0.009765\sqrt{\text{LTE}}\ln(\text{LTE}) \tag{4-17}$$

荷载的横向分布会影响混凝土板的应变能，荷载的横向分布系数表征了车辆荷载在路面横向不同位置上作用时板角位置的变形能变化。如图 4-3 所示，随着轴载距离板边纵向边缘的增加，变形能逐渐减小。

当荷载离开板边不同距离时，EWF 可以表示为相对刚度半径ℓ、传荷能力

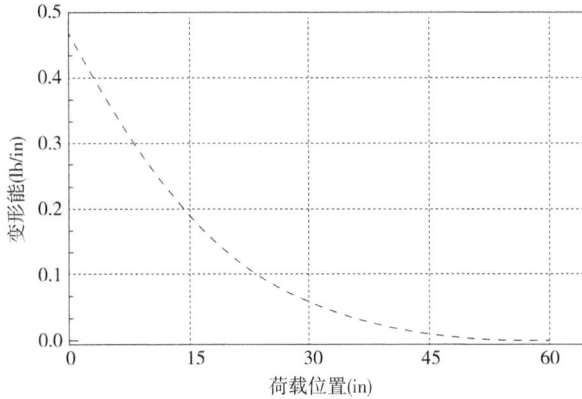

图 4-3　不同荷载位置时变形能的变化

LTE 以及距离板边距离 D 之间的关系式。

$$\ln(\text{EWF}) = a + \frac{b}{\ell} + \frac{c}{\ln(\text{LTE})} \tag{4-18}$$

其中：

$$a = 0.00213D^2 - 0.000538D - 0.010777 \tag{4-19}$$

$$b = -0.192D^2 - 0.9865D - 1.2295 \tag{4-20}$$

$$c = 0.0000846D^2 - 0.0199152D + 0.0247361 \tag{4-21}$$

4.3　使用 LTPP 进行模型校正示例

选择位于得克萨斯州的 LTPP 48-5323 试验段,该项目的基本信息如表 4-6 所示,冲断破坏的记录信息如表 4-7 所示。

试验段 48-5323 基本信息　　　　　　　　　　表 4-6

项　　　目	参　　　数
LTPP 试验段编号	48-5323
建设/开放交通日期	1980/9/1
日卡车交通量	768
开裂间距(m)	1.36
配筋率(%)	0.61

项　　目	参　　数
钢筋直径(mm)	19
水泥混凝土厚度（mm）	229.0
抗压强度(MPa)	57.0
弹性模量(GPa)	34.0
基层类型/ 厚度(mm)	HMA,石灰土/150.0, 150.0

冲断破坏发生率对应等效轴载作用次数　　　　　表 4-7

试　验　段	调查日期	冲断数量	冲断破坏发生率(%)	ESAL
	6/11/1991	17	3.7	5.44×10^6
	5/19/1993	22	4.8	6.44×10^6
	8/10/1995	23	5.0	7.44×10^6
48-5353	5/14/1997	39	8.5	8.44×10^6
	6/16/1999	71	15.5	9.45×10^6
	6/25/2002	55	12.0	1.10×10^7

　　使用 4.2.3 节的流程计算每一个对应日期的累计当量轴次和相应的冲断破坏发生率。在 LTPP 项目中,每个试验段的长度均为 150m,那么对应的冲断破坏发生率可以根据式(4-22)计算:

$$P_{\text{p.o.}} = \frac{100 N_{\text{p.o.}}}{(L/\bar{L})} \qquad (4\text{-}22)$$

式中: $P_{\text{p.o.}}$——冲断破坏发生率(%);

　　　　$N_{\text{p.o.}}$——冲断破坏的数目;

　　　　L——试验段的长度, $L = 150\text{m}$;

　　　　$\bar{L}$——平均开裂间距(m)。

　　将式(4-10)进行线性化可得:

$$\ln[-\ln(P_{\text{p.o.}})] = \gamma_c \ln(\lambda_c^*) - \gamma_c \ln(N_{\text{ec}}) = a^* - b^* N_{\text{ec}} + c^* \ln(N_{\text{ec}})^2 x$$

$$(4\text{-}23)$$

　　设 $y = \ln[-\ln(P_{\text{p.o.}})]$, $x = \ln(N_{\text{ec}})$,则以上公式可以改写成 $y = mx + b$ 的形式:

$$\ln[-\ln(P_{\text{p.o.}})] = \gamma_c \ln(\lambda_c^*) - \gamma_c \ln(N_{\text{ec}}) = a^* - b^* N_{\text{ec}} + c^* \ln(N_{\text{ec}})^2 x$$

$$(4\text{-}24)$$

$$m = -\gamma_c = c^* \ln(N_{ec})^2 \tag{4-25}$$

$$b = \gamma_c \ln(\lambda_c^*) = a^* - b^* N_{ec} \tag{4-26}$$

$$\lambda_c^* = e^{\frac{a^* - b^* N_{ec}}{\gamma_c}} = e^{\frac{a^* - b^* N_{ec}}{c^* \ln(N_{ec})^2}} \tag{4-27}$$

式中： N_{ec}——等效当量轴载次数；

a^*、b^*、c^*——回归的参数。

当设定 16 冲断/km(10 冲断/mile)为结构失效的阈值之后,拟合的参数如表 4-8 所示。

试验段 48-5353 冲断破坏预估模型拟合参数　　　表 4-8

参　数	值	参　数	值
a^*	2.44	c^*	-4.200×10^{-4}
b^*	-7.60×10^{-8}	N_{fc}	$1.204\times10^6 @\ \%P_{p.o.} = 0.84\%$

根据表 4-8 中确定的参数,对应等效轴载作用次数的冲断破坏发生率预测关系,可以得到拟合与实际观测冲断破坏数目之间的关系,非线性拟合的结果见图 4-4 和图 4-5。

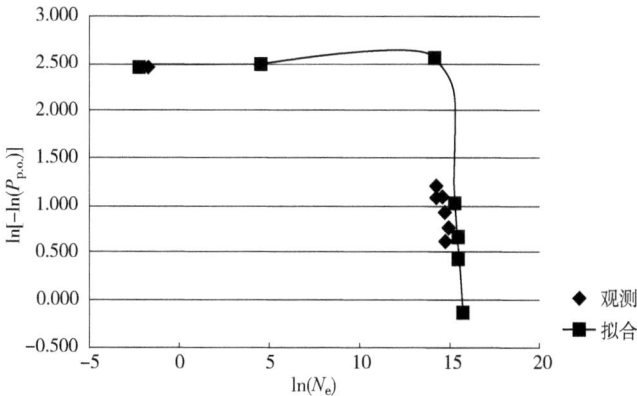

图 4-4　试验段 48-5353 的非线性拟合

图 4-4 与图 4-5 中的 N_e 为考虑汽车荷载横向分布后调整计算得到的累计荷载作用次数。当表 4-8 中的参数全部确定后,那么基于疲劳损伤的 Weibull 分布尺度系数可以用式(4-28)来计算：

$$\lambda_c = \frac{e^{[(a* - b*N_{ec})/c*\ln(N_{ec})^2]}}{N_{fc}} \qquad (4\text{-}28)$$

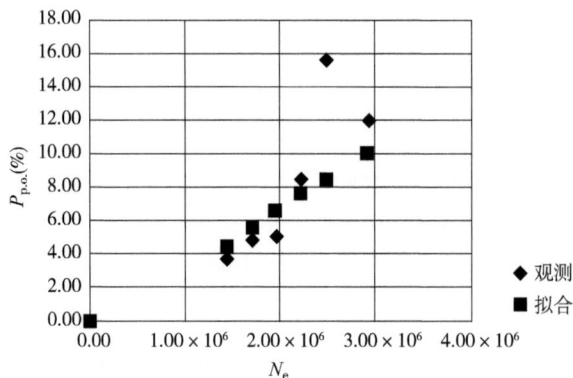

图 4-5　试验段 48-5353 冲断破坏拟合关系

4.4　主要经验总结

美国联邦公路局从 1987 年开始实施的 LTPP 项目,为路面工程积累了大量而宝贵的原始数据,这些检测数据都是由专业的咨询公司和研究机构采集的,所以数据的真实性和可靠性得到了保证,为进行 CRCP 的冲断破坏预测提供了必要的数据基础。

建立在力学分析基础上的路面结构设计,离不开经验的指导,而经验模型往往只能代表某一特定区域的结构服役特征,当其他地区采用同一模型进行路面结构破坏行为预测时,就必须对原有模型中的参数进行校正。本章介绍了以冲断为结构破坏指标进行冲断破坏预估模型的过程和示例。

第 5 章　CRCP 开裂与端部位移控制体系

CRCP 与 JPCP 相比,其最大的特点是不设置接缝,允许在混凝土在钢筋的约束作用下,在混凝土表面发生不等间距的横向开裂,这种横向开裂被视为 CRCP 的一个重要特征。为了保证在使用过程中 CRCP 横向裂缝两侧的混凝土板之间有足够的传荷能力,即混凝土板之间能够协同工作,降低混凝土板中的应力,一般要求在最不利季节的时候横向开裂的裂缝宽度不能大于 0.5mm。

CRCP 的开裂行为是在材料和环境因素的共同作用下发生的,受到外界温度和湿度变化的影响,混凝土材料会发生膨胀和收缩,而混凝土的收缩作用又受到钢筋、端部锚固和基层的约束作用。由于水泥混凝土内部温度和湿度场是非线性分布的,加上混凝土材料自身热物理特性的复杂性,使得开裂行为的预测成为 CRCP 结构分析最重要的环节。进行 CRCP 开裂行为分析最重要的部分是预测其开裂间距和对应条件下 CRCP 横向裂缝的开裂宽度。而所有的预测分析,都是某一特定气候环境下发生的,CRCP 的开裂行为不仅受到其所处环境气候的影响,还与施工时的温度、湿度、风速、太阳辐射和施工的时机有关,理论分析和数值模拟等手段不能将所有的因素都纳入考虑范围。因此,在广泛实践的基础上对各种预测模型的不断校正意义重大。

CRCP 的设计和分析是在计算混凝土和钢筋在体积变化和荷载作用下应力应变关系的基础上进行的。在此基础上,可以通过理论模型来预测两条横向裂缝之间的间距,并且分析需要使用多少钢筋对混凝土进行约束才能使开裂的宽度在限定的范围之内。本节主要介绍 Reis 和 McCullough 等在钢筋与混凝土变形控制方面的相关理论和计算模型,以及在 CRCP 开裂行为控制方面取得的经验。

5.1　CRCP 的开裂预测模型

5.1.1　钢筋与混凝土之间的交互作用

在 McCullough 发展的 CRCP 模型中(图 5-1),CRC 中的静力平衡关系为:

$$F_{sc} + \int F_s \mathrm{d}x - F_{sm} - F_{cm} = 0 \tag{5-1}$$

式中：F_{sc} ——横向裂缝位置钢筋中的力；

$\quad\quad F_s$ ——沿混凝土板单位长度上的摩擦力；

$\quad\quad F_{sm}$ ——横向裂缝间中部钢筋中的力；

$\quad\quad F_{cm}$ ——横向裂缝间中部混凝土中的力。

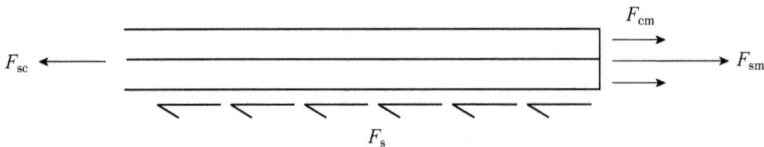

图 5-1　CRCP 的静力平衡模型

在 CRC 完全黏结区域，式(5-1)的相容方程为：

$$\sigma_{cj} = \frac{\sigma_{sj}}{n} + E_{PCC}\left[\varepsilon_{sh} + \Delta \bar{t}(\alpha_{PCC} - \alpha_s)\right] \tag{5-2}$$

式中：σ_{cj} ——完全黏结区域混凝土中的点 j 位置应力(MPa)；

$\quad\quad \sigma_{sj}$ ——完全黏结区域钢筋中的点 j 位置应力(MPa)；

$\quad\quad n$ ——钢筋与混凝土的模量比，$n = E_s/E_{PCC}$；

$\quad\quad \varepsilon_{sh}$ ——水泥混凝土的干缩应变；

$\quad\quad \alpha_{PCC}$ ——水泥混凝土的热膨胀系数(/℃)；

$\quad\quad \alpha_s$ ——钢筋的热膨胀系数(/℃)；

$\quad\quad \Delta \bar{t}$ ——水泥混凝土横断面降温幅度的平均值(℃)。

钢筋和混凝土中的应力分布形式分别如图 5-2 和图 5-3 所示。

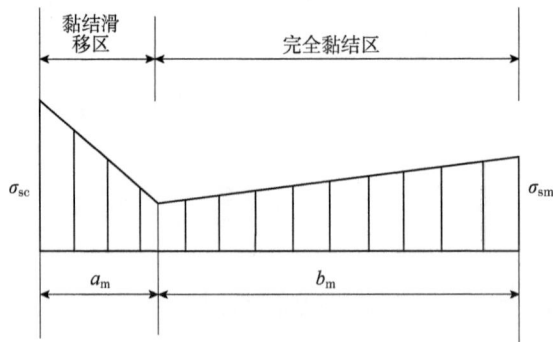

图 5-2　钢筋中应力分布

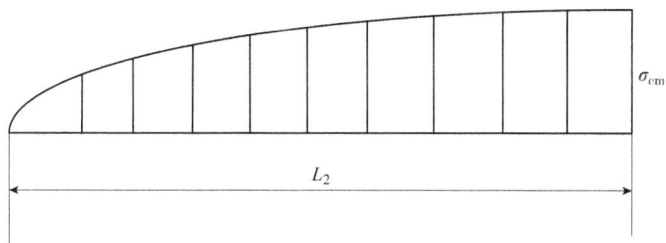

图 5-3　混凝土中应力分布

如果钢筋的总长度为定值,那么:

$$\int_0^{b_{\mathrm{m}}} \sigma_{\mathrm{s}} \mathrm{d}x + \int_{b_{\mathrm{m}}}^{a_{\mathrm{m}}} \sigma_{\mathrm{s}} \mathrm{d}x = E_{\mathrm{s}} \alpha_{\mathrm{s}} L_2 \Delta \bar{t} \tag{5-3}$$

式中: σ_{s} ——钢筋中的应力(MPa);

L_2 ——横向裂缝间距一半长度(m)。

如果考虑基层的摩阻作用,那么混凝土和钢筋中的应力变化可以表示为:

$$\frac{\mathrm{d}\sigma_{\mathrm{s}}}{\mathrm{d}x} = \frac{-F_{\mathrm{s}}}{A_{\mathrm{c}}\left(\dfrac{1}{n} + \rho_{\mathrm{s}}\right)} + \frac{4u}{d_{\mathrm{b}}} \tag{5-4}$$

$$\frac{\mathrm{d}\sigma_{\mathrm{c}}}{\mathrm{d}x} = \frac{-F_{\mathrm{s}}}{A_{\mathrm{c}}} - \frac{4u\rho_{\mathrm{s}}}{d_{\mathrm{b}}} \tag{5-5}$$

式中: A_{c} ——混凝土的横截面积(m²);

d_{b} ——钢筋的直径(m);

u ——钢筋上均匀分布的黏结应力(MPa);

ρ_{s} ——CRCP 的配筋率(%)。

McCullough 提出了钢筋黏结的平衡作用、钢筋和基层摩阻作用下的路面系统的平衡方程,用于预测 CRC 材料在约束和收缩作用下的开裂行为。模型中假设材料中应力大于混凝土强度时,混凝土会发生开裂,而开裂位置(横向裂缝)的应力值为零。同时,在该模型中,还假设任何一个横断面上,由于材料自身体积变化而产生的应力在厚度上都是均匀分布的,不存在沿厚度上的变化。如同 3.4.2 节所述,模型对 CRCP 开裂行为的预测分析同样包括了混凝土材料随着时间增长而带来的强度增长。

其他的基本假设还包括:

● 假设钢筋与混凝土材料都是线弹性体。

- 当混凝土与钢筋为完全结合时,混凝土与钢筋不发生任何相对位移。
- 材料的性质在空间上独立。
- 混凝土的徐变和混凝土板的翘曲忽略不计。

如图 5-4 所示,当较强的基层摩阻作用施加在混凝土上时,混凝土的开裂间距会明显减小,因而钢筋中应力的分布会超过开裂间距的一半。

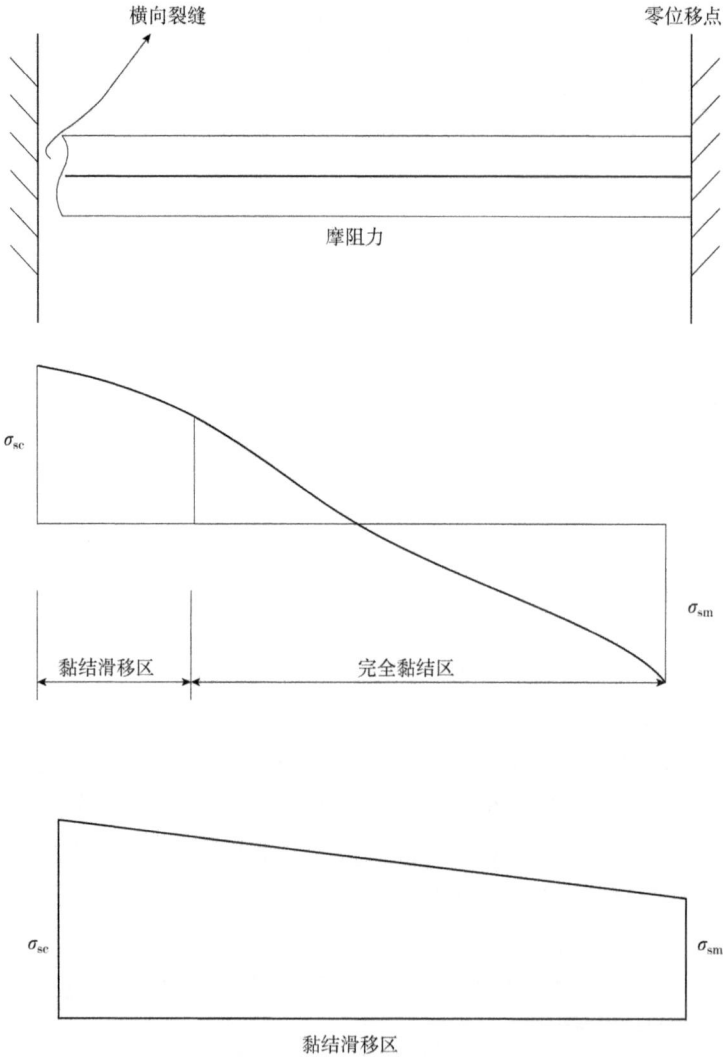

图 5-4　钢筋应力变化模型示意图

混凝土的总收缩变形 ε_{tot} 为钢筋与混凝土黏结作用引起的变形 ε_{sz} 和钢筋出于混凝土收缩而产生的应变 ε_{cz} 之和,如图 5-5 所示。

$$\varepsilon_{tot} = \varepsilon_{cz} + \varepsilon_{sz} \tag{5-6}$$

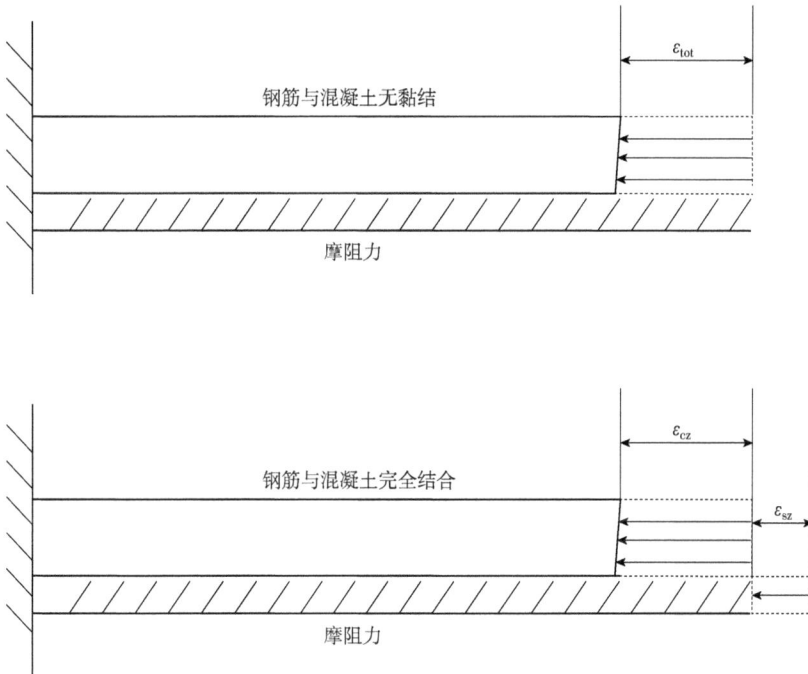

图 5-5　配筋水泥混凝土收缩行为示意图

5.1.2　TTI CRCP 模型

得克萨斯农工大学的 Texas Transportation Institute 的 Lytton 教授等[112],用另外一个模型来描述 CRCP 的开裂行为,称为 TTI CRCP 模型。在这个模型中,假设钢筋与混凝土之间的黏结应力是均匀分布的,而黏结应力与裂缝的宽度之间不存在任何关系,其值依靠相对滑移的大小来确定,如图 5-6 所示,当滑移量从 0 开始不断增加,黏结应力按照 K_1 的斜率随着相对滑移的增加而增加。当相对滑移的值达到 δ_b 时,黏结应力的强度达到峰值;滑移量继续增加,将使得黏结应力值以 K_2 的斜率下降,而当滑移的值达到 δ_{b1} 时,黏结应力下降为 0。

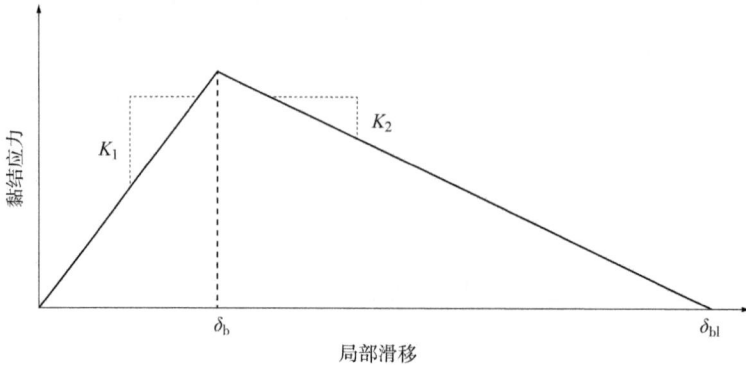

图 5-6　TTI CRCP 模型的黏结应力函数

混凝土与基层之间的摩擦应力也可以描述为混凝土与基层之间位移量的函数。如图 5-7 所示,当位移量超过 δ_f 的时候,摩擦应力与相对位移之间的斜率为 K_4,摩擦应力几乎不再随位移量的增加而增加。

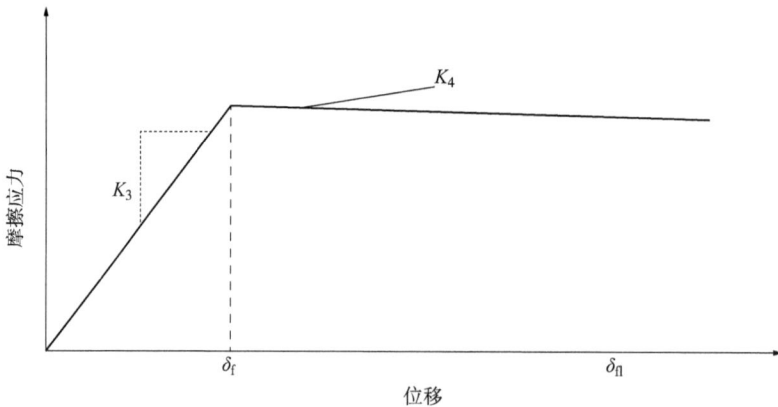

图 5-7　TTI CRCP 中基层与混凝土板间摩擦力的函数

如图 5-8 所示,取 CRC 材料的单元体,其长度为 Δx,水泥混凝土中的应力 σ_c 与钢筋应力 σ_s 的变化幅度分别为 $\Delta\sigma_c$、$\Delta\sigma_s$。钢筋与混凝土之间的黏结应力为 τ_b,基层对混凝土的摩阻力为 τ_f。那么 CRC 单元体内外的作用力关系如图 5-9 所示。

如图 5-9 所示,作用在混凝土上的力,可以表示为:

$$\sum_{\hookrightarrow} F = (\sigma_c + \Delta\sigma_c)A_c - \sigma_c A_c - \pi d_b \tau_b \Delta x - b_1 \tau_f \Delta x \qquad (5\text{-}7)$$

为保持单元体的静力平衡,单元体上的受力为零,即:

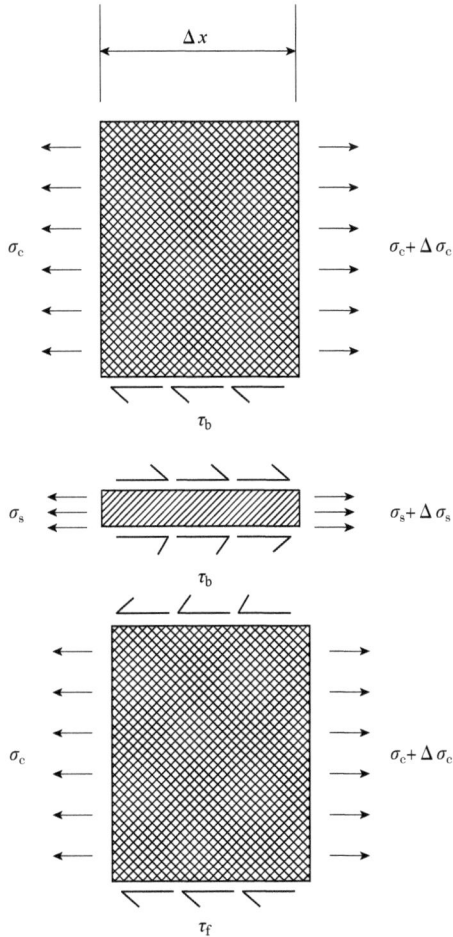

图 5-8 单元应力图

$$(\sigma_c + \Delta\sigma_c)A_c - \sigma_c A_c - \pi d_b \tau_b \Delta x - b_1 \tau_f \Delta x = 0 \qquad (5\text{-}8)$$

将式(5-8)两侧同除以 Δx,则可以简化为:

$$\frac{\sigma_c}{\Delta x} - \frac{\pi d_b}{A_c} \times \tau_b - \frac{b_1}{A_c} \times \tau_f = 0 \qquad (5\text{-}9)$$

同样,如图 5-10 所示,钢筋的受力平衡关系可以表示为:

$$(\sigma_s + \Delta\sigma_s)A_s - \sigma_s A_s + \pi d_b \tau_b \Delta x = 0 \qquad (5\text{-}10)$$

式(5-10)可以简化为:

$$\frac{\sigma_s}{\Delta x} + \frac{\pi d_b}{A_s} \times \tau_b = 0 \qquad (5\text{-}11)$$

式(5-7)~式(5-11)中：b_1——路面单元体的宽度(m)；

Δx——单元体的长度(m)；

τ_b——黏结应力(MPa)；

τ_f——摩擦应力(MPa)；

A_s——钢筋的截面积(m^2)；

A_c——混凝土的截面积(m^2)。

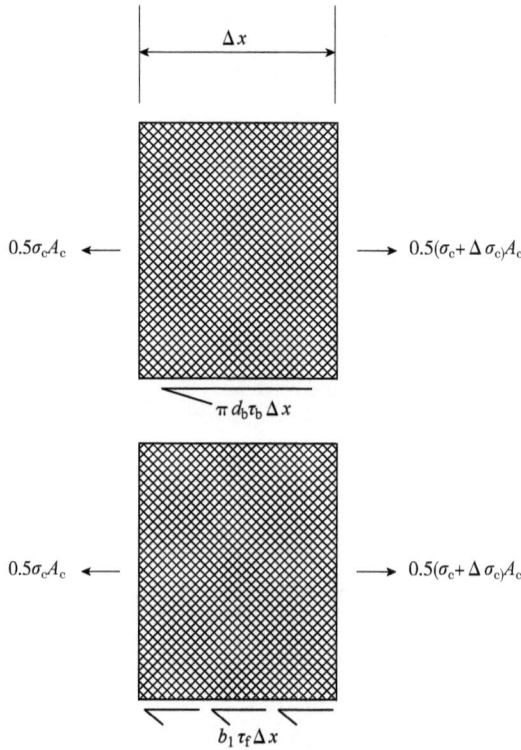

图 5-9 混凝土受力图

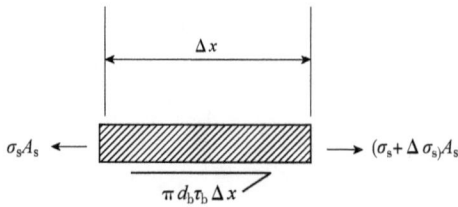

图 5-10 钢筋受力图

根据虎克定律,当混凝土和钢筋的位移分别为 u_c 和 u_s 时,应力可以表示为:

$$\sigma = E_i \frac{\mathrm{d}u_i}{\mathrm{d}x} \tag{5-12}$$

再取导,得:

$$\frac{\mathrm{d}\sigma}{\mathrm{d}x} = E_i \frac{\mathrm{d}^2 u_i}{\mathrm{d}x^2} \tag{5-13}$$

式中:E_i——水泥混凝土或钢筋的弹性模量。

当式(5-9)和式(5-11)中的 $\Delta\sigma / \Delta x$ 足够小时,可以用 $\mathrm{d}\sigma / \mathrm{d}x$ 代替,则式(5-9)可变为:

$$\frac{\mathrm{d}^2 u_c}{\mathrm{d}x^2} - \frac{\pi d_b}{E_{PCC} A_c} \times \tau_b - \frac{b_1}{E_{PCC} A_c} \times \tau_f = 0 \tag{5-14}$$

式(5-11)可变为:

$$\frac{\mathrm{d}^2 u_s}{\mathrm{d}x^2} + \frac{\pi d_b}{E_s A_s} \times \tau_b = 0 \tag{5-15}$$

以上两式便是混凝土位移 u_c 和钢筋位移 u_s 微分方程的通解形式,如图 5-11 和图 5-12 所示,将 τ_b 和 τ_f 代入通用微分方程中便可以得到微分方程的特解。

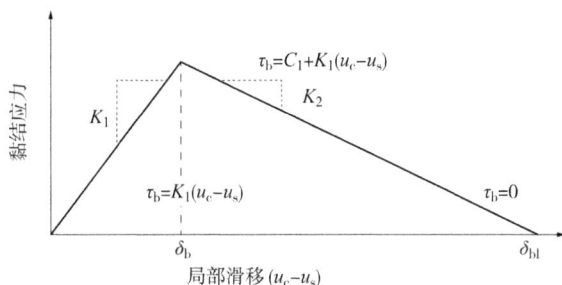

图 5-11　黏结应力方程

混凝土与钢筋中的应力与应变可用能量法确定,即考虑所有可能引起混凝土发生温度收缩和干缩变化的因素。在能量体系当中,还考虑了以下能量损耗:

- 混凝土和钢筋的势能。
- 混凝土受基层摩阻作用的能量损失。
- 由于混凝土板运动而损失的应力释放能量。

由于受力平衡关系可以通过位移方程来确定,那么能量平衡关系就成为特

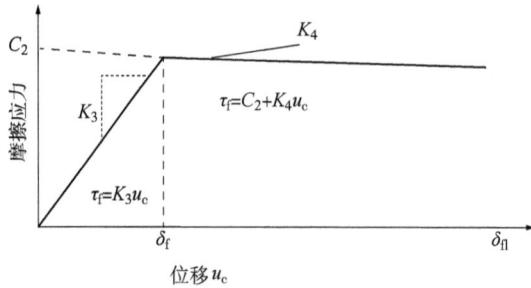

图 5-12　摩擦应力方程

定环境下确定位移、应力和应变的关键条件。混凝土和钢筋的势能 E_{pot} 可以由单位体积应力应变曲线取积分来确定,即:

$$E_{pot} = A_c \int_0^{L_2} \frac{\sigma_c^2}{2E_{PCC}} dx + A_s \int_0^{L_2} \frac{\sigma_s^2}{2E_s} dx \qquad (5\text{-}16)$$

摩擦应力的功可以确定为单位接触面积摩擦应力和黏结应力与位移的积分:

$$E_{pot} = \pi d_b \int_0^{L_2} \int_0^{u_c-u_s} \tau_b d\tau_b dx + b_1 \int_0^{L_2} \int_0^{u_c} \tau_f d\tau_f dx \qquad (5\text{-}17)$$

位移是应力释放的必要条件,应力释放能取决于混凝土的位移。由于钢筋不发生任何移动,应力的释放仅限于混凝土,单位体积混凝土的应变能可以按下式计算:

$$E_{rel} = A_c \int_0^{L_2} \int_0^{\varepsilon_c} E_{PCC} \varepsilon_c d\varepsilon = A_c \int_0^{L_2} \frac{1}{2} E_{PCC} \varepsilon_c^2 d\varepsilon \qquad (5\text{-}18)$$

在以上基础上,由于温度变化和干燥收缩引起的所有能量变化为:

$$E_{tot} = \frac{L_2}{2} \left[A_c \left(\alpha_{PCC} \Delta T \right)^2 + A_s \left(\alpha_s \Delta T \right)^2 + A_c \left(\varepsilon_{shr} \right)^2 \right] \qquad (5\text{-}19)$$

式中:ε_{shr}——水泥混凝土的收缩应变;

　　　ΔT——温度变化幅度(℃)。

当环境改变带来的总能量变化与材料体的势能、摩擦作用和应力释放能相等的时候,能量关系达到平衡,进而,混凝土的裂缝宽度等于混凝土与钢筋之间滑移量的两倍。

5.1.3　Reis 等的开裂模型

美国伊利诺伊大学工程试验研究中心的 Reis[82] 等提出了一种根据温度下降与干缩来确定混凝土与钢筋中的应力及开裂宽度的计算方法。该方法中采用了 5.1.2 节中所述的 TTI CRCP 模型中的钢筋黏结强度分布关系。

在 Reis 的模型当中,定义混凝土中的黏结力超过混凝土抗拉强度最大间距为 L,那么距离开裂断面 x 位置处混凝土中的拉应力 f_{tx} 可以由黏结力除以混凝土截面积求得:

$$f_{tx} = \frac{N\pi d_b}{A_c}\int_0^x u_x \mathrm{d}x = \frac{4\rho_s}{d_b}\int_0^x u_x \mathrm{d}x \tag{5-20}$$

式中: N ——横截面上纵向钢筋的数目;

f_{tx} ——距离断裂面为 x 处混凝土拉应力平均值(MPa)。

设黏结应力与钢筋和混凝土之间的滑移无关,距开裂断面 x 位置处的黏结应力可以用最大黏结应力 U_m 与 φ(x 与 L 之比)之间的关系式来表达:

$$u_x = u_m f\left(\frac{x}{L}\right) = u_m f(\varphi) \tag{5-21}$$

水泥混凝土的最大拉应力值发生在 $L/2$ 处。在开裂发生初期,裂缝之间部分单元体的黏结应力为零,这时,此区域的混凝土中拉应力为最大。随着开裂的进一步发展,裂缝间距逐渐减小,并慢慢达到最小值,进而,未发生开裂部分的混凝土中的拉应力值约等于水泥混凝土的抗拉强度,即水泥混凝土的抗拉强度可以表示为:

$$f_t = \frac{4\rho_s}{d_b}\int_0^{L/2} u_x \mathrm{d}x = \frac{4\rho_s U_m}{d_b}\int_0^{L/2} f(\varphi)\mathrm{d}x = \frac{4\rho_s U_m L}{d_b}\int_0^{1/2} f(\varphi)\mathrm{d}\varphi \tag{5-22}$$

则最小的开裂宽度 L 为:

$$L = \frac{C_1 f_t d_b}{U_m \rho_s} \tag{5-23}$$

式中: C_1 ——基于钢筋分布的无量纲参数,可由式(5-24)计算:

$$C_1 = \left[4\int_0^{1/2} f(\varphi)\mathrm{d}\varphi\right]^{-1} \tag{5-24}$$

在这个模型中,应力作用下混凝土与钢筋增长量之差为开裂宽度,可以根据混凝土与钢筋之间的滑移量 s_x 来确定。Reis 模型中的开裂宽度可以计算为:

$$cw = 2\int_0^{L/2} s_x \mathrm{d}x = \frac{2}{E_s}\int_0^{L/2} (f_{sx} - nf_{tx})\,\mathrm{d}x \tag{5-25}$$

式中：f_{tx}——混凝土中拉应力平均值，可由式（5-26）计算：

$$f_{tx} = \frac{4\rho_s}{d_b}\int_0^x u_x \mathrm{d}x \tag{5-26}$$

f_{sx}——距断裂面 x 距离处钢筋中的拉应力值，可由式（5-27）计算：

$$f_{sx} = f_s - 4/d_b\int_0^x u_x \mathrm{d}x \tag{5-27}$$

f_s——裂缝位置钢筋中的拉应力值，可由式（5-28）计算：

$$f_s = \frac{C_2 f_t}{\rho_s} - E_s t\alpha_s \tag{5-28}$$

C_2——基于钢筋分布的无量纲参数，可由式（5-29）计算。

$$C_2 = 8C_1\int_0^{1/2} \left(\int_0^{1/2} f(\varphi)\,\mathrm{d}\varphi \right) \mathrm{d}\varphi \tag{5-29}$$

将式（5-26）~式（5-29）代入到式（5-25）中，整理后可以得到开裂宽度表达式：

$$cw = \frac{8C_1 d_b f_t}{U_m \rho_s}\left(\varepsilon_{tot} - t\alpha_{PCC} - \frac{C_2 f_t}{E_{PCC}} \right) \tag{5-30}$$

C_1 和 C_2 可以通过黏结应力在长度方向上的积分来确定。然而，一些学者却认为，没有必要对应力在混凝土体内如何分布做过多的研究，应力是如何分布的并不重要，重要的是黏结应力累积值。

对于最大的黏结应力值 U_m，Reis 等定义的表达式为：

$$U_m = \frac{2k_1 f_t}{\left(1 + \dfrac{3g_a}{g_b} \right)} \tag{5-31}$$

式中：k_1——不同钢筋形式的黏结系数，光面钢筋为 1.6，螺纹钢筋为 2.0；

g_a——钢筋直径的和（m）；

g_b——钢筋位置以下混凝土的深度（m）。

其实黏结应力的确定是个很复杂的事情，所以，不得不选择用试验的方法来确定钢筋中的最大黏结应力平均值 U_{ma}：

$$U_{ma} = \frac{2(r+1)A_s\Delta f_s}{\pi d_b L} \tag{5-32}$$

式中：$r+1$——可能形成的裂缝的条数。

假设混凝土中拉应力在混凝土截面上是均匀分布的，那么在混凝土两条裂缝中部的拉应力值可以用式(5-33)计算：

$$f_{ma} = \rho_s \Delta f_s \tag{5-33}$$

由此可以计算平均的裂缝宽度为：

$$\overline{cw} = \frac{\overline{L}}{E_s\left[f_s - f_{ma}\left(\dfrac{n+1}{\rho_s}\right)\right]} \tag{5-34}$$

黏结应力的系数 C_1、C_2 与混凝土抗拉强度、最大平均黏结应力 U_{ma} 之间的关系还可以表示为：

$$f_{ma} = C_2 f_t \tag{5-35}$$

$$U_{ma} = \frac{3U_m C_2}{8C_1} \tag{5-36}$$

5.2　CRCP 合理开裂控制指标

上一节对连续配筋水泥混凝土材料的开裂行为理论分析做了简要介绍，其中设计的主要参数是开裂间距和开裂宽度。在实际工程中，CRCP 开裂行为的两大关键指标也是裂缝间距和裂缝宽度，并且由于材料、环境、施工条件和工艺等因素的交互作用，使开裂行为比理论分析上更加复杂。理论推导的结果，必须根据现场的实际情况进行必要的修正，而这些修正往往都是经验性的，有些可能不够严谨，但是具有一定的可操作性。

Colley 等在 20 世纪 60 年代发表的一篇论文中认为，如果合理设置水泥混凝土路面的缩缝间距，那么裂缝的宽度可以控制在合理范围内，且裂缝位置的传荷能力会有所提高，据此可以减小板边拉应力水平，而合理的裂缝间距是受钢筋的约束作用、外界环境和集料的性质共同影响的。改变裂缝宽度即改变裂缝位置集料的咬合作用，板之间的传荷能力随着裂缝宽度的增加而减小，并且重复荷载作用下传荷能力的衰减加速(图 5-13)[90]。

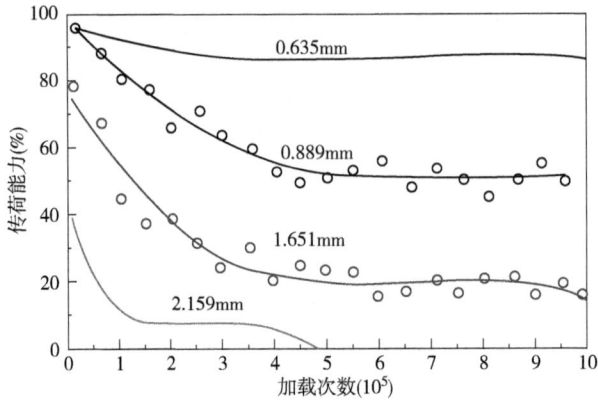

图 5-13　裂缝宽度对传荷能力的影响

　　我国《公路水泥混凝土路面设计规范》(JTG D40—2011)中规定连续配筋水泥混凝土路面的纵向配筋量应满足"纵向钢筋埋置深度处的裂缝缝隙平均宽度不大于 0.5mm;纵向裂缝的平均间距不大于 1.8m"[113]。这一规定与美国 AASHTO 2002M-E PDG[22]中的要求基本一致,稍有不同的是 AASHTO 2002M-E PDG 将开裂间距的平均值不超过 1.8m(3ft)作为一个推荐性指标。当对平均开裂间距的上限作出限制,即意味着平均开裂间距的取值越小越好。存在争议的是,Selezneva[34]等挖掘 LTPP 的监测数据,发现 90%以上的冲断破坏都发生在 0.3~0.9m 的板块上,在不同开裂间距的板块上冲断破坏的发生概率见图 5-14。

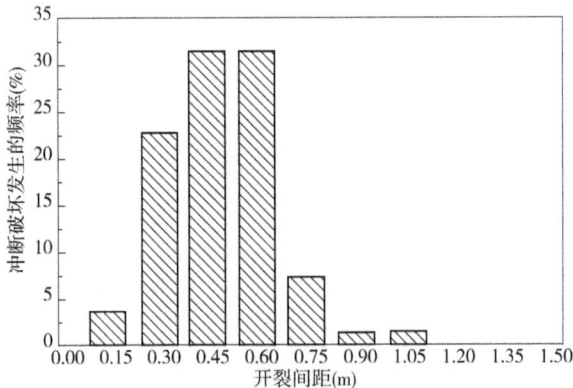

图 5-14　不同开裂间距的板块上冲断破坏发生的频率[21]

　　ISLAB 2000 有限元软件的计算结果表明(图 5-15):当小开裂间距和低传荷能力耦合,水泥混凝土顶部位置的拉应力会大幅提高,当混凝土板的开裂间距大于 1.2m 时,板顶位置的拉应力随着板尺寸的增加而逐渐减小并趋于稳定。显然,0.3m 与 0.6m 开裂间距时板顶临界荷位的应力要远远高于板长大于 1.2m 的情况,LTPP 数据也显示冲断破坏基本都发生在开裂间距小于 1.2m 的情况。有限元计算和实际调查说明短的开裂间距将显著增加 CRCP 板顶的临界荷位拉应力,导致冲断破坏的发生。

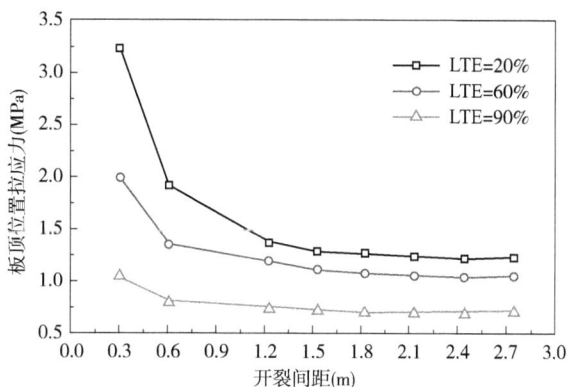

图 5-15 开裂间距和裂缝位置传荷能力对 CRCP 临界荷位应力的影响[21]

Selezneva[34] 的计算是在开裂间距和传荷能力耦合的条件下进行的。为进一步分析各项参数对临界荷位拉应力影响的敏感性,文献[114]使用 ISLAB 2000 软件计算结果培训的人工神经网络工具对混凝土板厚、纵向和横向传荷能力以及开裂间距等因素对混凝土路面板顶位置的拉应力影响进行分析,并用正交试验的方法分析了各个因素对板顶位置拉应力影响的敏感性,结果发现开裂间距是对板顶位置拉应力影响最小的因素[115]。

理论和经验上认为开裂间距的增加将会导致裂缝宽度的增加并降低板之间的传荷能力,而 LTPP 调查数据却显示 CRCP 的传荷能力和开裂间距之间联系并不显著(图 5-16)[5]。例如得克萨斯州的调查结果(图 5-17)显示,裂缝宽度与开裂间距之间并没有显著的关系[116]。

综上,开裂间距与裂缝宽度、传荷能力之间的关系比较复杂,CRCP 现场调查的数据也未找到开裂间距与裂缝宽度、传荷能力之间的显著关系,因此,如果对开裂间距做出规定可能会顾此失彼。鉴于开裂间距对 CRCP 临界荷载位置拉应力的影响较小,Won 等认为宜仅将裂缝宽度作为 CRCP 的控制指标,而无须特别考虑开裂间距;但是目前的 AASHTO M-E PDG 中还是建议最大的开裂间距为 1.8m。在这一点学术界、工程界还存在争议。

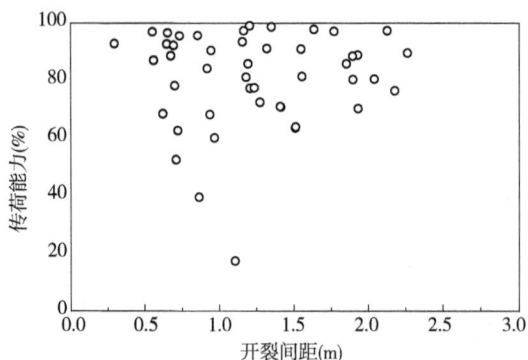

图 5-16　LTPP 数据调查开裂间距与传荷能力

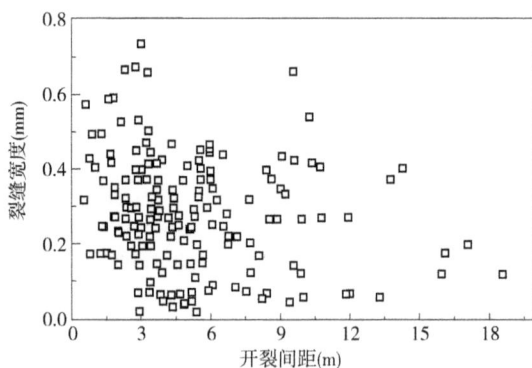

图 5-17　开裂间距与裂缝宽度之间的关系

5.3　影响 CRCP 开裂行为的因素

　　CRCP 的开裂行为受到集料、配筋率、施工条件(摊铺时间和施工季节)等诸多因素影响[117]。水泥混凝土中约 50% 的体积均为粗集料,因此水泥混凝土的热膨胀系数与粗集料的类型紧密相关。

5.3.1　集料

　　AASHTO 2002 M-E PDG 对使用不同类型粗集料配制的水泥混凝土的热膨胀系数给出了相应的推荐值(表 5-1)。使用不同热膨胀系数集料所配制的混凝土,其开裂间距分布也受到影响,集料的热膨胀系数越大,CRCP 的开裂间距越小。如图 5-18 所示[22]，在美国得克萨斯州 Cypress 修筑的试验段使用了石灰岩、67%石灰岩+33%砾石、33%石灰岩+67%砾石三种集料修筑试验段，发现砾石的比例越高，开裂间距越小，裂缝的密度越大[118]。

不同集料与所配制混凝土的热膨胀系数推荐值　　　　表 5-1

集 料 类 型	集料热膨胀系数（$10^{-6}/℃$）	配制混凝土热膨胀系数（$10^{-6}/℃$）
大理石	3.96~7.02	4.14
石灰岩	3.6~6.48	6.12~9.18
花岗岩	5.76~9.54	6.84~9.54
闪绿岩、玄武岩、安山岩	5.4~8.1	7.92~9.54
白云岩	7.02~9.9	9.18~11.52
矿渣	—	9.18~10.62
砂岩	10.08~12.06	10.08~11.7
石英砂、砾石	9.9~12.78	10.8~15.66
石英岩	10.98~12.60	11.88~12.78

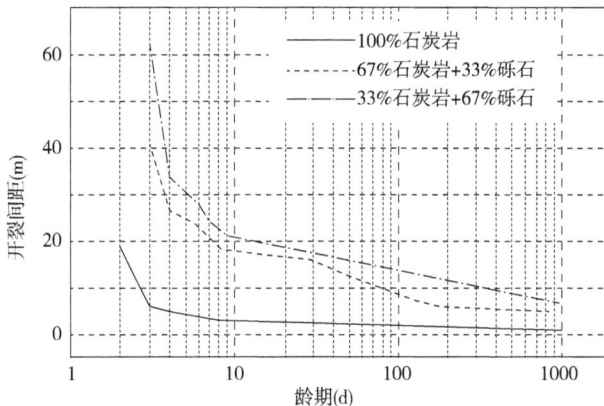

图 5-18　集料类型对开裂间距的影响

5.3.2　纵向钢筋对开裂行为影响

5.3.2.1　钢筋的用量与黏结面积

美国的经验表明 CRCP 的配筋量一般在 0.5%~1.0%，超过 1.0%的配筋率对 CRCP 的使用性能没有显著的影响[119]。美国各州的配筋率一般根据经验设置,在季度温差较大的州,例如伊利诺伊州,配筋量一般比季度温差较小的州(如得克萨斯州)要高 0.1%～0.2%[120]。高钢筋的约束作用对混凝土开裂宽度的影响非常显著。如图 5-19 所示,Suh[116] 等发现随着钢筋用量的增加,钢筋与混凝土之间的摩阻面积增大,对混凝土的约束作用加强,裂缝的宽度随之逐渐减小;使用不同直径的钢筋对开裂宽度有一定影响,若使用直径为 22mm 的钢筋替代 19mm 的钢筋,裂缝的宽度会有一定程度的增加。

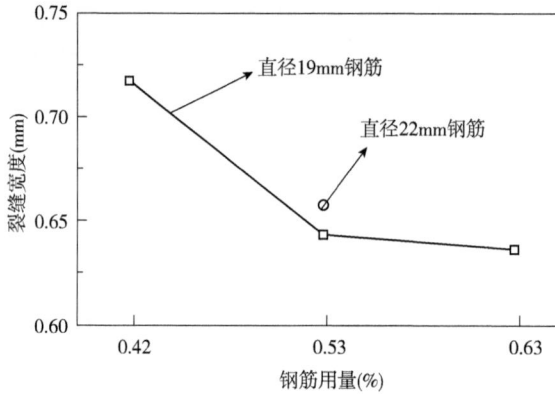

图 5-19　钢筋用量对裂缝宽度的影响

使用直径较小的钢筋,可以增加钢筋与混凝土之间的黏结面积,因此研究者发现使用较细的钢筋和较小的钢筋间距一样可以降低混凝土的平均开裂间距[119](图 5-20),这可以成为一种代替增加配筋率的手段。

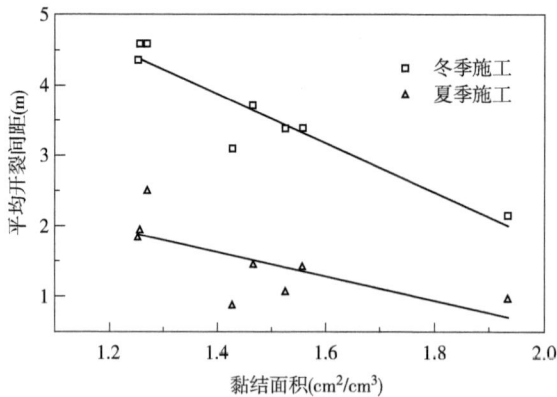

图 5-20　黏结面积对平均开裂间距的影响

5.3.2.2　钢筋布设位置的影响

美国伊利诺伊州修筑了厚度分别为 178mm（7in）和 203mm（8in）的 CRCP 试验段,试验路的调查结果表明板厚和配筋的类型对横向开裂行为影响不大,而钢筋的埋置深度却对 CRCP 的开裂有显著作用[3]。如图 5-21 所示,当混凝土板厚分别为 7in 和 8in 的情况下,钢筋埋置深度为距板顶 2in 或者板中时,随着钢筋位置的上移,平均开裂间距显著减小;路面铺筑 6 年后,钢筋布设在板中的 CRCP 的平均开裂间距为 2m 左右,而钢筋布设在距板顶 2in 位置的 CRCP 平均开裂间距仅为 0.75m 左右。

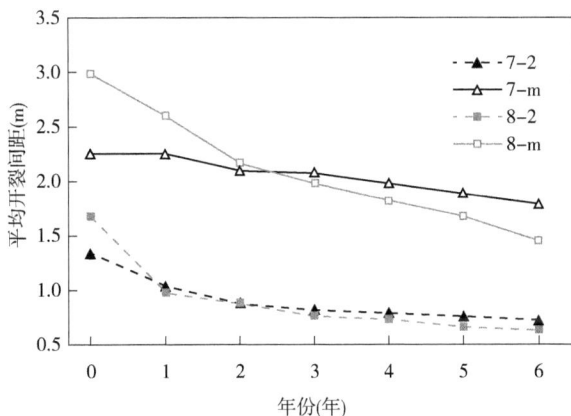

图 5-21　钢筋埋置深度对平均开裂间距的影响

注:7-2-板厚为 7in,埋置深度为 2in;7-m-板厚为 7in,埋置深度为板中;8-2-板厚为 8in,埋置深度为 2in;8-m-板厚为 8in,埋置深度为板中。

钢筋埋置深度对裂缝宽度的影响见图 5-22。显然,钢筋位置越接近板顶,钢筋对混凝土开裂的约束作用越明显,在不同施工季节影响下,裂缝宽度明显减小。为保证钢筋有足够的保护层厚度,美国联邦道路管理局推荐钢筋距离板顶的距离不宜小于 9~10cm[121]。

5.3.3　施工条件对开裂行为的影响

水泥混凝土路面修筑具有季节效应,施工季节对水泥混凝土路面的早期和使用期开裂都有显著的影响[122]。美国宾夕法尼亚州的两个在不同季节施工时 CRCP 路段,一个是在高温季节施工的(平均最高气温为 27.8℃,平均低温为

19.4℃),另外一个是在低温季节施工的(平均高温为 18.9℃,平均低温为 6.7℃)。相同长度的情况下,高温季节施工的路段与低温季节施工的路段相比,出现的裂缝多 85%,尽管开裂间距减小,但是裂缝的宽度大大增加。由于白天施工时气温较高,水泥水化放热速度快,水泥混凝土板的温度整体提高,若夜间温度下降幅度较大,那么混凝土的开裂自然增加。美国得克萨斯州和宾夕法尼亚州的监测结果都印证了这一假设[116]。

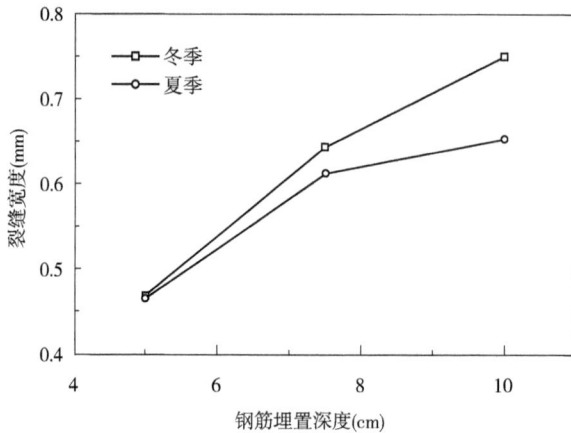

图 5-22 钢筋埋置深度对裂缝宽度影响

施工条件对开裂行为的影响主要表现在:当气温、风速、太阳辐射等条件发生改变后,混凝土硬化时的温度场发生改变,之后在使用期,外界温度与混凝土硬化时刻的温度变化幅度越大,则混凝土越容易发生开裂,进而开裂的密度和裂缝的宽度都将增大。图 5-22 和图 5-23 说明了夏季和冬季施工对开裂间距和裂缝宽度的影响;图 5-24 展示了一天当中最高温度对平均开裂间距的影响[116]。在低温季节施工的 CRCP 的裂缝宽度比在夏季施工情况下要减少 50%以上。根据观测结果,同样的路面结构及配筋条件下,改变施工季节可以使裂缝平均宽度下降到小于 0.5mm 的规定范围内;同样,若选择在气温较低的天气条件下施工,则可以明显改善 CRCP 的开裂分布情况,减少较短开裂间距发生的可能。以上案例说明 CRCP 的开裂行为与施工环境紧密相关,开裂行为及使用性能也都受到施工条件的影响。

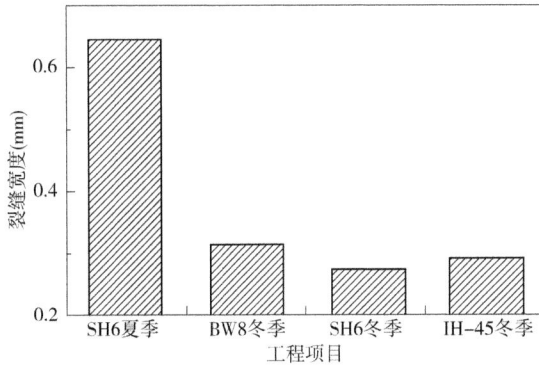

图 5-23　施工季节对裂缝宽度的影响

注:SH6 夏季——6 号州公路夏季施工的试验段;BW8 冬季——8 号环城公路冬季施工的试验段;
SH6 冬季——6 号州内公路冬季施工的试验段;IH-45 冬季——45 号州际公路冬季施工的试验段。

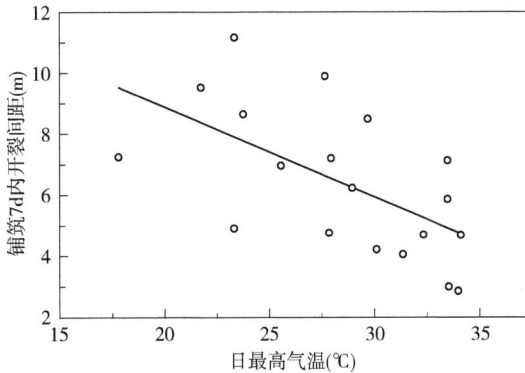

图 5-24　铺筑时最高气温与开裂间距关系

5.3.4　横向钢筋对开裂的影响

通过上面的分析,似乎可以总结 CRCP 的开裂行为是受材料(集料、水泥)、环境(施工期和使用期)、配筋率以及路面结构特性(面层、基层厚度以及基层的摩阻系数)等共同影响的。而在这些发现的基础之上,又有研究者关注到横向开裂最容易在横向钢筋位置发生,并使用有限元和现场试验分析了横向钢筋布置对开裂的影响。

5.3.4.1　弗吉尼亚的案例

Al-Qadi 等[123]在美国弗吉尼亚州的"智慧公路"(Smart Road)试验路铺筑了长度为 0.66km 的 CRCP 试验段。该段 CRCP 的水泥混凝土板厚度为 25cm,使用两种基层形式,一半铺筑在厚度为 75mm 的水泥稳定排水基层上,另一半则放置在 75mm 厚的沥青稳定排水基层上。Al-Qadi 等针对横向钢筋对开裂的影响的研究只是在水泥稳定排水基层上进行的。在配筋布置上,使用 φ19 纵向钢筋,间距为 165mm,换算配筋率为 0.69%;纵向钢筋使用 φ16 钢筋,中心间距为 1.2m。试验段铺筑之后的裂缝调查发现,这个试验段上的平均开裂间距也恰好为 1.2m,开裂间距的分布如图 5-25 所示,可以看出开裂间距恰好为横向钢筋间距的比例最多,占到 36%。

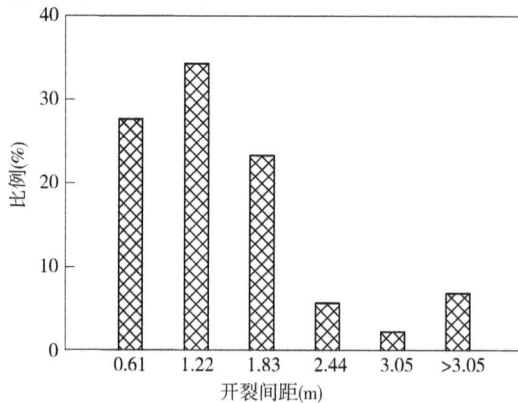

图 5-25　开裂间距分布

进一步使用探地雷达(Ground Penetrating Radar,GPR)检测,结果如图 5-26 所示,发现有 60% 的横向裂缝发生在距离横向钢筋 10mm 的范围内。为解释这一现象,使用有限元进行计算分析,发现有两种原因可以导致混凝土发生开裂,一是在横向钢筋间距的中部发生可能超过 6MPa 的压应力,二是钢筋位置顶部混凝土可能发生超过 1MPa 的拉应力,如图 5-27 所示。

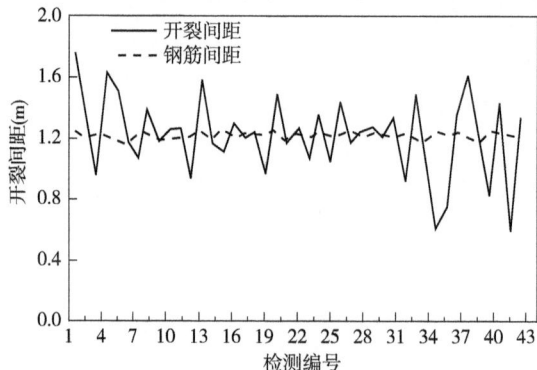

图 5-26　开裂间距与钢筋间距比较分析

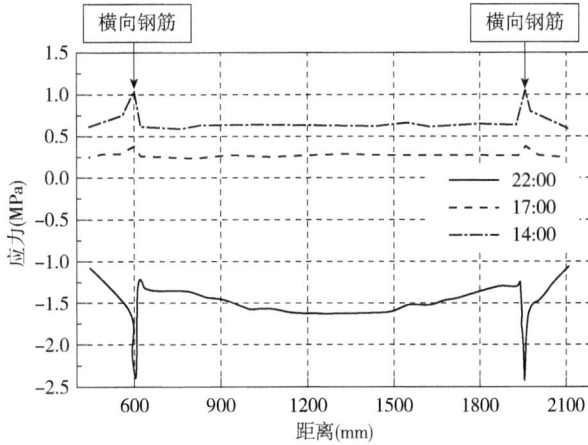

图 5-27　不同时刻横向钢筋顶部的纵向应力值

由于混凝土材料的特性,开裂的发生主要受到拉应力的影响。由于一天当中随着外界温度、湿度和太阳辐射的影响,混凝土中的应力状态不断变化。根据有限元计算结果,在 14：00,在钢筋位置计算得到最大的拉应力,达到 1.0MPa,并且在钢筋位置的混凝土相对薄弱,容易形成应力集中,所以容易产生开裂。

5.3.4.2　得克萨斯的观测结果

Ryu 等[124]在旧的普通接缝式水泥混凝土路面上铺筑的了厚度为 18cm 的 CRCP 罩面,铺筑完成 20 天后进行裂缝调查时发现在 672.08m 的试验段上共发现了 448 条横向裂缝,其中 363 条(占 81%)发生在横向钢筋位置,而只有 85 条(占 19%)发生在两条横向钢筋之间。Choi 等在得克萨斯州进行路况调查发现高达 83%的裂缝发生在钢筋位置(表 5-2),根据竖向位移的监测结果,研究认为横向钢筋和钢筋支座会约束混凝土在竖向发生的位移,这会引起钢筋以上位置混凝土的开裂[125]。

美国得克萨斯州钢筋位置开裂调查结果　　　　　　表 5-2

路段位置	路 面 结 构	路段总长度(m)	平均裂缝间距(m)	横向裂缝总数	横向钢筋处裂缝数	钢筋位置裂缝占比(%)
US82,Lubbock,Texas	25cm CRCP+10cm 沥青稳定基层+15cm 石灰稳定路基	300	4.05	64	47	73.4
IH35,Waco,Texas	18cm CRCP+2.5cm 沥青稳定基层+15cm 水泥稳定碎石+25cm 石灰稳定路基	174	4.14	42	35	83

使用有限元分析方法,除了考虑温度应力的作用,还需要考虑由于材料自身收缩在混凝土板中引起的收缩应力。Choi 等使用实测的干缩应变值和温度分布曲线,计算了在正、负两种温度梯度状态下混凝土板顶与板底两个位置的应力值,计算结果分别如图 5-28 和图 5-29 所示。根据计算结果,在收缩与温度梯度共同作用下,板顶位置会在负温度梯度时产生最大的拉应力值,并且在横向钢筋位置略有增大,说明在横向钢筋位置发生开裂的风险最大。

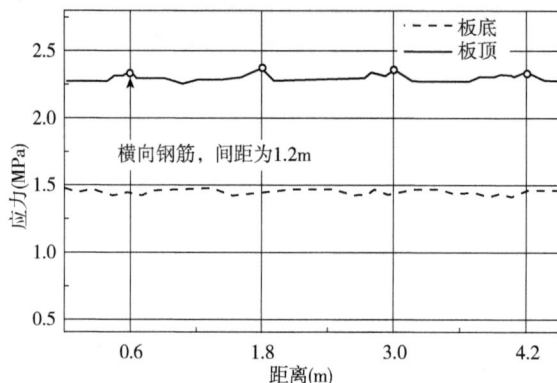

图 5-28 负温度梯度与收缩作用下应力状态

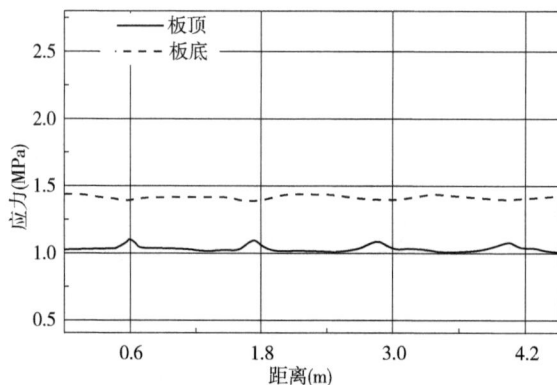

图 5-29 正温度梯度与收缩作用下应力状态

在混凝土铺筑早期,水泥混凝土容易发生表面失水而引起混凝土的失水翘曲。当混凝土是在夏季白天施工时,混凝土硬化时混凝土板内将形成正的温度梯度,这一现象被现场试验证实[48,51,126]。在此基础上,研究者通过分析认为在正的硬化温度梯度的情况下,水泥混凝土板的顶部容易发生开裂[57,127]。关于硬化温度梯度对温度应力的影响,可详见文献[128]中的相关叙述。有限元计算结果表明:温度与湿度荷载应力耦合作用下,在钢筋位置,混凝土在干燥收缩与温度荷载作用下,在顶部产生的拉应力要大于混凝土底部的应力,并且由于横向钢筋对混凝土应变的约束作用,使得混凝土更容易在横向钢筋位置发生开裂。

5.4　端部位移控制方法

混凝土材料自身有显著的热物理性质,特别是在高温季节,混凝土的过度膨胀,可能对相邻的路面结构或者桥隧结构产生破坏。使用地锚梁来约束刚性路面的变形,不会对跨线结构或者桥梁产生破坏。由于连续配筋混凝土材料在道路纵向上是连续的,累计的体积变形也可能比较大,为了约束过大的体积变形,在 CRCP 的端部一般会使用地锚梁这种相对比较保守的方法。本节主要介绍得克萨斯州和伊利诺伊州在端部位移控制措施上的经验。

5.4.1　得克萨斯州的经验

由于高温季节水泥混凝土路面产生体积膨胀,在混凝土板内积聚强大的内力,进而对相邻结构物产生了强大的推力,闭合原先设置的胀缝,会给桥梁或者其他结构物上施加巨大的推力。20 世纪 50 年代,得克萨斯州沿海地区的水泥混凝土路面出现了大量水泥混凝土路面膨胀造成的桥台翼墙破坏现象为了避免水泥混凝土路面对相邻结构物造成破坏,1959 年 3 月,得克萨斯州第一次尝试在普通接缝式水泥混凝土路面上修筑地锚作为端部锚固,并且取得了令人满意的效果,之后在得克萨斯州的很多水泥混凝土路面工程上都广泛使用了这种形式的端部锚固形式(包括 JPCP 和 CRCP)。尽管后来在 JPCP 设置地锚的板和桥台搭板地锚板之间发现了些许开裂,桥台翼板位置出现了一些错台病害,但是在 CRCP 上设置的地锚没有出现任何问题,只是相比之前的做法会增加费用。为了评价地锚设置的效果,McCullough[129]专门针对 186 个 CRCP 地锚单元进行了研究,总结了不同因素对地锚位置位移总量的影响。

5.4.1.1　龄期对锚固变形的影响

在混凝土材料蠕变作用下,混凝土体积增大,随着龄期的变化,混凝土的热膨胀系数等热物指标也可能发生变化,因此龄期可能影响单位温度变化作用下端部的位移量。在端部设置位移传感器,并在连续 5 年的时间里进行位移量的监测,监测结果如图 5-30 所示,可以看出几乎所有的点都在一条直线上,即单位温度变化影响下的位移量是固定的,进而可以断定龄期作用对端部位移几乎没有影响。

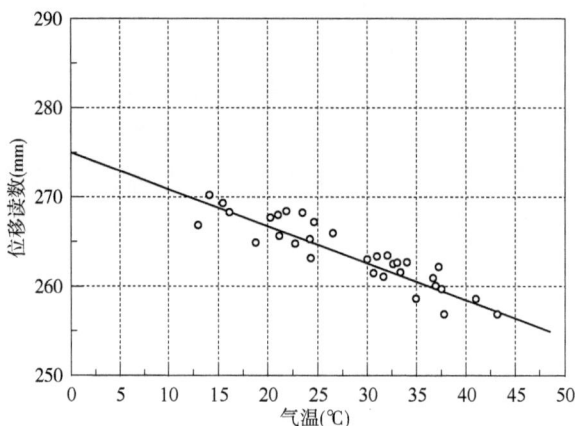

图 5-30 龄期对端部位移的影响

5.4.1.2 混凝土板长度的影响

在钢筋和基层约束的作用下,一般只有端部 300m 的混凝土对端部的位移有影响,而超过 300m 的部分不对端部位移有影响,在 Walker 郡的观测结果也支持了这一结论。如图 5-31 所示,进一步地说,可能是端部 150m 对位移有影响,而中间 150m 的变形则被基层约束住了。

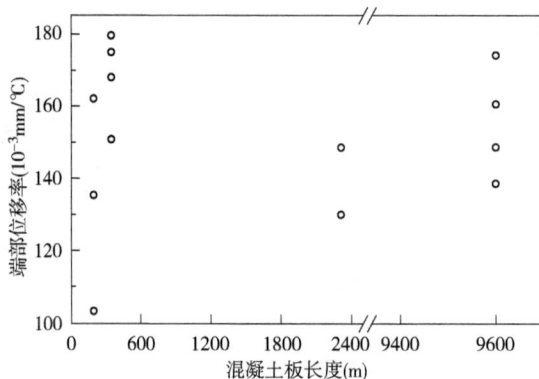

图 5-31 混凝土板长度对端部位移的影响

Ryu 等在一个总长为 813m 的 CRCP 路段上,在路段中点两侧布设裂缝测量仪,监测位移变化,监测方案如图 5-32 所示。位移和气温变化的监测结果如图 5-33 所示,受到基层摩阻力的作用,端头位置的位移量比较大,而靠近中点的 5 和中点 7 所在位置的位移几乎为零。各个监测点位移随温度的变化率见图 5-34,可见受到基层约束的作用,随着向路段中点靠近,单位温度梯度下的位移率也在不断减小,从这一观测结果可以确定对端部位移有影响的混凝土长度小于 200m,与 McCullough[130]的发现基本一致。

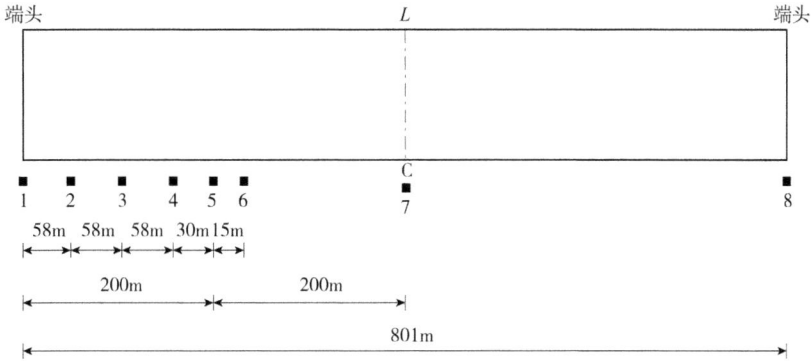

图 5-32　端部位移影响长度监测方案

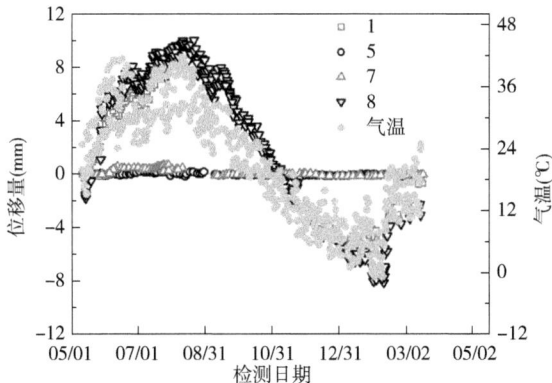

图 5-33　中点两侧不同位置位移监测

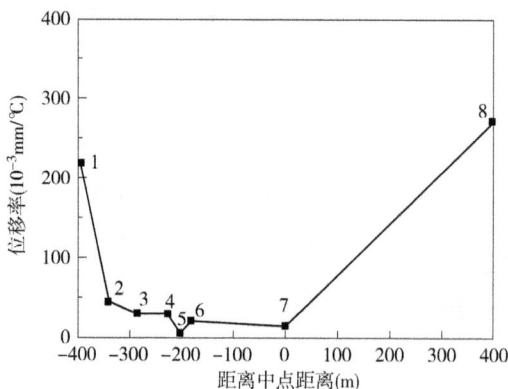

图 5-34　中点两侧不同位置的位移率

5.4.1.3　端部位移的预估方程

根据观测结果,通过统计回归,McCullough 推荐使用如下公式进行端部位移的预估[130]:

$$\Delta x = \frac{0.01253 \left(\dfrac{L}{|G|+1}\right)^{0.107} [\Delta T]}{[K]^{2.027}[N+1]^{0.71}} \tag{5-37}$$

式中:L——端部位移混凝土板的贡献长度(in);

$|G|$——道路坡度的绝对值,当混凝土膨胀时,构造物在上坡方向 G 为正值;当混凝土膨胀,构造物在下坡方向 G 为负值;

　K——基层的摩阻系数;

　N——地锚的个数;

ΔT——温度的变化值(℉)。

5.4.1.4　地锚梁使用效果的对比分析

Ryu 等人研究了不同的端部处理方式对端部位移变化的影响,监测的结果如表 5-3 所示[131]。

不同形式端部形式位移监测结果　　　　　　　　　　　　　　表 5-3

试验段位置	端部形式	建设时间	长度 (km)	基层形式	监测时间 (月)	季节位移率 (mm/℃)
EI Paso	胀缝	2009	1.29	7.5cm 沥青稳定基层	16	438.45
Wichita Falls	胀缝	2009	0.81	7.5cm 沥青稳定基层	27	443.03

续上表

试验段位置	端部形式	建设时间	长度（km）	基 层 形 式	监测时间（月）	季节位移率（mm/℃）
Linden	宽翼梁	2009	>1.61	10cm 沥青稳定基层	20	207.11
Houston	宽翼梁	1995	1.69	2.5cm 沥青稳定基层 +15cm 水泥稳定基层	9	125.27
Texarkana	地锚梁	2004	0.72	10cm 沥青稳定基层	28	162.76
Lubbock1	地锚梁	2009	0.72	10cm 沥青稳定基层	7	10.97
Lubbock2	地锚梁	2010	0.72	2.5cm 沥青稳定基层 +15cm 水泥稳定基层	11	23.32

　　图 5-35、图 5-36 和图 5-37 分别为典型的设置胀缝、设置宽翼缘工字梁和设置地锚时的端部位移变化。

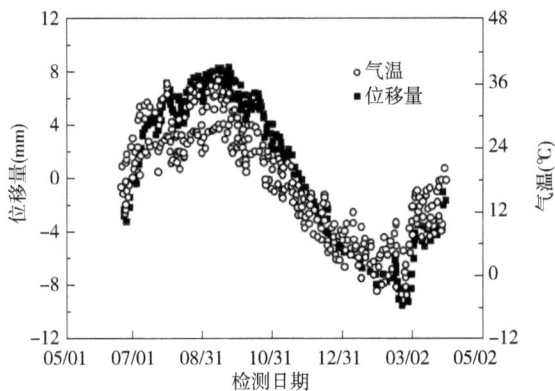

图 5-35　设置胀缝端部位移变化

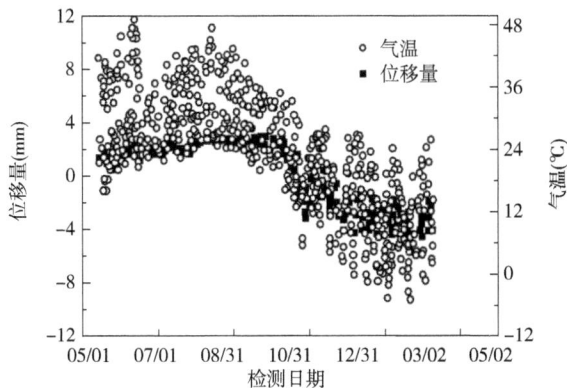

图 5-36　设置宽翼缘工字梁端部位移变化

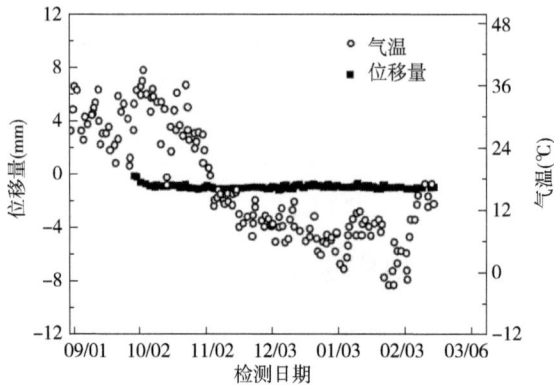

图 5-37　设置地锚梁端部位移变化

从以上监测结果可以看出,无论是哪种端部处理方式,CRCP 的端部位移都随着气温的变化而发生明显的变化。和寻常的工程经验一致的是:一般情况下,使用胀缝,端部位移最大,随气温的变化也最明显;而使用地锚梁,端部的位移最小。值得注意的是,在 Texarkana 的地锚梁位移监测结果要比 Lubock 的大很多,这可能是因为当时 Texarkana 试验段的使用年限为 7 年,而 Lubbock 试验段仅通车不到 2 年。显然,Texarkana 试验段经历了更多位移循环之后,在地锚梁与土基之间可能产生空隙,使得单位温度梯度作用下位移大幅增加,然而这种位移还不足以对桥梁结构产生破坏。

5.4.1.5　得克萨斯州推荐的接缝宽度

使用端部接缝处理方式是为了更好地适应炎热天气条件下,混凝土发生膨胀所产生的多余变形,这种变形是与端部锚固方式、基层形式、材料特性以及混凝土硬化时的温度紧密相关的。

在设置胀缝的位置,监测到最大的季节位移率达到 443.03×10^{-3} mm/℃。最大位移量的估计还需要知道混凝土硬化时的温度,根据得克萨斯的技术规范,混凝土施工的日最低气温为 1.67℃(35℉),而混凝土施工时最低温度为 4.44℃(40℉),由于混凝土的水化作用,水泥混凝土硬化时的温度应当不低于 4.44℃(40℉)。根据实践观测,在得克萨斯州混凝土路面的最高温度不超过 60℃,因此最大的温度差约为 56℃,那么最大的接缝位移为 2.48cm(约为 1in)。一般,接缝的宽度设为 3.81cm,所以即使使用胀缝来适应端部位移,理论上也是足够的。不同混凝土硬化温度时的接缝宽度设置见表 5-4。

不同硬化温度时候的接缝宽度设定（使用沥青稳定基层）　　表 5-4

混凝土硬化温度（℃）	推荐接缝宽度（cm）
4.4~26.7	4.0
26.7~48.9	2.5

5.4.2　伊利诺伊州的经验

得克萨斯州的经验显示,各种锚固方式的使用效果偏差不大,总体上使用效果也很不错,没有大的病害发生。然而,伊利诺伊州在 CRCP 的地锚使用方面发现了一些问题。地锚梁一般设置在桥头或者 CRCP 与其他路面形式衔接的地方,用来约束 CRCP 在温度和湿度作用下的变形。如图 5-38 所示,伊利诺伊州最初使用 4 个间距为 12m 的地锚方案,结果发现地锚的设置往往不足以抵抗路面的变形,导致地锚发生偏转,地锚位置出现严重的平整度问题。后来经过改进,重新设置间隔为 6.1m 的三个地锚梁的新地锚梁设置方案,问题得到了解决。其实这种布设方案和得克萨斯州使用的地锚梁形式基本一致,得克萨斯州会根据路段的长度而改变地锚的个数,间距一般为 5.1m。综上可以得出结论,地锚梁的间距不宜过大,根据伊利诺伊州和得克萨斯州的实践经验,地锚的间距设置在 5~6m 为宜。

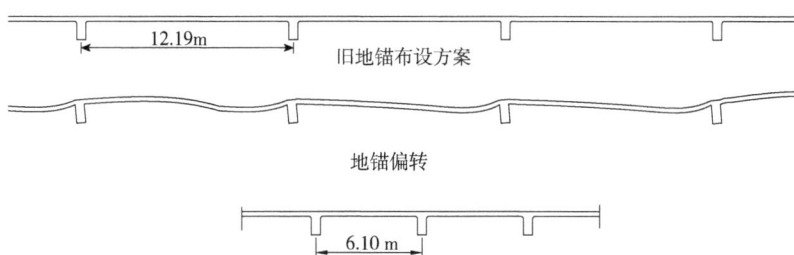

图 5-38　地锚梁的设置方案

在伊利诺伊的一些地区,不得不切断地锚和 CRCP 路段之间的联系,转而设置 10cm 宽的胀缝来吸收路面膨胀力和减轻地锚偏转力。伊利诺伊州交通厅研究后发现或许使用宽翼梁就足够适应 CRCP 在端部的位移,而且这种方法可能更经济适用。由于影响 CRCP 位移的因素众多(如基层的摩阻作用、水泥混凝土的蠕变、横向开裂数目等),使用何种方式来适应 CRCP 的变形至今仍是工程界的难题。一般情况下,使用最便宜的胀缝就足够适应混凝土的膨胀变形;宽翼梁相对经济,且适应变形能力更强;使用地锚梁虽然对约束变形最有效,但是施工复杂,造价最高,并且有时候可能并不会发挥作用。综上,关于 CRCP 的端部设计仍然在探索之中。总而言之,地锚梁的设置需要根据土基的状况来设定,当土基刚度较低,抵抗变形的能力较弱时,就不宜设置地锚梁,因为较弱的土基不足以抵抗地锚梁的变形,容易发生地锚梁偏转造成路面的破坏。

5.5　主要经验总结

美国是世界上 CRCP 应用最广泛、最成熟的国家。从 1921 年第一条 CRCP 试验路开始,已经走过了近一个世纪,本章回顾了从 20 世纪 60 年代至今在 CRCP 使用过程中的一系列研究成果和大量的现场实测数据,对 CRCP 的开裂行为控制指标以及控制措施做了系统总结,主要的结论如下:

①90% 的冲断破坏发生在 0.9m 以下的开裂间距之间,且短的裂缝间距会影响 CRCP 冲断破坏行为的临界荷载应力,然而相比于横向裂缝位置的传荷能力,开裂间距对荷载应力的敏感性影响较弱。另外,横向裂缝的宽度与传荷能力直接相关,而开裂间距与裂缝宽度、传荷能力之间并没有发现显著的相关性,因此裂缝宽度更适合作为 CRCP 开裂行为的关键控制指标。

②配筋率和钢筋与混凝土的黏结面积对 CRCP 的开裂行为有着重要的影响。随着配筋率的增加,平均开裂间距会逐渐减小,然而当配筋率超过 1.0% 以后,继续提高配筋率并不会对提高 CRCP 的使用性能起明显作用,开裂间距减小同时会伴随着 Y 形开裂等不规则开裂的增加,因此合理的开裂间距范围并不意味着开裂间距越小越好。

③横向钢筋对混凝土在垂直方向上的约束作用以及对钢筋上部混凝土纵向拉应力的提高作用,使得横向钢筋位置开裂占到所有横向开裂的 60%~80%,横向钢筋的布设应作为 CRCP 开裂行为控制的重要考虑因素。另外,在保证有足够保护层厚度前提下,钢筋要尽量埋置在更靠近板顶的位置。

④使用石灰岩等较低热膨胀系数的粗集料配制水泥混凝土,可以对改善 CRCP 的开裂状态、减小开裂间距以及裂缝宽度起到显著作用,若成本受限,也可以采用粗集料混配的方式来调节混凝土的热物理性质,以使 CRCP 的使用性

能最佳。施工条件对开裂行为有显著影响,在低温季节或者夜间进行摊铺可以改善 CRCP 的开裂指标。

⑤为了防止高温季节水泥混凝土的体积膨胀对相邻的结构物产生推挤破坏,一般使用地锚梁、宽翼缘工字梁、胀缝三种端部位移处理方式。研究发现,在基层的约束作用下只有端部的 150~200m 会对端部的位移总量产生影响。在得克萨斯州,使用地锚梁取得了很好的使用效果,对端部位移的约束作用要优于宽翼缘工字梁;而胀缝这种端部位移处理方式的单位温度位移率最大,但是从理论计算上看,在混凝土硬化温度为 4.4℃的情况下,即使设置 4.4cm 的胀缝来适应端部位移也是足够的。在伊利诺伊州,发现使用间距为 12m 的 4 地锚梁方式效果较差,出现了地锚梁偏转的问题。经过改进,改为间距为 6m 的 3 地锚形式后,问题得到了有效解决。然而至今,伊利诺伊州交通厅在使用何种方式来有效且经济地处理端部位移上仍不能确定最佳的方案。

综上,CRCP 的开裂是材料、结构和环境因素共同作用的复杂过程,美国近一个世纪的工程经验给出了丰富的可供借鉴的实例。端部处理可以考虑胀缝、宽翼缘工字梁等更经济的方式。在这些经验的基础上,我国还需要结合国内水泥、钢材、气候环境和施工水平与美国的差异,进行总结,推进 CRCP 技术在我国的发展和推广。

第 6 章　CRCP 的施工控制措施与技术细节

前面章节对 CRCP 破坏行为理论、设计方法和破坏模型的校正方法、开裂控制与端部位移控制体系做了详细的介绍。在实际应用中,为了使铺筑的 CRCP 达到预计使用状态,使 CRCP 具有合适的端部位移量、均匀的开裂、紧密的裂缝宽度等,就需要对钢筋的布置、施工条件和材料做出详细的规定。尽可能细化施工的流程和工艺水平,才能保证 CRCP 做到设计与施工良好,达到预期的使用水平。本章将对美国各州一些通用的做法进行详细介绍,供广大读者参考。图6-1 为得克萨斯州的 CRCP 施工现场。

a)基层准备　　　　　　　　　　　　　b)摊铺

c)表面处理　　　　　　　　　　　　　d)养生

图 6-1　CRCP 的施工(图片摄于美国得克萨斯州 Fort Worth)

　　另外,得克萨斯州和伊利诺伊州分别代表美国的南方和北方,在一些具体细节上存在一定的差异,其取得的成功经验亦可作为不错的借鉴。为此,在后续两章将对得克萨斯州和伊利诺伊州的经验和相关案例分别进行介绍,以供参考。

6.1　横向与纵向接缝设置

　　CRCP 不需要设置横向接缝,但是每天施工结束,还是要设置横向的施工接缝,遇到一些结构物时,也需要设置过渡的接缝。纵向的接缝也不可避免,在车道与车道或者车道与路肩之间也需要设置纵向接缝。

6.1.1　纵向接缝

　　如果 CRCP 的路面宽度超过 4.6m,一般就需要设置纵向接缝,并且需要在纵向接缝处设置拉杆,以增强相邻板之间的横向联系。当摊铺机不足以进行路面的整体摊铺的时候,需要在路面的纵向设置接缝,接缝的布置如图 6-2 所示。这里需要注意,一些情况下,可能将横向钢筋直接延长一半的拉杆长度,即横向钢筋也起到拉杆的作用,所以有时候拉杆可能与横向钢筋处在同一水平面上。

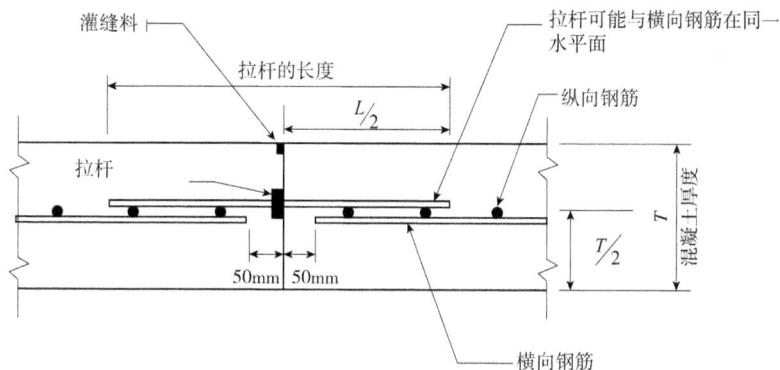

图 6-2　典型 CRCP 纵向施工缝缝布置图

　　当一次性摊铺的路面宽度较大时(超过 4.6m),需要在车道边缘进行切缝,以释放横向的收缩应力。切缝的深度一般为路面厚度的三分之一,如图 6-3 所示。在混凝土体积变化的作用下,在路面上形成贯通的纵向接缝。需要指出的是,无论是何种形式的接缝,都应当设置拉杆,以提高纵向接缝的传荷能力。

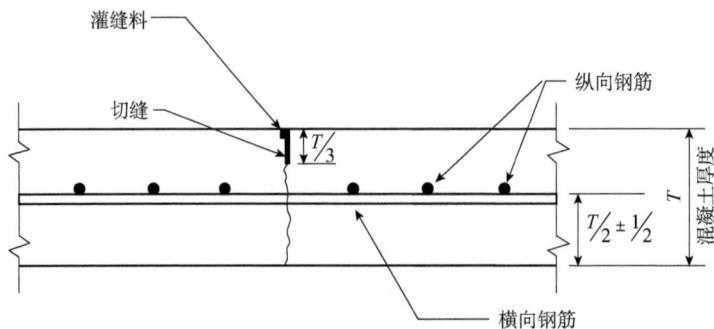

图 6-3   典型 CRCP 纵向缩缝布置图

6.1.2   横向施工接缝

　　一天施工结束或者遇到特殊天气状况,CRCP 的施工需要中止一段时间的时候,就需要在路面上设置横向的施工接缝,如图 6-4 所示。为了强化横向接缝位置抗剪切和抗弯曲的能力,在横向施工接缝的位置处要增加补充钢筋,使接缝位置的配筋率达到 1.0%以上;在施工接缝 0.9m 范围内或者摊铺方向前 2.4m 的钢筋搭接要特别加强,搭接的长度为普通搭接位置长度的两倍,使用补充钢筋。补充钢筋一般使用与正常设置的纵向配筋相同尺寸和强度等级的螺纹钢筋,长度为 1.8m,每隔一根纵向钢筋设置一道。

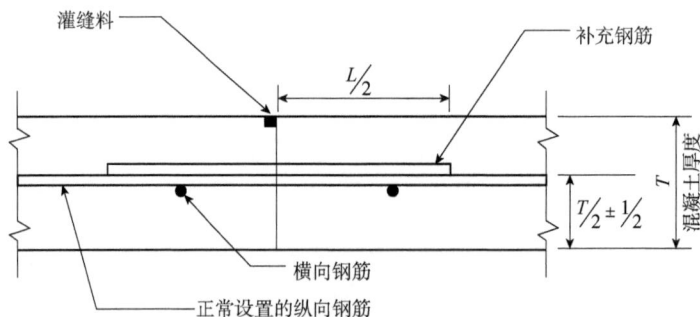

图 6-4   典型 CRCP 横向施工接缝布置图

　　由于横向接缝位置处于摊铺机起步的端头,因此需要特别注意加强接缝位置混凝土的振捣,保证混凝土的密实。如图 6-5 所示,在一处横向接缝施工的起始位置,混凝土出现离析,表面平整度与前方(摊铺方向)的混凝土相比较差。

图 6-5 横向施工缝的施工(图片摄于美国得克萨斯州)

6.2 过渡段和末端接缝

6.2.1 地锚梁典型设计方案

在与桥梁、隧道和其他构造物衔接的位置,需要在 CRCP 与构造物之间设置端部接缝,以防混凝土膨胀对其他构造物造成损害。美国的实践经验中发现在降水较多的地方,由于混凝土体积膨而胀造成的构造物损伤比较多,主要原因是降水将砂砾、碎石等不可压缩的碎屑带入到接缝当中,填充本来预留给混凝土膨胀的体积,造成结构物的破坏。一般 CRCP 使用端部地锚梁和宽翼梁两种形式的末端接缝来约束 CRCP 发生较大的位移。地锚梁的横断面设计见图 6-6。

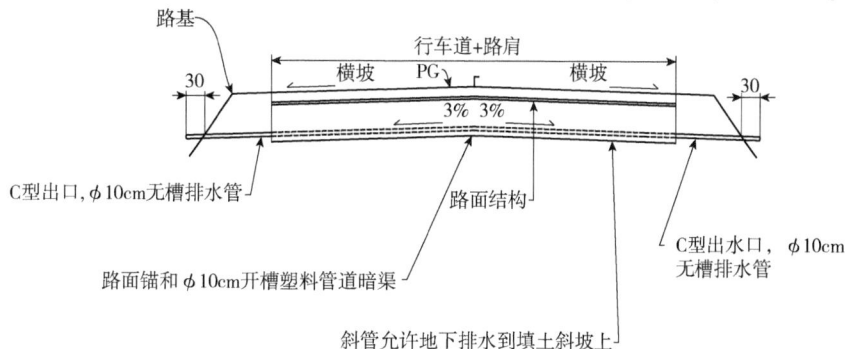

图 6-6 路面锚固的横断面图(尺寸单位:cm)

一般情况下,CRCP 的地锚要贯穿整个横断面。地锚梁的典型几何尺寸和配筋图见图 6-7。

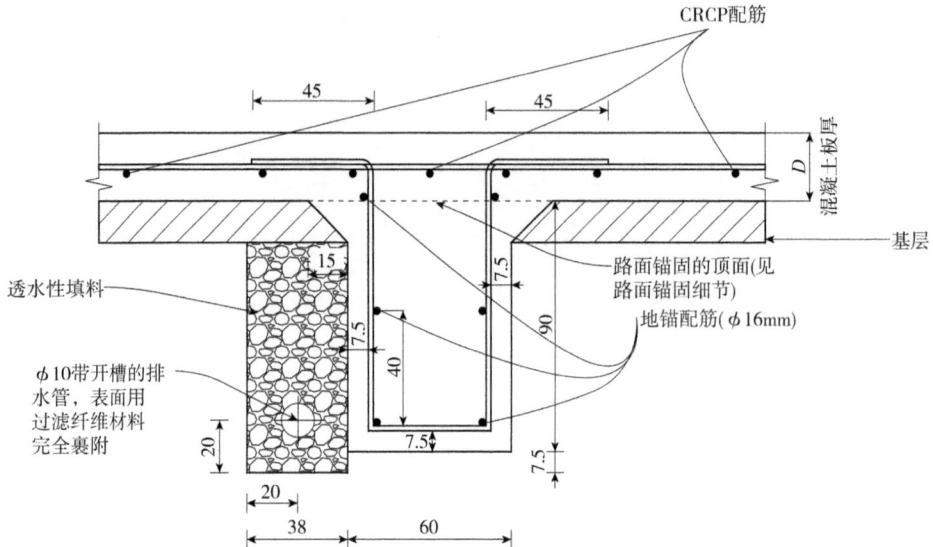

图 6-7　路面锚固布置图(尺寸单位:cm)

为保证地锚梁的使用效果,在设置地锚梁的 0~6m 范围内不允许再设置横向施工缝。

6.2.2　宽翼缘工字梁接缝

虽然普遍认为使用地锚梁能够更好地约束 CRCP 的体积变形,防止因变形量过大而产生的路面破坏。但是,地锚梁的造价也是众多锚固方式当中最高的,因此宽翼缘工字梁接缝被越来越多的 CRCP 工程使用。宽翼缘工字梁接缝不仅能起到胀缝的作用,提供体积膨胀的压缩空间,还能够起到很好的传荷作用。宽翼缘工字梁接缝的布置细节如图 6-8 所示。宽翼缘工字梁一般埋置在厚度为 250mm,长度为 3m 的枕板上,枕板起到支撑相邻接路面的作用。

通常宽翼缘工字梁埋置到枕板的深度为 127~152mm,使得宽翼缘工字梁的上端就在路面的表面。在靠近 CRCP 一侧的梁腹位置填充聚乙烯等可压缩性材料,并在枕板的上面设置层间结合分离的材料,保证路面的端部可以自由移动。需要注意的是,要保证枕板下基层和路面的压实,以防发生端部的沉陷。

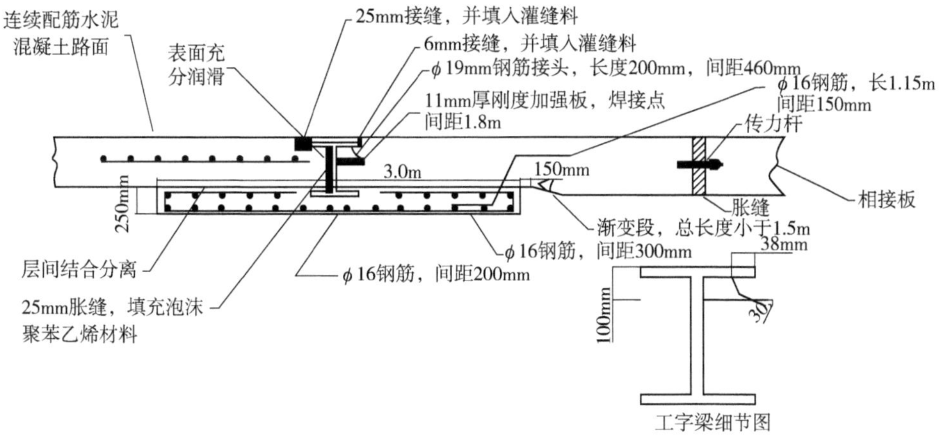

图 6-8　宽翼缘工字梁接缝布置图

　　宽翼缘工字梁上宜采用防锈剂来防治宽翼梁的腐蚀。此外,为了防止发生过大的变形,通常在与其他构造物,比如在与桥梁衔接的位置,至少要设置一块带胀缝的混凝土板。在一些工程上使用后发现,宽翼缘工字梁的顶部会与梁腹发生分离,为了防止这种破坏,增强翼缘与梁腹之间的联系,一般要求在翼缘和梁腹之间焊接联系的短柱,以增强整体性。不同路面厚度的宽翼缘工字梁尺寸可以参照表 6-1 选择。

宽翼缘工字梁重量和尺寸　　　　　　　　　　表 6-1

板厚 （mm）	埋入枕板深度 （mm）	尺寸×单位质量 （mm×kg/m）	翼缘宽 （mm）	翼缘厚度 （mm）	梁腹厚度 （mm）
203	152	356×71	254	16	9.5
229	127				
254	152	406×86	216	16	11
279	127				

　　美国联邦公路局的调查发现,宽翼缘工字梁接缝有时也会发生少量混凝土剥落和错台的破坏,但是发生的数量比地锚梁要少。总体来说,使用宽翼缘工字梁为构造物和 CRCP 之间提供了很好的衔接,使两者之间的过渡更加平顺,并且施工较为简便,是一种经济而有效的 CRCP 端部处理方式。

6.3 钢筋的放置

6.3.1 纵向钢筋的位置

在 5.3.2.2 中已经做过介绍,钢筋的埋置深度对 CRCP 的开裂有显著影响,越靠近混凝土板的表面层,温度和湿度的变化幅度越大,混凝土的开裂也越严重,因此钢筋靠近混凝土板的表层,可以更有效约束混凝土的开裂,降低裂缝的宽度,提高路面的传荷能力。然而,钢筋靠近混凝土板上部,增加了除冰盐等有害物质侵入路面内部对钢筋造成腐蚀的可能。因此在确定钢筋埋置深度时,一般选择板厚的三分之一到二分之一深度。而为了保证钢筋有足够的保护层厚度,伊利诺伊州交通部门要求钢筋埋置在距混凝土表面 89mm 以下的位置。同时,钢筋的埋置深度还不能超过一半的板厚,得克萨斯州的设计者一般将钢筋设置在混凝土板中部往上(靠近板顶方向)2.54cm(1in)的位置。

在特殊情况下,当板厚超过 33cm(13in)时,为了防止发生水平开裂,需要设置双层的钢筋。

6.3.2 拉杆的设置

为了增加车道之间的横向联系,CRCP 在车道与车道之间、车道与路肩之间也需要设置拉杆,以保证纵向接缝位置的紧密和纵向的传荷能力。一般纵向接缝位置的拉杆数量要求与横向钢筋设置方式基本一致。拉杆的配筋率可以按式(6-1)计算:

$$p_t' = \frac{\gamma_c \cdot W' \cdot F}{2f_s} \times 100\% \qquad (6\text{-}1)$$

式中:p_t'——拉杆的配筋率(%);

W'——从设置拉杆的纵向接缝到最近的自由边缘距离(m);

γ_c——混凝土的重度(kN/m³);

f_s——钢筋的工作应力(kPa,75%钢筋的屈服强度)。

拉杆的长度可以根据下式计算:

$$L_t = \frac{1}{2}\left(\frac{f_s \cdot \phi}{f_b}\right) + l_a \qquad (6\text{-}2)$$

式中：L_t——拉杆的长度（mm）；

　　f_b——允许的黏结强度（取值为 2.44MPa）；

　　l_a——由于拉杆偏差增加的长度（按 75mm 计算）。

在实践中，拉杆的长度可设置为 0.6m、0.8m、0.9m、1.0m 和 1.2m。在美国，可要求拉杆的最大间距为 1.22m。如果路面的宽度较大，为了节约建设资金，一般不采用延长横向钢筋的做法。

通常情况下，拉杆在混凝土尚未硬化之前插入路面内，而由于拉杆一般比较细，在拉杆插入混凝土内的过程中，拉杆有可能会被打弯；此外，如果拉杆表面涂有环氧保护层，插入可能会破坏拉杆的环氧保护层，导致钢筋锈蚀。为了避免钢筋在插入路面的过程中被打弯，美国的一些州使用带有螺纹端的拉杆（图 6-9）进行施工，带有螺母的一端在施工之前先放置到路

图 6-9　带螺纹套件的拉杆（图片摄于美国得克萨斯州）

面内，施工完成之后，再将另一端拧到里面，形成一个整体。这种方法有效地避免了钢筋在插入过程中被打弯的问题。

6.3.3　钢筋的防腐

CRCP 是在有裂缝的状态下在暴露的环境中工作的，尽管综合控制混凝土材料、配筋率、工艺、施工条件等因素可以有效控制 CRCP 的横向裂缝在规定的宽度内（小于 0.5mm），但是为了安全起见，美国的一些州还是规定要在钢筋的表面涂抹环氧材料，以达到防止钢筋腐蚀的作用。这样做，一方面是考虑到一些路段的养护和维修非常困难，当开裂过大时，进行 CRCP 的灌缝操作不便；另一方面是一些路段在冬季要经常洒除冰盐来融冰化雪，进行钢筋防腐可以减少氯盐对钢筋的腐蚀。

类似不锈钢和玻聚纤维（Glass Fiber Reinforcement Polymer，GFRP）的材料，在一些频繁使用除冰盐和道路使用寿命要求较长的地区开始使用。除了材料因素之外，当钢筋有被腐蚀的风险时，设计者需要根据当地的气候和除冰方式，有针对性地适当提高配筋率，使得 CRCP 的裂缝宽度尽量小。

6.3.4 钢筋的搭接

CRCP 的纵向钢筋是在混凝土体内连续布设的,为了保证钢筋的连续性,需要保证钢筋之间有足够的搭接长度。在美国不同的州,对钢筋搭接的长度要求不一致,一般要求搭接长度为纵向配筋直径的 25～33 倍,也有一些州要求采用相对固定的搭接长度值,为 406～508mm。钢筋的搭接一般采用交错排列或者斜交的方式。采用交错排列时,要求在同一个断面上出现的钢筋搭接不能超过钢筋数量的 1/3❶。当采用斜交方式时,则要求斜交的中线与道路横向垂直线之间所成的角度不小于 30°。在实际施工过程中,则布置成搭接部分的长度正好为路面宽度的一半,钢筋的典型搭接布置如图 6-10 所示。实践经验表明,钢筋的最小搭接长度不能小于 406mm。如果搭接处置不当,或者钢筋预留的搭接长度不足,会使纵向钢筋对混凝土连续的约束作用失效,造成局部约束力不足,使CRCP 的开裂过大。

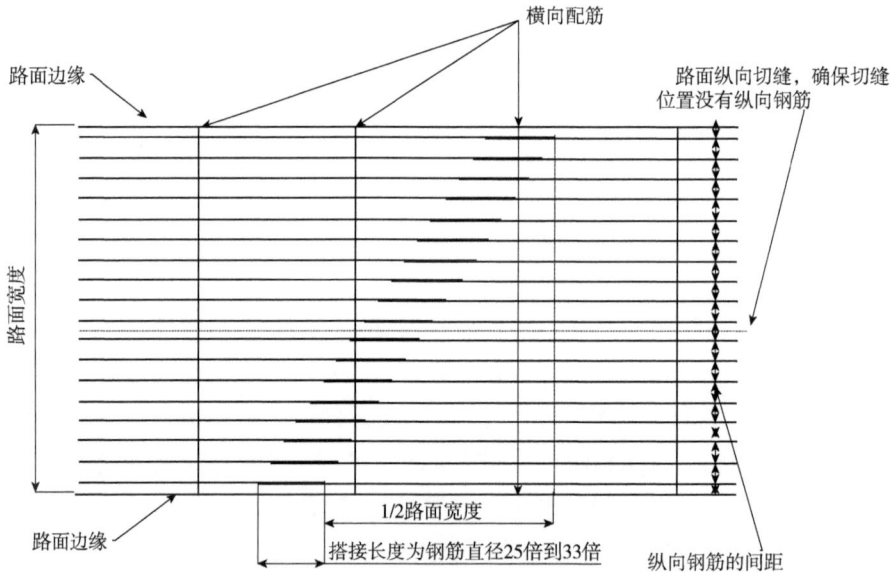

图 6-10　纵向钢筋的搭接布置图

---

❶关于这一技术细节及处理方式的由来,可参见本书第 7 章。

6.4　主要经验总结

　　CRCP 不设置横向的缩缝,但是相邻车道之间要设置纵向接缝,并设置拉杆来增加纵向的传荷能力,在路面宽度不大的情况下,也可以采用延长横向钢筋的方式代替拉杆。

　　当 CRCP 与桥梁等结构物相衔接时,必要时,要设置地锚梁来约束可能发生的过多变形。采用宽翼缘工字梁的端部处理方式,既能满足适应一定变形的要求,也能节约设置地锚梁的经济成本。

　　纵向钢筋一般放置在板中部以上靠近板顶的位置,但是钢筋保护层厚度不能小于 90mm。当板厚超过 33cm,为了防止发生水平方向的开裂,建议采用双层钢筋网的形式。纵向钢筋要保证在同一个横断面上不能出现超过 1/3 的钢筋搭接。在冬季频繁使用除冰盐的一些州,还对钢筋的防腐做出相应的要求,但是最有效的手段还是要保证裂缝的开裂宽度不超过 0.5mm。

第7章　美国得克萨斯州 CRCP 技术经验

得克萨斯州位于美国(西)南部,人口、经济总量和面积都排在美国的第二位。目前,全州州际公路系统公路里程为 5203.7km。

得克萨斯州是美国 CRCP 建设和使用最多的州,因为 CRCP 技术得到了成功的发展,CRCP 良好的使用性能和经济性得到了广泛的认同,得克萨斯州政府意识到修建 CRCP 对减少道路养护成本和全寿命周期成本的重要性,目前州内80%的新建道路工程采用 CRCP。正是在大量工程实践的基础上,得克萨斯州在 CRCP 的技术实践、科学研究上都取得了令世界瞩目的研究成果。本章主要介绍在 CRCP 的钢筋布置和配筋数量、开裂间距与宽度控制、原材料以及施工条件要求方面,得克萨斯州是如何合理确定指标的。得克萨斯州的经验对理解CRCP 的行为很有启发作用,其中一些经验可能只适用于得克萨斯州特定的环境下,在其他地区未必实用,但是也不乏具有启发意义的经验,对理解前文所述的开裂控制、施工技术指标的来源,提供了必要的背景信息。笔者认为,从理论模型走向工程实践,很多因素和指标都相互作用,只有通过不断校正,才能最终形成真正对工程具有指导意义的规范指南。得克萨斯州取得经验的过程伴随着一些失败的例子,这些案例引发工程师和研究者去思考如何解决这样的问题,从而突破层层约束,提出更加合理的工程控制指标体系。得克萨斯州进行的系列研究,取得的系列成果,正是技术推动进步的典型案例,其经验对我国的道路工程发展具有十分重要的借鉴意义。

7.1　得克萨斯州 CRCP 的配筋量与钢筋布置要求

7.1.1　配筋率

配筋率是影响 CRCP 开裂间距和开裂宽度的重要因素。CRCP 的主要优点是在水泥路面中加入一定数量的钢筋,从而使水泥路面无接缝,承载力和行车舒适性大大提高,因此钢筋的使用在 CRCP 中起到了关键性作用。目前美国各州配筋量的确定主要依赖经验法,根据经验法选定配筋量,然后验算一定配筋量时能否满足对 CRCP 使用性能的要求。表 7-1 列举了美国六个使用 CRCP 最多的州的推荐配筋量。

得克萨斯州与美国各州推荐配筋量对比[4]　　　　　　表 7-1

州名	佐治亚	伊利诺伊	俄克拉荷马	南达科他	得克萨斯	弗吉尼亚
配筋量(%)	0.7	0.7~0.8	0.71~0.73	0.7~0.8	0.6~0.68	0.7

得克萨斯州的 CRCP 修筑要比印第安纳州和伊利诺伊州晚,在这两个州的经验基础上,得克萨斯州的第一个 CRCP 工程使用的配筋率为 0.70%,后来通过计算分析,发现降低混凝土的强度可以降低配筋率,当抗弯拉强度为 4.5MPa 时,理论配筋率为 0.55%,而当强度降低到 4.1MPa 时,配筋率可以降低到 0.50%。通过对得克萨斯州列入 LTPP 项目中的 85 个 CRCP 试验路段进行分析之后发现,使用性能较好路段(没有严重开裂和冲断等病害)的平均配筋率为 0.60%,而使用效果较差的路段(有冲断和严重开裂问题)的平均配筋率为 0.58%。考虑到州内各地区气候的差异,得克萨斯州的推荐配筋率为 0.6%~0.68%。从表 7-1 中可以看出,得克萨斯州所选取的配筋量要小于其他各州(其他州的配筋率都在0.7%以上),这是因为得克萨斯州气候相对温和,少有冰冻。CRCP 配筋率的确定要充分结合当地材料、气候、基层形式、施工季节等因素。得克萨斯州的经验是合理的配筋量加上注重钢筋的布置,可以有效避免 CRCP 的冲断破坏等病害,该州的经验说明气候条件相对温和的情况下,配筋率可以适当减小。

7.1.2　钢筋的布置

早在 1959 年,得克萨斯州公路局在 Falls 和 Mclennan 两个郡修建了 11km 的 CRCP,采用的钢筋长度是 12m,屈服应力达到 345MPa。后期路面调查的结果显示,一些很大裂缝正好是每隔 12m 出现一次,并且和两根纵向钢筋叠加的位置重合。因此在后来的工程中,得克萨斯州规定在纵向 60cm 的范围内最多只能有 1/3 的钢筋出现搭接重合,钢筋接头的错列布置如图 7-1 所示。

7.1.3　使用双层钢筋

1999 年,在 Waco 地区,美国 35 号州际公路的一段修建 CRCP,当时工程正在建设当中,路面还没有完全开放交通,在一次养护质量的检测中发现在 CRCP 的纵向配筋深度出现了水平的开裂[132],见图 7-2。当时的施工分为两个阶段——A 和 B,而只有阶段 A 出现了水平开裂的问题,从 Waco 地区 A、B 两个施工阶段钢筋布置对比(表 7-2)中可以看出 A 和 B 两个阶段主要的不同是 A 阶段使用了单层钢筋网,而 B 阶段使用了双层钢筋网。

图 7-1 钢筋搭接的错列布置(摄于得克萨斯州 Fort Worth CRCP 施工现场)

图 7-2 连续配筋路面的水平开裂[132]

Waco 地区 A、B 两个施工阶段钢筋布置对比　　　　表 7-2

施工阶段	A	B
板厚(cm)	36	36
钢筋层数	1	2
钢筋直径(mm)	22	19
钢筋间距(mm)	165	241
配筋量(%)	0.66	0.66

CRCP 的水平开裂是个复杂的问题,路面的设计、天气状况、道路材料和施工都会对路面产生影响。针对这一案例,结合得克萨斯理工大学 Won 教授的研究成果,使用双层钢筋能显著降低混凝土钢筋层的竖向应力,因此得克萨斯州规定当路面板厚达到 33cm 以上时,就要使用双层的钢筋布置。

7.2　开裂间距和裂缝宽度的控制

开裂间距和裂缝宽度是 CRCP 最重要的控制指标,得克萨斯州和其他州以及世界各地都经历了一个对开裂间距和裂缝宽度控制的摸索阶段,有不同的学术观点,也有不同的工程观测结果。

一般而言,CRCP 的开裂间距分为三个档次:短开裂间距(0.3~0.9m),中等间距(0.9~1.8m),大间距(1.8m 以上)[17]。关于 CRCP 的合理开裂间距一直都存在争议。AASHTO 2002 M-E PDG 指出 CRCP 的冲断破坏主要发生在短的裂缝间距条件下,当横向裂缝之间的传荷能力由于车辆荷载的反复作用造成相邻两块板之间骨料嵌挤而逐渐丧失,加上基层损伤,进而发生了冲断破坏[133]。

而另外一种学术观点则认为不应该过分强调 CRCP 的开裂间距不能过小,认为通常情况下,大的开裂间距意味着较大的裂缝宽度,进而影响到路面板之间的传荷能力。实践经验也表明:增加 CRCP 的配筋量能够有效减少冲断破坏的发生,显著提高路面的承载能力和行车舒适性。而增加钢筋用量不可避免地会使 CRCP 的平均开裂间距降低,配筋量越大开裂间距越小。所以要控制的不是 CRCP 的开裂间距,而是要严格控制 CRCP 的裂缝宽度不超过 0.5mm,从而保证裂缝间有足够的传荷能力。

从式(3-4)也可以看出 CRCP 的配筋率越高,其平均开裂间距越短。文献[134]使用 Weibull 分布描述 CRCP 开裂间距的分布情况,图 7-3 为使用水泥稳定碎石基层,26cm 厚的混凝土板在 0.55%、0.65% 和 0.75% 三个配筋率情况下,按照 Weibull 分布所确定的 CRCP 的开裂间距分布情况。结果显示随着配筋量的增加,发生小间距开裂的概率明显增大。

美国 AASHTO 1993 设计方法规定 CRCP 的合理开裂间距应当在 1~2.4m,于是得克萨斯州曾在 1989 年做出这样一项规定:在 CRCP 使用过程中,如果混凝土的热膨胀系数 COTE 增大,那么应当降低配筋率而使开裂间距不能过短,反之则应提高配筋率。他们假想 CRCP 的使用性能和路面的开裂间距直接相关,认为如果能够控制好裂缝的开裂间距,就能控制好路面的使用性能。而之后的事实却证明 CRCP 的冲断破坏和开裂间距之间没有什么直接的联系,单单依靠控制 CRCP 的开裂间距来提高使用性能的想法也是不科学的,于是得克萨斯州很快取消了这条规定[4]。

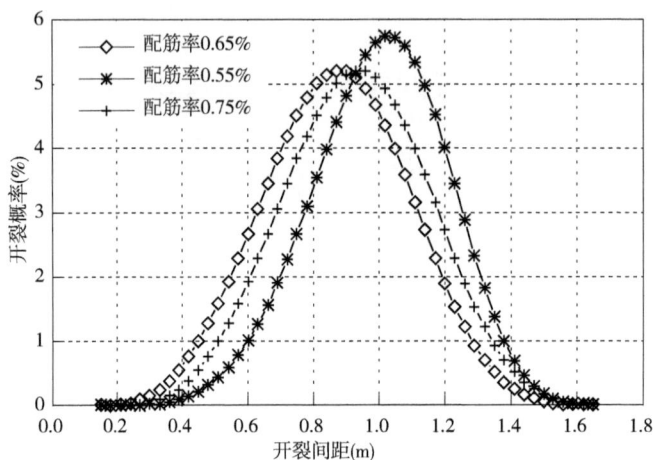

图 7-3   不同配筋率条件下的 CRCP 开裂间距分布

得克萨斯州的经验对开裂预测模型的发展起到了重要的作用。可是该州目前使用的基层形式绝大部分为水泥稳定基层+沥青稳定基层的复合式基层结构,即 CTB+ATB。一般都要在水泥稳定基层上设置一层 4~5cm 的沥青稳定材料,这一层沥青稳定材料对整个路面结构有着非常重要的影响:首先,它能改善基层的受冲刷状态,沥青基层显然比水泥稳定基层的抗冲刷能力要好得多;其次,沥青稳定基层起到了分离水泥混凝土板与水稳基层的作用,减小了基层对混凝土板的约束,降低了混凝土板中的温度应力;最后,对 CRCP 来讲,沥青稳定基层摩擦系数较低,降低了基层摩阻力的约束作用,加上基层形式改变对温度应力的影响,因此使用沥青稳定基层对 CRCP 的早期开裂行为有着重要的影响。在其他地区使用和借鉴有关开裂的相关经验公式时,要特别注意基层的形式对 CRCP 开裂行为的影响。鉴于我国目前 CRCP 结构设计和其他路面结构形式一样多使用水泥稳定基层,建议在结构设计上要注意设置沥青稳定材料基层与仅仅使用水泥稳定基层的差别,注意相应的理论—经验公式的适用范围和适用条件。有条件的工程项目,可以参照美国得克萨斯州的经验,在水泥稳定级配碎石上设置一层沥青稳定材料,改善基层抗冲刷问题和开裂的分布状态,提高 CRCP 的耐久性。

7.3　原材料的控制

由于 CRCP 的开裂行为受混凝土的热物理特性和模量等原材料自身因素的影响很大,所以得克萨斯州在 CRCP 建设中十分注意对原材料的控制。

7.3.1　水泥

1960 年,45 号州际公路在休斯敦附近的 Walker 郡进行一段 CRCP 的施工,该段工程分为两个阶段,其中 A 段的配筋率为 0.5%,B 段为 0.6%,在纵向配筋上设置了应变传感器,研究减少配筋量对 CRCP 的影响[135,136]。观测结果显示,B 段测到的应变达到 A 段测得应变的 3~4 倍。后来深入调查这种现象的原因才发现,在施工 B 段时,施工单位使用了 ASTM Ⅲ 型水泥,而 A 段使用的是 ASTM Ⅰ 型水泥。ASTM Ⅰ 水泥属于通用型水泥,广泛应用于道路,桥梁和房屋建筑工程,而 ASTM Ⅲ 型水泥虽然化学成分上与 Ⅰ 型水泥基本一致(两种水泥成分组成见表 7-3),但是熟料的磨细程度更高,因此Ⅲ型水泥的细度大,水化快,水化热增大,属于早强快硬型水泥[137]。

水泥的主要成分组成　　　　　　　　表 7-3

水泥种类	主要成分(%)			
	C_3S	C_2S	C_3A	C_4AF
Ⅰ	55	19	10	7
Ⅱ	51	24	6	11
Ⅲ	56	19	10	7
Ⅳ	28	49	4	12
Ⅴ	38	43	4	9

水泥的水化热 Q_h 可以计算为:

$$Q_h = H_u C \psi \frac{\lambda \kappa}{t_1} \cdot \frac{\left[\ln(\tau)\right]^{-(1+\kappa)}}{\tau} \cdot e^{\left[\frac{\Phi}{R}\left(\frac{1}{T+273} - \frac{1}{T_r+273}\right)\right]} \qquad (7-1)$$

式中:H_u——水泥的总水化热(J/g);

　　C——胶结材料的用量(g/cm³);

　　λ——水化反应的形状参数;

　　κ——水化反应的斜率参数;

　　t_1——水化反应的龄期参数;

　　τ——龄期系数,可用式(7-2)计算;

ψ——水化程度,可用式(7-3)计算;

C——胶结材料的用量(g/cm^3);

Φ——激发能(J/mol);

R——理想气体常数($8.3144J/mol/℃$);

T——节点温度($℃$);

T_r——参考温度,20℃。

$$\tau = 1 + \frac{\sum_{t=0}^{age} e^{\left[\frac{\Phi}{R}\left(\frac{1}{T+273} - \frac{1}{T_r+273}\right)\right]}}{t_1} \cdot \Delta t \qquad (7-2)$$

$$\psi = e^{-\lambda(\ln\tau)^{-k}} \qquad (7-3)$$

龄期系数 τ 与水泥程度达到37%的时间相关,图7-4反映参数 τ 对水化速率的影响。根据 McCullough 等的调查,在 HIPERPAVE 和 HIPERBOND 软件中不同的水泥水化的模型参数见表7-4,可以看出Ⅲ型水泥的反应参数 τ 较小,因此水化的早期速率较快。

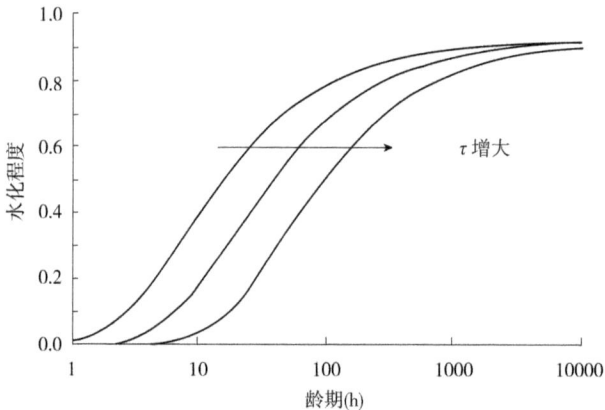

图7-4　水化参数 τ 对水化速率的影响

水泥的主要成分组成　　　　　　　　　　表7-4

水泥种类	水化热计算参数				
	总水化热量(J/g)	活化能(J/mol)	参数 λ_1	参数 t_1	参数 κ_1
Ⅰ	460	41750	2.42	2.12	0.85
Ⅱ	406	39050	3.16	2.06	1.07
Ⅲ	468	44150	3.52	1.10	0.97
Ⅴ	373	36350	3.90	2.00	1.29

为了防止水泥水化过快,水化热释放集中,导致 CRCP 早期开裂严重的问题,得克萨斯州规定使用Ⅲ型水泥时,水泥的比表面积不能超过 200m²/kg[129]。

7.3.2　粗集料

出于保护环境的考虑,美国在路面工程建设中尽量使用砾石、天然砂等天然材料,尽量减少开采岩石。混凝土体积的 60%~75% 都是粗骨料[121],因此粗骨料的热物理特性直接影响混凝土的热物理特性。当使用低热膨胀系数的集料生产混凝土时,混凝土的热膨胀系数小,在开裂间距相同时,混凝土的裂缝宽度就会减小。由于砾石中 SiO_2 的含量高[4],相应的混凝土的热膨胀系数升高,模量增大。由于砾石表面光滑,集料之间的嵌锁力不佳,影响 CRCP 裂缝的传荷能力和使用性能,得克萨斯州进行的专门针对集料使用性能的研究表明[118],使用砾石混凝土比石灰石混凝土更容易剥落,有更多的冲断破坏。因此在有条件的情况下,不建议使用砾石作为粗集料来修建 CRCP。当石灰石资源比较稀缺的时候,还可以使用石灰岩与其他集料混合的方法,以取得较为理想的开裂控制效果[117]。在我国西南的云南、广西等地,分布着大范围的石灰岩,且石灰岩的品质良好,加上我国各地都有丰富的水泥产能,因此在这些地区发展 CRCP 技术,可以就近取材,因地制宜。

在粗骨料的粒径控制上,工程实践认为 CRCP 横向裂缝之间的传荷能力主要依赖集料的嵌挤力,集料的骨料粒径越大越有利于骨料之间的嵌挤,因此规定集料的最小粒径不能小于 25mm;而由于钢筋网的布置影响了混凝土的振捣密实,又要求集料的粒径一般不能超过纵向钢筋间距的 1/2,一般情况下应规定集料的最大粒径不超过 38mm。

7.3.3　使用回收混凝土集料

1995 年,得克萨斯州交通部门在休斯敦地区附近对 10 号州际公路一个 9.3km 的路段进行重建。原来的旧路面使用砾石作为粗集料。为了节约成本,决定使用回收集料(Recycled Concrete Aggregate, RCA)进行施工,整个施工过程没有使用任何新集料。调查结果表明,使用 RCA 配制混凝土集料是非常成功的,该路段表现良好,裂缝宽度小,极少发现混凝土剥落等病害,也没有发现任何冲断破坏。使用回收集料配制的混凝土的技术指标将发生变化,主要如下。

7.3.3.1 强度

在该工程上使用 RCA 配制的混凝土的抗压强度在 29.4~36.3MPa,劈裂强度在 2.9~3.7MPa,而新集料混凝土的抗压强度均值为 38.9MPa,劈裂强度达到 4.1MPa。一般使用砾石配制的混凝土的强度要略高于石灰石配制的混凝土,但冲断破坏的数量却有所增加。使用回收集料虽然会在一定程度上降低混凝土的强度,但强度的降低并不意味着使用性能的下降。我国的一些地区,水泥路面工程往往只以强度作为唯一评价指标,这在一定程度上存在片面性。

7.3.3.2 弹性模量

水泥混凝土路面的许多性能都和材料的弹性模量有关,混凝土的模量越高,会导致在温度和湿度变化作用下的温度应力水平越高。因此对于水泥路面而言,模量越低,使用效果往往越理想。

经过检测,使用 RCA 配制的混凝土弹性模量仅为 17.8GPa,这一值和轻骨料混凝土的弹性模量相当(16.1~16.9GPa)。而使用砾石配制混凝土的模量达 34.5GPa,石灰石配制混凝土的模量为 27.6GPa。原因在于,普通水泥混凝土中含有 50% 的水泥砂浆,而 RCA 自身就含有一定量的水泥砂浆,因此 RCA 混凝土中砂浆总量达到 68% 左右,由于水泥砂浆的刚度比集料低,因此 RCA 混凝土的模量比普通的水泥混凝土低。混凝土模量降低使得混凝土路面的温度应力水平降低,对于减少路面的开裂破坏是有好处的。

7.3.3.3 热膨胀系数

在 5.3 中,详细介绍了热膨胀系数对 CRCP 开裂的影响,不同集料配制的混凝土对开裂行为的影响主要来自不同集料对热膨胀系数的影响。对于 CRCP 而言,早期的开裂行为主要受材料热膨胀系数的影响。尽管 RCA 混凝土的水泥砂浆含量相对较高,但是经过测试,发现 RCA 混凝土的热膨胀系数在 8.5~9.5με/℃之间,比使用砾石配制的混凝土热膨胀系数值略低,而与石灰石配制的混凝土热膨胀系数值相当。

7.3.3.4 密度

由于 RCA 混凝土的水泥砂浆含量较高,因此使用 RCA 配制的混凝土的相对密度也较低,为 2.16~2.21,而一般水泥路面用引气混凝土的相对密度达 2.32~2.40。

7.3.3.5　吸水率

RCA 混凝土的吸水率大大提高,达到 10.86%,与轻骨料混凝土的吸水率(12.6%)相当。而使用砾石和石灰岩配制的混凝土的吸水率仅分别为 5.0% 和6.6%。由于休斯敦地区的气候相对温和,几乎没有冰冻,因此这一变化不会有显著的影响,而对于北方季冻地区,要关注这一指标变化带来的负面作用。

7.3.3.6　使用性能

RCA 混凝土的强度、模量和密度的降低,以及与普通混凝土基本相当的热膨胀系数,使 CRCP 的开裂间距有所增加,平均开裂间距为 2.19m。然而整体上,裂缝宽度并没有显著增加,仍然在可控范围内,为 0.2~0.7mm,裂缝位置仍保持了较高的传荷能力。理论上,开裂宽度与开裂间距之间存在很好的相关性,开裂间距越大,裂缝的宽度越大,因为开裂间距越大,一条裂缝需要承载的体积变形就越大。但是实际观察发现,裂缝的宽度还与开裂实际发生的时间有关,如果开裂发生在 CRCP 铺筑的早期,即施工后的几天,那么随着日后混凝土干缩的不断发生,开裂的裂缝宽度会不断增加;而如果开裂不是在早期发生的,那么日后的干缩变形所带来的体积变化就会比较小。另外,在该项目上观察到:有些开裂只到了板中部,受到下面混凝土板的约束作用,开裂宽度就比较小。

总体上,虽然使用 RCA 配制的混凝土的模量比轻集料混凝土和新集料混凝土的低,但是混凝土的干缩和温缩也都相应减小,从而降低了混凝土中的应力应变水平,使 CRCP 的开裂减少。由于良好的使用性能更多依赖于 CRCP 的开裂情况和裂缝之间的骨料嵌挤力来实现较高的传荷能力,虽然开裂间距略有增大,但裂缝宽度仍然很小(0.2~0.7mm),且由于 RCA 的棱角性比砾石要好,因此裂缝间的传荷能力得到改善[138],也使 RCA 混凝土施工 CRCP 的使用性能并无显著差别。

7.4　控制施工温度

在位于得克萨斯州西北部的 Hempstead 的试验工程上发现,在日间施工的CRCP 裂缝形成的速度要比夜间施工情况下快很多。这是由于日间的气温高,日间施工时积蓄在混凝土内的热量不能快速散失。如果水泥混凝土的水化温度高,水泥水化就会加快,此时混凝土将发生较大的温度变化和收缩,加上此时材料自身还没有形成强度,就会形成开裂。

由于水泥水化的过程与温度和湿度相关,因此水泥混凝土路面对外界环境非常敏感,无论是施工期的温度还是使用期的温度都非常重要。得克萨斯州地处美国西南部,有广大地区属于沙漠气候,夏季十分炎热,当在高温季节进行施工的时候,外部环境(温度、湿度)对水泥混凝土早期行为的影响就愈加明显。得克萨斯州交通管理部门认为水泥混凝土路面施工不宜在温度过高(32℃以上)和温度过低(4℃以下)的情况下进行[139]。特别是高温季节施工时,在混凝土经历第一个温度循环时,混凝土路面内部会产生很大的温度应力,正如5.3.3节所介绍的,CRCP的开裂间距和裂缝宽度都同混凝土凝结时的温度与使用环境下的温度差紧密相关,施工的最高温度对CRCP的开裂行为有很明显的影响。得克萨斯州几十年的实践也总结出:混凝土施工期的气温对混凝土的开裂有着很明显的影响,通常情况下温度越高,后期混凝土的开裂越严重,进而导致施工过程中CRCP的开裂越严重。得克萨斯州规定当日气温高于32℃时要停止CRCP的施工,必要时采取夜间施工,或者采用给集料降温、在基层上洒水、降低拌和水的温度、使用缓凝剂等措施来降低混凝土的温度。McCullough等的研究发现,为了取得较为理想的开裂控制效果,在每天的半夜(凌晨)开始摊铺,而到上午8点到9点结束是比较理想的高温季节施工温度控制措施。

控制施工季节温度等同于控制混凝土硬化的温度,这就减小了混凝土板内低温季节与硬化时的温度差,裂缝的宽度自然会减小。当发现CRCP的裂缝通过调整钢筋用量已经很难控制时(增加钢筋用量,会增加开裂的数量,不规则开裂的情况也会相应增加;而减小钢筋用量又会使开裂的宽度过大),就有必要考虑控制施工季节的温度,选择气温较低的时候进行施工,以减少CRCP日后发生冲断破坏的可能[116,140]。

7.5 主要经验总结

综合美国得克萨斯州在CRCP设计和建设中取得的成功经验,得出如下结论:

①相比于控制CRCP的开裂间距,控制裂缝宽度保证裂缝之间的传荷能力显得更重要,计算结果也表明当裂缝之间传荷能力下降,混凝土表面层的拉应力将大幅增加。

②当混凝土板的厚度超过 33cm 时,要将钢筋分成两层布置,以防止在钢筋层出现水平开裂;并且钢筋的搭接要错开,在 60cm 的范围内只允许有少于 1/3 的纵向钢筋有搭接。

③CRCP 的开裂行为与混凝土的热物理特性、模量、弯拉强度以及钢筋的配筋量都有密切的关系,CRCP 的配筋量设计要充分结合混凝土的热物理性能以及模量等力学特性来控制 CRCP 的开裂行为。

④粗集料和水泥对混凝土的热物理特性与力学性能影响最大,使用低热膨胀系数的粗集料(比如石灰石)和降低水泥的水化热对控制 CRCP 的开裂行为以及使用性能都十分重要。

⑤施工时的气温和混凝土自身温度都对 CRCP 的开裂和使用性能有显著的影响,要避免在 32℃ 以上的气温条件下施工,必要时要采取夜间施工或者其他措施降低混凝土的温度。

⑥休斯敦地区使用回收旧集料配制混凝土的成功经验表明在非冰冻地区使用回收旧集料配制混凝土可以保证 CRCP 使用性能。

⑦CRCP 能否获得令人满意的使用性能与设计,材料和施工都有十分重要的影响。通过不断的学习和总结相关经验,CRCP 技术在我国也能很好地推广和发展,服务国民经济建设。

第 8 章　伊利诺伊州 CRCP 技术经验

伊利诺伊州从 1947 年开始 CRCP 试验路研究工作,是美国第三个铺筑 CRCP 的州,经过近 70 年不懈的发展、总结,伊利诺伊州在 CRCP 技术实践、设计理论和设计方法完善以及新技术应用方面取得了丰硕的成果,一些宝贵的经验值得国内从事道路工程行业的工程技术人员参考。在介绍得克萨斯州经验的基础上,为了进一步挖掘美国使用 CRCP 技术的先进经验,特撰写本章供国内的工程技术领域同行参考。另外,伊利诺伊州一些与得克萨斯州相同的做法,已经在上一章当中做过介绍,本章不再赘述。

8.1　早期试验段的发现

8.1.1　基本设计参数确定

伊利诺伊州最早于 1947 年和 1948 年在 Vandlia 以西的美国 40 号公路上修筑试验路段,该试验路段总共分为 8 个试验段,总长约为 8.9km[2],其中 4 个试验段为约 18cm(7in)厚,4 个试验段为 20cm(8in)厚,并使用 0.3%、0.5%、0.7% 和 1.0% 共 4 种配筋率。在此基础上,又于 1963 年到 1966 年增加了对 254mm (10in)板厚的试验,发现 18cm 和 20cm 板厚的 CRCP 的边部弯沉要比 254mm 板厚时大得多,并在 1979 年编制的评价报告中指出通过试验段的观测发现:板厚和配筋的类型(钢筋或纤维)对横向开裂并没有影响,起到主要作用的是钢筋的埋置深度,随着钢筋埋置深度的减小,横向开裂的数量增加,即 CRCP 的平均开裂间距减小[3]。

随着较为系统的试验路研究工作的开展与交通量的不断增加,20 世纪 70 年代初伊利诺伊州主要采用 0.7% 配筋率+23～25cm 厚的混凝土板(最大板厚达到 35.6cm),并开始在全州范围内的州际公路系统中交通量较大的路段上广泛使用。据伊利诺伊州交通厅的介绍,伊利诺伊州约 3060km 的州际公路系统,有将近 70% 的路段(约 2141km)使用 CRCP,可见 CRCP 在适应重交通荷载上的优势。目前 CRCP 主要用在设计累计当量轴载在 6000×10^4 以上的公路上(相当于日均交通量为 35000,卡车比例占 25%)。

伊利诺伊州发展 CRCP 技术早期的研究和工作模式对我国道路工程发展有很大借鉴意义,在肯定 CRCP 对重型交通适用性的基础上,开始对 CRCP 设计当中的关键参数进行试验段研究,通过交通量和路面使用性能观测来确定合理的参数取值,并根据交通量和轴型特征的发展而不断改进,早期的试验段研究工作为 CRCP 在该州的发展奠定了良好的基础。

8.1.2 钢筋的合适埋置深度

钢筋的埋置深度是 CRCP 成败的重要因素,横向裂缝的宽度减小可以充分保证裂缝两侧板之间的传荷能力,并保证水分不能侵入到路面内部。美国的 CRCP 设计指南中一般要求横向裂缝的宽度为 0.5mm[22,142]。伊利诺伊州在 70 号州际公路上试验路研究工作的主要成果就是发现了纵向钢筋的位置越是靠近板顶,横向裂缝的裂缝宽度就越小,而且路面的结构性破坏——冲断就随之减少见表 8-1。但是考虑到伊利诺伊州会使用除冰盐,为保证有足够的钢筋保护层厚度,以防止氯盐侵入路面内部造成钢筋的腐蚀,所以伊利诺伊州要求钢筋的最小埋置深度为 76mm(3in),而目前一般把钢筋放在距离板顶 89mm(3.5in)的位置[143]。因此,伊利诺伊州在钢筋布设方法上取得的经验对我国广大季节性冻土地区的 CRCP 设计和施工都有重要的借鉴意义。

试验段钢筋埋置深度对 CRCP 使用性能影响 表 8-1

钢筋埋置深度(mm)	冬季的裂缝宽度	修补面积($m^2/1000m^2$)
51	0.475	7.0
76	0.793	12.7
102	0.831	30.9

8.2 CRCP 的病害调查与处置

伊利诺伊州的 CRCP 使用性能最初并不理想,早期修筑的 CRCP 在使用十几年之后发现了较多病害,主要有横向裂缝变宽、冲断等。在 1977 年的调查中发现,130 条裂缝的宽度增大到了 1~19mm。对于 CRCP,一旦其横向裂缝宽度超过 1mm,水分将很容易进入到路面内部腐蚀钢筋,尤其是使用除冰盐地区,氯盐的深入将加大腐蚀;并且相邻板块之间集料的嵌挤作用基本丧失,这时相邻板块之间的传荷主要依赖钢筋完成,从而使钢筋内部的应力增大,导致钢筋的断裂。伊利诺伊州的调查还发现,这种过宽的裂缝有近 90% 都只是在卡车车道(慢车道)发现的,也即可以断定这种裂缝的扩张与车辆荷载的反复作用有关[144]。为了从理论上描述这一现象和进一步完善 CRCP 的设计理论,根据 Colley 等进行的车辆荷载对裂缝位置集料嵌挤的破坏作用,模拟荷载重复作用对裂缝位置传荷能力衰减变化影响的试验[90],Zollinger 发展了裂缝位置传荷刚度衰减的理论和计算方法,这一发现最初源于伊利诺伊州试验路研究中观测到的慢车道裂缝传荷的变化。

8.2.1 冲断破坏

冲断破坏是发生在两条横向裂缝之间的纵向边缘混凝土的折断。由于水分在 CRCP 与路肩之间的纵向接缝位置侵入路面内部,加上局部排水不畅,造成基层细集料流失,致使水泥混凝土板在中部失去了稳定支撑,造成混凝土板的弯沉和应力增大。通过在伊利诺伊州 Manteno 的 I-57 公路上的弯沉测试和取芯调查发现,一旦板底出现了脱空,路面的弯沉将大大增加[36]。另外根据 Westergaard 解析解,路面的弯沉和应力都和混凝土板的厚度有很大的联系,冲断破坏发生的概率也直接受到板厚的影响。伊利诺伊州的调查显示[36]:72% 的 18cm 厚的 CRCP 上发现了冲断破坏,64% 的 20cm 厚的 CRCP 有冲断破坏,44% 的 23cm 厚的 CRCP 上有冲断破坏,而 25cm 厚的 CRCP 上发现冲断破坏的概率仅为 40%;增加板厚可以明显减少冲断破坏的发生。根据这些经验,在 1975 年以后,为了适应交通量的增长,伊利诺伊州 CRCP 的混凝土板厚度逐渐增加到了 23~25cm。

伊利诺伊州在 CRCP 设计方法方面的研究成果有很多被 AASHTO 2002 M-E PDG 所采用,特别是考虑到表面干缩对混凝土弯拉强度的影响提出了表面混凝土强度折减系数,并根据一系列研究成果确定表面强度的折减系数为 0.8[79]。20 世纪 90 年代初,伊利诺伊大学香槟分校的 Zollinger 和 Barenberg[145] 最早将 CRCP 的冲断破坏定义为刚性路面在车辆重复荷载作用下的疲劳破坏,Zollinger 在这之后一直致力于用疲劳破坏的方法来预测冲断破坏的发生[67,108],在其博士论文中总结了冲断破坏的形成原因[6]:①基层支撑的丧失是冲断形成的根本原因,并且一般在冲断发生时,相邻板之间的传荷能力也已经基本丧失;②基层支撑减弱还会使相邻板块之间裂缝位置的剪切应力增大,逐渐降低传荷能力,基层支撑作用减弱的原因是基层的损伤;③基层损伤是一种典型的基层病害,一般而言,水泥稳定基层最容易发生基层损伤,而沥青稳定基层则较少(但在伊利诺伊州的 I-57 公路上发现了路面边缘的基层损伤),甚至在贫混凝土基层上也有损伤发生;④基层损伤主要是由于基层材料强度较低而路面排水不畅引起的,由于冬季气温较低,横向裂缝的宽度较大,因此 CRCP 更容易在冬季发生冲断;⑤应对基层损伤,需要将基层的抗压强度提高到 7.0MPa 左右,才能有效避免基层冲刷损伤的发生。

8.2.2　纵向开裂

一般而言,CRCP 的结构性破坏只有冲断一种,其他的破坏形式都不应该是由于结构稳定承载能力不足而造成的。然而在伊利诺伊境内的 I-39 号州际公路和 I-57 州际公路上,却发现了不连续的纵向开裂,开裂的长度一般在 0.6 ~ 3m。但是与普通水泥路面纵向开裂不同,这种纵向开裂不仅仅局限在行车道或者超车道,而是在路面上不均匀分布,并且有的还发生在轮迹带以外。经过细致的调查研究分析,最终排除钢筋腐蚀、材料弱化或者是结构设计不够等原因。又因为有限纵向开裂之间相互平行,而且相互之间的间距恰好和纵向配筋的钢筋间距相同,所以推断破坏的原因可能是由于纵向配筋产生了问题。由于这些路段铺筑的时候,钢筋并不是预先放置在支座上,而是用自动管道填入(Tube-Feeding)的方法放到混凝土当中的,这是一种类似于传力杆自动植入技术(Dowel Bar Inserter,DBI)的方法,钢筋预先放在基层上,当混凝土铺筑时,再把钢筋抬升到指定的深度。由于一些路段使用了直径为 22mm 的钢筋,相比直径为 19mm 和 16mm 的钢筋,单位长度的质量分别增加了 33% 和 100%,所以后来经过取芯调查发现钢筋位置的混凝土埋置深度并不是预先设计的 90mm,而是更大,也就是钢筋在混凝土未完全硬化之前发生了下沉。当采用管道自动填入钢筋的施工方法时,钢筋在混凝土中并不完全是稳定不动的,由于重力作用,会有发生相对位移的趋势,而混凝土试图约束钢筋的位移,当钢筋发生下沉,钢筋与混凝土之间相互作用,就会导致开裂的发生(图 8-1)[146]。在发现钢筋下沉开裂的问题之后,伊利诺伊州交通厅随即叫停了钢筋自动管道填入的施工方法,并且为防止钢筋发生腐蚀,规定 30 年以上设计年限的 CRCP 应使用环氧涂层钢筋。

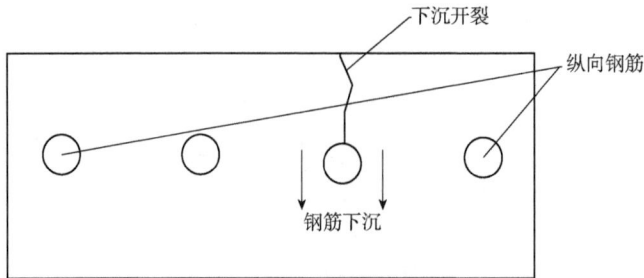

图 8-1　钢筋下沉开裂

8.3　技术尝试与创新

8.3.1　横向开裂主动控制技术

90%以上的冲断破坏发生在横向开裂间距为 0.3~0.9m 的情况下[34]，尽管开裂间距不是 CRCP 的最重要控制指标，并且开裂间距和 CRCP 的最重要控制指标横向裂缝的宽度之间没直接的关系，但是保证 CRCP 不出现过大和过小的开裂间距，必然可以减少冲断和"Y"形开裂的发生[18]。伊利诺伊大学研究了锯缝和插入 0.076mm 的塑料筋带两种主动开裂控制方法[147]，发现使用塑料筋带形成的开裂比锯缝的方法形成裂缝的速率要快，减少了 Y 型开裂、不规则开裂和混凝土剥落的形成，并且主动开裂控制对 CRCP 的传荷能力基本上没影响。使用主动开裂控制技术克服了常规的 CRCP 用钢筋被动控制开裂造成开裂较多、Y 型开裂和错开裂缝的问题，形成的开裂顺直且间距均匀，在使用性能上超过自然开裂的 CRCP。因此伊利诺伊州交通厅建议对 30cm 厚以上的 CRCP 采用主动开裂控制技术，以减少早期破坏，减小开裂间距变异性，同时防止不可预期的其他开裂的发生[148]。

8.3.2　回收集料使用

美国十分重视环境保护，公路建设中也是尽量采用回收材料，减少集料的开采和使用。环境保护、资源节约、造价节约是公路工程领域一直在探求的研究内容。和得克萨斯州一样，伊利诺伊州在回收集料在道路工程的再利用方面积累

了一定的经验。为了发掘回收集料在 CRCP 建设中使用的可行性,该州在
Effingham 的 57 号州际公路的建设中使用了相当比例的回收集料。经过近三十
年的长期性能观测,发现回收集料配制混凝土铺筑 CRCP 尽管存在工作性较差、
开裂间距变短(平均开裂间距仅为 45.3cm)等问题,但是整体上,使用回收集料
铺筑的 CRCP 在性能上和常规的 CRCP 基本上相当,并没有显著的差别[149]。

8.4　主要经验总结

由于 CRCP 不设置接缝,因此 CRCP 不会有错台发生,保证了使用期内
CRCP 的平整度和服务水平都保持在较高的水平。由于 CRCP 良好的承载能
力,因此更能适应超限荷载使用情况,并且 CRCP 表面的裂缝宽度小,不会引起
加铺层反射裂缝问题的发生,使进行罩面维修之后的 CRCP 能够继续保持较高
的使用性能和耐久性能。通过不断的技术实践、总结,CRCP 在伊利诺伊州取得
了很大的成功。伊利诺伊州在 CRCP 技术上取得的成果主要得益于该州在大规
模应用该技术之前就进行了较为系统的试验路工作,从复杂的路面设计理论中
摆脱出来,通过试验路工作快速确定适合重交通条件的板厚、配筋率、配筋位置、
配筋形式以及基层等重要参数。为进一步完善 CRCP 的设计理论和设计方法,
又不断开展研究工作,对通过工程实践经验总结出的力学—经验方法及公式进
行校正,形成了较为完善的 CRCP 的设计体系,为 AASHTO 2002 M-E PDG 中
CRCP 设计方法的完善奠定了基础。另外,伊利诺伊州在使用 CRCP 主动开裂
控制和回收集料铺筑 CRCP 方面进行的尝试也非常值得肯定。

第 9 章　CRCP 的养护维修技术

随着道路使用状况的下降,CRCP 需要进行表面功能和结构承载能力的恢复。本章介绍美国在进行 CRCP 的柔性与刚性罩面使用金刚石铣铆的办法来抗滑能力和平整度的技术,以及局部冲断等结构性破坏的维修方法。

9.1　CRCP 的柔性罩面

从 20 世纪 70 年代开始,美国路面工程领域的研究已经开始从新的基础设施建设逐渐转变为道路的养护维修。80 年代,美国开始使用改性沥青修建道路面层。1990 年,美国从欧洲引进了 SMA(Stone Matrix Asphalt)技术,用于减少道路的车辙。柔性罩面可以提高旧 CRCP 的安全性,一些具有透水性质的 AC 层还能改善道路的排水,减少行车过程中水雾的形成,提高雨天行车的安全系数。根据美国沥青学会的报道,早在 20 世纪 60 年代美国就已经有大量的水泥混凝土路面进行了沥青罩面,罩面的厚度一般在 5～12cm,取得了不错的效果[150]。在 CRCP 上可以使用厚度更薄的沥青罩面层,4cm 左右的厚度即可满足使用需求[151]。

尽管恢复 CRCP 表面功能的措施有很多种,使用柔性罩面是一种性价比比较高的方式。柔性罩面可以起到以下作用[152]:
- 快速恢复道路表面的抗滑性能。
- 减少车辆荷载的冲击作用。
- 降低 CRCP 的老化速率,延长使用寿命。
- 由于沥青层能够起到防水作用,减少水分侵入到道路内部,因此柔性罩面能够起到防水层的作用,保持路面整体的稳定性。
- 降低路面的噪声水平。

同时,使用 AC 罩面层也存在如下的局限性:
- 由于 AC 罩面层的厚度很薄,所以使用 AC 罩面对路面结构的提升几乎不起作用,因此 AC 罩面之前必须确定既有的 CRCP 结构良好,如果有冲断等严重病害就要使用全深度的维修方法,对已经发生的冲断进行全厚度维修,加强修补区域与相邻 CRC 材料之间的整体性。

- 当 CRCP 的病害严重,沥青层上容易发生反射裂缝。当发生冲断、纵向开裂、不规则开裂时,很容易在沥青层上反射出来。

9.1.1　CRCP 柔性罩面的使用状况

9.1.1.1　柔性罩面的反射裂缝

在未经处理的水泥混凝土路面上加铺沥青层,罩面层上很容易发生反射裂缝。美国亚利桑那、伊利诺伊、密苏里、密歇根等州都开展了专门针对反射裂缝的研究。其中亚利桑那州开展了大量使用橡胶沥青防止反射裂缝的研究,从1990 年开始,亚利桑那州使用 80% 的热沥青与橡胶粉的混合组成橡胶沥青在严重开裂的水泥路面上铺设罩面层。通过近十年的路况调查,发现橡胶混凝土罩面层上没有发生任何反射裂缝,保持了较好的平整度和抗滑性能。

美国从 20 世纪 60 年代就开始在道路工程中应用橡胶材料。道路工程师Chales McDonald 最先开始使用一种含有橡胶颗粒的道路表面修复材料。1968年,亚利桑那州开始使用含有橡胶颗粒的应力吸收层(Stress Absorbing Membrane,SAM)。一些研究证明使用 SAM 之后可以显著降低加铺层发生反射裂缝的概率。同时,研究显示由于多数 CRCP 上的开裂都是环境作用下的横向开裂,这种开裂比 JPCP 的接缝宽度要小得多,因此对比发现 CRCP 上的沥青加铺层的反射裂缝普遍较少。

9.1.1.2　CRCP 柔性罩面的车辙

车辙是柔性路面最容易发生的病害之一。车辙一般情况下不容易用肉眼直接看到,而当降雨之后就变得非常明显。车辙发生的原因很多,炎热天气下受到重型荷载的作用或者是施工时的压实不足都有可能导致车辙产生。根据得克萨斯州对 CRCP 上的 AC 罩面层车辙发生规律的调查显示:由于轮迹位置重型车辆的压实作用,CRCP 上的 AC 罩面的车辙一般主要发生在通车后的第一年;而在第二年由于车辆轮迹带之间的其他路面部分的压实度增加会大于轮迹带上的路面,所以车辙会有所减小;而这之后又会随着时间的增加而不断增长。根据车辙发生的回归曲线发现,车辙的深度与罩面的厚度关系最大。工程所在的地理位置对车辙发生的影响也有显著影响。此外,材料的作用也不可忽视。

9.1.1.3　CRCP 与 AC 的层间结合

如果 AC 层与 CRCP 两者之间是相互独立工作的,那么荷载作用在加铺层与旧路面之间产生的剪切力会加速罩面层的破坏,沥青罩面层的使用寿命会大大缩短。当加铺层与层间结合不足时,会发生起皮、开裂等破坏,降低路面的承载能力。

因此,保证两层之间有足够的结合十分关键。常用的表面处理方式主要有压缩空气清扫、喷洒水泥浆、铣刨和使用乳化沥青黏结层等。铣刨与乳化沥青黏结层是最普遍也最有效的两种方式。乳化沥青黏结层存在确定最佳用量的问题,如果撒布量过大,反而会降低层间的剪切强度。根据路易斯安那州的研究成果,最佳的乳化沥青洒布量为 $0.09L/m^2$。当外界环境温度较低的时候,增加乳化沥青用量,会降低层间结合强度。

9.1.1.4　既有 CRCP 的使用

当 CRCP 表面的结构破坏数量较多,考虑到加铺之后 CRCP 表面的破坏会很快(一般在 1 年之内)在沥青加铺层上体现出来,这时需要对 CRCP 进行碎裂化处理,即将水泥混凝土板打碎成粒径小于 25.4mm 的碎块,将路面变成高强度的级配碎石基层。然而这种方法会降低路面的承载能力,并不是在所有的情况下都适用。鉴于 CRCP 具有很好承载能力,当 CRCP 只有少量表面破坏的时候,不需要进行旧水泥混凝土板的碎裂化处理,可以直接对 CRCP 进行表面处理后加铺沥青层。因为 CRCP 本身就有很好的承载能力和结构稳定性,加铺沥青层只起到恢复表面功能的作用。

9.1.2　柔性罩面的适用条件

9.1.2.1　判定流程

当 CRCP 发生破坏之后,在选择合适的加铺方式之前,首先要进行路面状态的评定,判定既有的路况条件是否适合进行柔性的道路加铺。柔性加铺的判定流程按照图 9-1 进行[153]。

9.1.2.2　路况调查内容

对于 CRCP,进行加铺之前需要对既有道路的状况进行调查,主要包括:
- 单位长度内冲断的数量(No./km)。
- 单位长度上已经发生劣化的横向接缝的数量(No./km)。

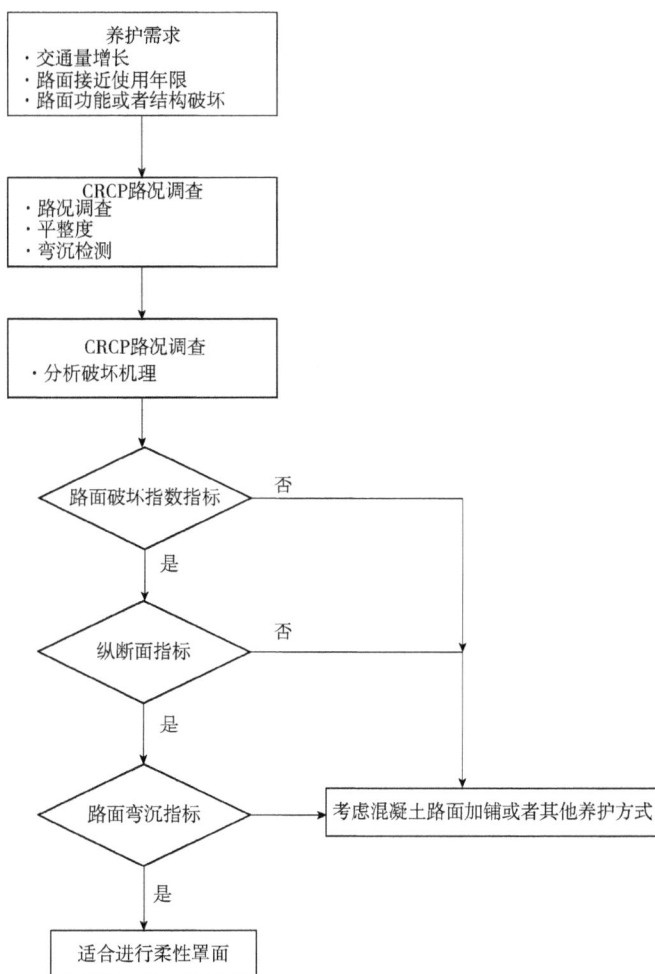

图 9-1　进行柔性加铺的判定流程

● 路面上修补的数量，不包括对胀缝等进行的灌缝处理。

● 路面上的唧泥或者水泵吸现象。

● 在开裂宽度很小的横向裂缝位置发生的混凝土剥落和集料的反应型开裂等其他耐久性病害。

9.1.2.3　路面破坏指数

路面破坏指数（Pavement Distress Index，PDI）可由式（9-1）计算：

$$PDI = 100 - \sum_{i=1}^{m} \sum_{j=1}^{n} D_i \times S_{ij} \times E_{ij} \qquad (9-1)$$

式中：D_i——第 i 种破坏的减分；

S_{ij}——第 i 种破坏的第 j 级破坏程度的权重；

E_{ij}——第 i 种破坏的第 j 级破坏程度的范围；

m——破坏类型的数目；

n——破坏程度等级的数量。

9.1.2.4　路面弯沉指标

弯沉测试是路面结构评价的最重要指标，使用最普遍的是落锤式弯沉仪（FWD）。

如图 9-2 所示，分别进行裂缝位置和板中的弯沉。

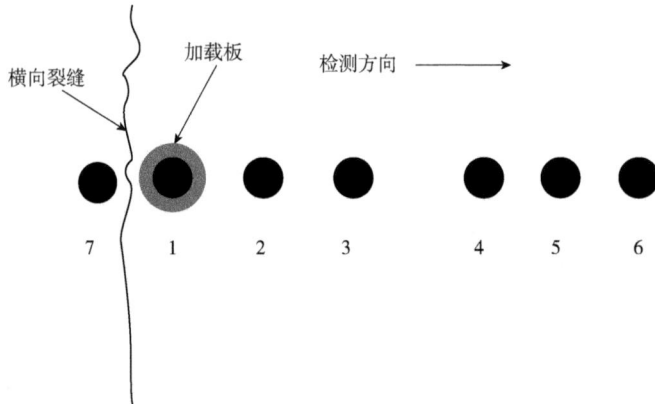

图 9-2　弯沉检测顺序

弯沉比的计算公式为：

$$D_{ratio} = \frac{d_{crack}}{d_{mid}} \tag{9-2}$$

式中：D_{ratio}——弯沉比；

d_{crack}——紧邻裂缝位置的弯沉；

d_{mid}——板中的弯沉。

连续配筋水泥混凝土路面的开裂行为受到外界环境温度的显著影响，进而影响裂缝位置的传荷能力，推荐在早晨进行弯沉检测，因为早上气温较低，此时裂缝开裂宽度最大，即 CRCP 处于最不利的工作状态。在理想状态下，当 CRCP 裂缝位置的传荷能力为 100% 时，在裂缝位置加载得到的弯沉应该与板中的弯沉一样。而实际上，D_{ratio} 的值一般应大于 1。当 D_{ratio} 小于 1 时，则 CRCP 的整体承载能力好，路面可能不需要任何的维修养护。当 D_{ratio} 大于 1 时，则可以首先考虑进行 AC 罩面加铺;如果发现路面的承载力不足,可以首先考虑成本相对较低的层间结合式罩面,而当既有的 CRCP 结构稳定性出现严重问题时,则可以考虑层间分离式的混凝土罩面。

当交通水平增加不大,一般 CRCP 只是发生表面功能的退化,那么进行柔性罩面主要是用于提高表面的抗滑能力,而不是提高结构承载能力。随着交通的增长,当 CRCP 的结构能力进一步退化时,可以考虑进行 CRCP 结合式刚性罩面,以提高结构承载能力并修复表面功能上的缺陷。当 CRCP 的结构功能退化到一定程度已经无法使用时,就需要层间分离式的刚性罩面。

使用弯沉的数据计算加铺前后的应力比,公式如下:

$$S_{\text{ratio}} = \frac{s_{\text{n}}}{s_{\text{o}}} \tag{9-3}$$

式中: S_{ratio} ——应力比;

　　　 s_{n} ——罩面前的应力值;

　　　 s_{o} ——罩面后的应力值。

由于沥青罩面层对 CRCP 的结构强度提升不明显,因此使用 AC 罩面的前提条件是加铺前后的,应力比应当接近 1。如果罩面前后应力比与 1 相差较大时,那就意味着使用柔性罩面或许不是最佳的方式,需要考虑其他的改造方式。使用数值解或者有限元的方法可以进行加铺沥青层中应力的计算。如果应力比与 1 的偏差越大,越说明结构需要加强,可能需要一种更为有效的加铺方式。弯沉比、应力比与加铺方式的选择如图 9-3 所示。

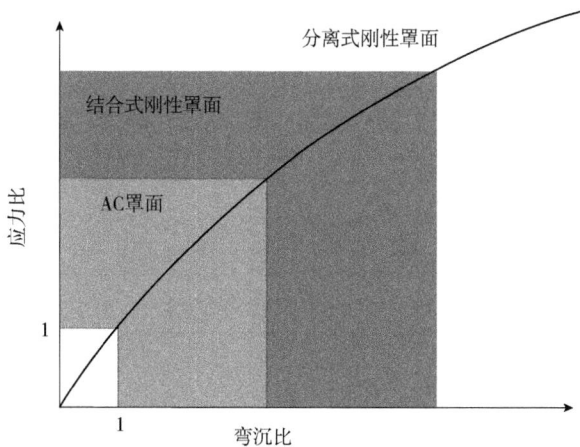

图 9-3　维修方式的选择

9.1.2.5　CRCP 柔性罩面的厚度设计方法

所需要加铺 AC 层的厚度,可以用式(9-4)计算:

$$D_{ol} = A(D_f - D_{eff}) \tag{9-4}$$

式中:D_{ol}——所需 AC 罩面层的加铺厚度;

D_f——适应未来交通荷载水平的混凝土路面厚度;

D_{eff}——既有路面结构的等效板厚度;

A——转换系数,可按照式(9-5)计算。

$$A = 5.6471 + 0.0638(D_f - D_{eff})^2 - 0.3896(D_f - D_{eff}) \tag{9-5}$$

$$D_{eff} = F_{jc} \times F_{dur} \times F_{fat} \times D \tag{9-6}$$

式中:D——既有水泥混凝土路面的实际厚度;

F_{jc}——接缝和裂缝传荷系数,对于 CRCP 主要是根据未进行维修的冲断数目和未进行处理的裂缝数目来确定,参照图 9-4;

F_{dur}——耐久性调整系数,参照表 9-1 取值;

F_{fat}——疲劳破坏调整系数,参照表 9-2 取值。

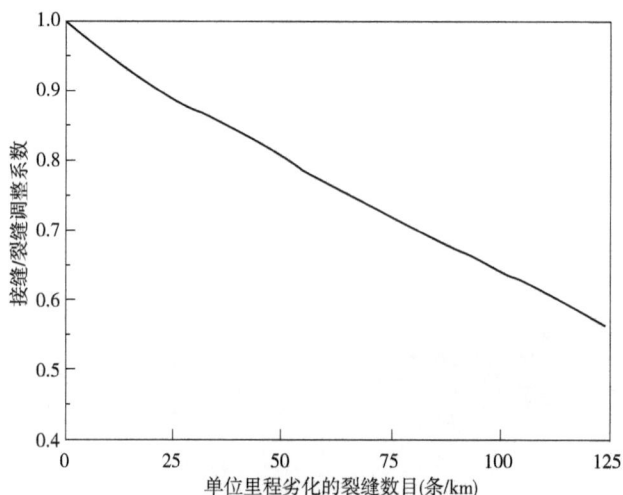

图 9-4　接缝或者裂缝调整系数的取值

耐久性调整系数的取值方法　　　　　表 9-1

破坏描述	耐久性调整系数	破坏描述	耐久性调整系数
没有任何耐久性破坏特征	1.00	存在少量耐久性破坏裂缝,但是没有混凝土剥落现象	0.96~0.99

续上表

破　坏　描　述	耐久性调整系数	破　坏　描　述	耐久性调整系数
存在大量耐久性破坏裂缝，和一些混凝土剥落现象	0.88~0.95	普遍存在耐久性裂缝，和严重混凝土剥落现象	0.80~0.88

注:耐久性裂缝主要是指由于集料反应而产生的 D 型开裂。

疲劳破坏调整系数的取值方法　　　　　　表 9-2

冲 断 数 量	疲劳破坏调整系数	冲 断 数 量	疲劳破坏调整系数
<4 处/mile	0.97~1.00	>12 处/mile	0.90~0.93
4~12 处/mile	0.94~0.96		

在 AASHTO 93 设计方法中,建议使用弯沉盆的方法来进行结构整体承载能力的评估。FWD 的检测一般在外侧行车道上进行,使用 9000lb 的荷载等级,根据检测结果来反算等效地基反应模量。

根据文献[154],当使用一个圆形荷载,荷载的半径为一确定值 a 的时候,路面结构的相对刚度半径同 Hoffman 与 Thompson 定义的一个参数 AREA 之间存在唯一的关系,AREA 根据下面公式确定[155]:

$$AREA(in) = 6[1+2(D_1/D_0)+2(D_2/D_0)+(D_3/D_0)] \tag{9-7}$$

式中:D_i——传感器测到的距离加载板距离为 $12i$ 弯沉值(in),$i=0,1,2,3\cdots,n$。

在紧密液体地基条件下,当加载板的半径为 15cm(5.9055in),AREA 与刚性路面相对刚度半径 ℓ 之间的关系为式(9-8)[156],换算为公制单位,可表示为式(9-9)。

$$\ell(in) = \left(\frac{\ln\left[\dfrac{36-AREA}{2673.64}\right]}{-2.93}\right)^{4.75} \tag{9-8}$$

$$\ell(cm) = \left(\frac{\ln\left[\dfrac{91.44-AREA}{6791}\right]}{-2.41}\right)^{4.75} \tag{9-9}$$

刚性路面的相对刚度半径 ℓ 由下式确定[26]:

$$\ell = \sqrt[4]{\frac{E_{PCC}h_{PCC}^3}{12(1-\mu_{PCC}^2)k}} \tag{9-10}$$

式中:E_{PCC}——混凝土板的杨氏模量(MPa);

$\quad\quad h_{PCC}$——混凝土板的厚度(m);

μ_{PCC}——混凝土泊松比；

k——地基反应模量（MPa/m）。

根据 Westergaard 解析解，刚性路面的弯沉可以表述成如下无量纲形式：

$$d_i^* = \frac{D_i k \ell^2}{P} = f\left(\frac{a}{\ell}\right) \tag{9-11}$$

式中：P——荷载水平。

对于 FWD 检测设备，加载板的半径是一定的，为 15cm（5.9055in），那么无量纲弯沉可以表示为：

板中加载时：

$$d^* = \frac{1}{8}\left[1 + \left(\frac{1}{2\pi}\right)\left[\ln\left(\frac{a}{2\ell}\right) - 0.673\right]\left(\frac{a}{\ell}\right)^2\right] \tag{9-12}$$

板边加载时：

$$d^* = 0.431\left[1 - 0.349\left(\frac{a}{\ell}\right)\right] \tag{9-13}$$

根据式（9-11），地基反应模量可以计算为：

$$k = \frac{d_0^* P}{D_0 \ell^2} \tag{9-14}$$

将式（9-14）代入式（9-10）中，混凝土模量 E_{PCC} 可表示为：

$$E_{PCC} = \frac{12(1-\mu^2)\ell^4}{h_{PCC}^3} \tag{9-15}$$

进而可以估计混凝土的抗弯拉强度 S'_c

$$S'_c = 43.5\left(\frac{E_{PCC}}{10^6}\right) + 488.5 \tag{9-16}$$

注意：式（9-16）中单位均为 psi。

将得到的地基反应系数、混凝土模量和弯拉强度代入用于新建路面设计的诺谟图中，即可确定未来需要的路面结构厚度 D_f。读者可以参考 AASHTO 93 中新建路面的设计流程。

9.1.2.6 纵断面指标

进行柔性罩面加铺时，首先要确定 CRCP 的结构是稳定的，只是有纵断面的问题。当纵断面的平整度出现问题时，车辆荷载在运动时对路面的冲击作用就大，使得路面的破坏加速。这时候需要使用专门的程序进行计算，判定是否适合进行柔性罩面加铺。

9.1.3　柔性罩面小节

综上,在 CRCP 上进行沥青混凝土罩面的要点如下:

①使用薄层 AC 罩面时,不必考虑 AC 罩面对结构层稳定性的贡献,只需考虑其对表面功能的恢复作用,因此可以不断对旧的 CRCP 进行加铺,而不处理下部结构,是一种安全、有效而且经济的 CRCP 处理方式。

②为保证加铺层的使用寿命,务必保证加铺层与 CRCP 之间是完全结合的,一旦层间结合发生破坏,加铺层会在层间剪切力的作用下很快发生破坏。

③最有效的层间处理方式是使用乳化沥青黏结层和进行路面的铣铇。

④类似橡胶沥青等材料对减少反射裂缝等破坏具有重要作用,因此要注意加铺层的材料选择。

9.2　CRCP 的刚性罩面

使用 CRCP 消除了 JPCP 带来的诸如错台、板角开裂、唧泥等问题,一般而言 CRCP 的设计使用寿命至少能够达到 20 年以上,设计和施工良好的 CRCP,如果合理地进行道路养护,诸如沥青罩面或刚性罩面使用寿命则能达到 30~40 年。McCullough 认为对于刚性路面而言使用刚性的罩面似乎更加合理,因为无论是从热物理特性上还是力学性能上,刚性材料之间要更接近,两者的适应性更好。而实际上,更多的刚性路面是被沥青罩住了,无论是在美国还是中国,情况大致类似,"白加黑"要更加普遍一些。随着摊铺机、冷铣铇技术、外加剂、全寿命周期养护维修策略的发展,美国的爱荷华州、路易斯安那州、纽约州、加利福尼亚州、得克萨斯和内华达州等在 20 世纪 80 年代开始在刚性路面上采用薄层完全结合的刚性罩面(厚度 5~10cm)[157,158]。这种罩面使加铺层与旧的刚性路面之间完全结合,需要对旧的水泥混凝土表面进行打磨处理(喷砂、冲洗或者压缩空气),然后使用水泥砂浆、水泥净浆或者环氧树脂等界面连接剂。

9.2.1　刚性罩面的设计方法

1958 年,美国工程兵部队发展了一种可用于刚性路面罩面设计的方法。这种方法将新的水泥罩面与旧的水泥路面之间的结合考虑为三种状态:

- 完全结合
- 部分结合
- 完全分离

罩面的厚度可以用如下公式来确定：

- 当罩面与旧混凝土路面之间是完全结合时：

$$h_o = h_n - h_c \tag{9-17}$$

- 当罩面与旧混凝土路面之间是部分结合时：

$$h_o = (h_n^{1.4} - C h_c^{1.4})^{1/4} \tag{9-18}$$

- 当罩面与旧混凝土路面之间是完全分离时：

$$h_o = (h_n^2 - C h_c^2)^{1/2} \tag{9-19}$$

式(9-17)～式(9-19)中：h_o——所需混凝土罩面层的厚度；

h_n——荷载水平下所需新建混凝土路面的厚度；

h_c——既有刚性路面的混凝土板厚度；

C——考虑既有路面承载力的系数，取值范围为0.35～1.0。

对于典型的路面厚度——15cm、20cm和30cm，对应的所需新建路面厚度可按表9-3处理，相邻值则采用就近插值的办法。

所需新建路面厚度取值[159]   表9-3

既有路面厚度	所需新路面厚度	无结合插值斜率	部分结合插值斜率
$h_c = 15\text{cm}$	$h_n = 20\text{cm}$	-2.89	-4.57
	$h_n = 25\text{cm}$	-2.08	-3.92
	$h_n = 30\text{cm}$	-1.65	-3.54
$h_c = 20\text{cm}$	$h_n = 25\text{cm}$	-4.32	-6.45
	$h_n = 30\text{cm}$	-3.22	-5.62
	$h_n = 37.5\text{cm}$	-2.37	-4.89
$h_c = 30\text{cm}$	$h_n = 37.5\text{cm}$	-6.48	-9.66

美国陆军工程兵团的设计方法制定了刚性路面进行混凝土罩面的基本框架，简捷适用。但是式(9-18)和式(9-19)中C的取值一般根据工程人员的经验确定，如果设计人员经验不足可能导致结果过于偏保守。

罩面层的荷载应力计算一般采用有限元软件，常用的计算水泥混凝土路面应力的软件主要有JSLAB、ISLAB2000、KENLAYER等。

另外，完全结合的水泥混凝土罩面层，还需要考虑新旧层之间结合的分离作用。

9.2.2　材料要求

得克萨斯州交通厅对水泥混凝土罩面的材料做出了比较严格的要求,根据 1995 年制定的《Standard Specification for Construction of Highways, Streets and Bridges》(公路、街道和桥梁建设规范)中的规定[160],用于刚性罩面的混凝土需要满足表 9-4 的要求。

刚性罩面材料的技术要求　　　　　　　　　　表 9-4

指　　标	单　　位	规　定　值
最小水泥用量	kg/m^3	390
最小 28d 混凝土强度	MPa	32
最小 7d 抗弯拉强度	kPa	4410
最大水灰比	—	0.40
坍落度要求	mm	宜按 40 控制
引气量	%	5.0±1[161]

注:含气量指标已经根据文献[161]进行了修正。

9.2.3　表面处理方式

由于层间结合是刚性罩面的重要技术指标,所以需要对旧路面进行表面处理,以保证用于层间结合的界面是洁净而粗糙的,使旧路面与加铺层之间完全结合,从而形成一个工作整体。

在进行加铺改造之前需要将道路表面所有的松散材料、油污、道路标线标志都清理干净,然后再进行表面的处理,可以使用高压水枪冲洗、压缩空气等物理办法或酸侵蚀处理等化学方式。下面对几种典型的表面处理方式进行简要的介绍。

9.2.3.1　酸侵蚀

酸侵蚀是使用强酸均匀涂抹在道路表面,强酸可以去除掉道路表面的浮浆和其他附着在道路表面的有机物,这些浮浆和有机物会妨碍新旧路面之间形成有效结合。同时,强酸还能去除掉道路表面的道路标志标线等。使用强酸之后,道路表面需要用清水冲洗干净。

因为价格相对低廉,最普遍使用的酸性材料是盐酸和粗盐酸,效果十分显著。而这种方法的弊端是当在 CRCP 上使用时,酸性材料会侵蚀到钢筋层位,对钢筋产生腐蚀作用;另外,强酸使用过程中存在一定的危险和危害,对操作者有一定的毒副作用。

9.2.3.2 水冲洗

水冲洗即使用高压水枪直接在道路表面上冲洗,对清理道路表面的松散材料十分有效。水冲洗的方法是实践中非常成功的一种做法,操作简便,价格低廉。水冲洗的缺点是,冲洗之后的水会把脏东西带到标高较低的位置,当水分蒸发以后脏东西就会附着在道路表面对路面产生污染;此外,水冲洗不能除掉道路上的标志标线。

9.2.3.3 空气冲刷

空气冲刷是使用压缩空气对表面的松散物等进行冲刷。如果旧混凝土使用良好,并且不存在碳化,那么道路表面的清洁只使用空气冲刷就足够了。在实践中,空气冲刷都是和其他的表面处理方式组合使用的。比如在喷砂打毛之后,用空气直接将残留在道路表面的砂石颗粒冲刷掉。尽管空气冲刷的作用可能有时不是那么明显,但是如果旧路状况比较好的话,那么使用空气冲刷是最经济也最快速的方法。

9.2.3.4 喷砂

喷砂是使用压缩空气将粒径大小不一的砂粒打击到路面上,用高速飞行的砂粒撞击道路表面的松散物、油污等。喷砂的表面处理效果是比较理想的,之后再使用空气冲刷对表面剩余的碎屑和砂粒进行清洁。如果喷砂过分集中,可能使道路表面大面积的打毛效果变得不那么均匀;但是如果操作得当,能够达到较好的使用效果。

9.2.3.5 抛丸

抛丸和喷砂的作用原理基本上是一致的,只不过抛丸是使用钢球代替喷砂对道路表面进行打毛。抛丸过程中,小钢球和尘屑被机器回收,然后分离,钢球可以继续使用,而尘屑被储存在一个袋子里面。

使用抛丸处理后的道路表面十分洁净、均匀,打毛的效果良好,之后也不需要使用任何的处理方式再对道路表面进行处理。通常要求抛丸处理之后要立即进行罩面层的铺筑,最不利的情况下也要在抛丸处理后的次日进行加铺。抛丸处理的缺点有时候不能对板角和板边进行处理,这时候需要对局部进行喷砂,并要求喷砂达到相同的粗糙度。

9.2.3.6　旋转研磨

旋转研磨是一种最古老、最广泛使用的表面处理的方法,对形成有效的层间结合有显著的作用,一般应用于桥面的处理和旧路面抗滑性能的恢复。旋转研磨使用一个旋转的轮毂,上面装有钢的短柱。使用时,短柱在旧路面上研磨,形成沟纹。表面研磨的过程可能需要 2 次或者更多次,一次研磨最多能铣铇掉道路表面 12.5cm 的厚度。

进行了表面处理之后,在进行罩面之前必须进行表面处理的评价,以确定其满足施工完全结合式罩面的要求。一般使用铺砂法等测试表面构造的方法进行铣铇效果的评价。

9.2.4　层间结合的测试

层间结合的测试主要通过直接剪切试验和直接拉伸试验进行。

9.2.4.1　直剪试验

进行直剪试验的目的是检测层间结合的强度是否大于交通荷载作用时在两层之间形成的应力。当荷载产生的剪切应力超过界面之间的承载能力时,罩面系统就会失效,新、旧混凝土之间就不会像设计的那样进行协同工作。通过对测试界面进行加载,直到试件发生破坏,计算界面上的剪切应力:

$$S_s = \frac{P}{A} \tag{9-20}$$

式中: S_s ——界面上的剪切应力(MPa);

　　P ——发生破坏时的荷载水平(N);

　　A ——界面的截面积(mm^2)。

9.2.4.2　直接拉伸试验

直接拉伸试验用来测试界面的拉应力,是美国混凝土协会(American Concrete Institute,ACI)推荐使用的一种方法。层间的拉应力可以根据式(9-21)计算:

$$T_s = \frac{F}{A} \tag{9-21}$$

式中: T_s ——界面上的拉应力(MPa);

　　F ——发生破坏时的荷载水平(N);

A——界面的截面积(mm^2)。

层间结合能力是保证罩面层使用性能的重要指标,以上两种方法是比较简便直接的测试方法。

9.2.5 刚性罩面的案例

9.2.5.1 弗吉尼亚州案例

1995 年,弗吉尼亚州对该州内的 I-95 和 I-295 两条州际公路上的 CRCP 进行了刚性罩面加铺[162]。靠近 Richmond 的 I-295 上只加铺了 5cm 的完全结合式的刚性罩面,用于防止路面的混凝土剥离;而靠近 Petersburg 的 I-85 上则加铺了 10cm 的完全结合式罩面,以提高路面的结构耐久性。

使用 FWD 检测可以评价路面结构的承载能力,通过对加铺罩面层前后的路面进行道路的复合模量和承载板下弯沉的评价,可以了解加铺刚性罩面对道路结构承载能力提高的贡献。1995 年,研究人员在进行加铺的前后各进行了一次 FWD 检测;在通车 4 年后的 1999 年进行了一次 FWD 检测;2006 年,使用 11 年后又进行了一次 FWD 检测。I-295 和 I-85 弯沉检测的结果分别如表 9-5 和表 9-6 所示。

FWD 检测的平均弯沉值(I-295) 表 9-5

桩号	I-295				弯沉减少率(%)		
	加铺前	1995	1999	2006	1995	1999	2006
850	4.07	3.25	3.41	3.62	20.1	16.2	11.1
1000	5.94	3.00	3.08	4.01	49.5	48.1	32.5
1200	5.77	2.97	3.40	3.64	48.5	41.1	36.9
1300	4.81	3.03	4.78	2.25	37.0	0.6	53.2
1450	4.82	2.18	3.14	3.15	54.8	34.9	34.6
1550	3.81	2.26	3.67	4.39	40.7	3.7	-15.2
1650	6.13	2.31	2.86	3.98	62.3	53.3	35.1
1750	3.85	2.13	3.15	1.70	44.7	18.2	55.8
1900	4.44	2.62	3.57	3.79	41.0	19.6	14.6
2050	5.08	3.40	3.12	3.29	33.1	38.6	35.2
平均值					43.17	27.43	29.38

FWD 检测的平均弯沉值(I-85)　　　　　　　　　　表 9-6

	I-85			弯沉减少率(%)	
桩号	加铺前	1995	2006	1995	2006
700	4.31	3.19	3.27	26.0	24.1
800	4.14	2.25	3.31	45.7	20.0
900	4.02	1.76	3.06	56.2	23.9
1050	3.44	1.97	2.36	42.7	31.4
1150	3.81	2.27	3.22	40.4	15.5
1250	4.86	3.09	2.31	36.4	52.5
1350	4.83	3.10	2.07	35.8	57.1
1500	4.87	4.21	1.66	13.6	65.9
1600	5.24	5.62	2.09	−7.3	60.1
1700	5.27	5.13	2.24	2.7	57.5
平均值				29.22	40.8

　　从以上数据可以看出,进行完全结合式的罩面能够显著降低加载位置的弯沉,降幅达 30% 左右,甚至超过 40%。使用完全结合式刚性罩面,提高了路面的有效厚度,降低混凝土板的弯沉,可以减少混凝土发生唧泥冲刷、错台的可能。

　　路面的复合刚度模量是路面整体刚度的表征。两个加铺段加铺前后的复合刚度变化分别如图 9-5 和图 9-6 所示。从图上可以看出,加铺位置的刚度模量显著提升,并且经过 4 年或者 11 年的使用之后仍然保持了较高的水平,说明进行完全结合式刚性路面加铺对提高路面承载能力的显著作用。

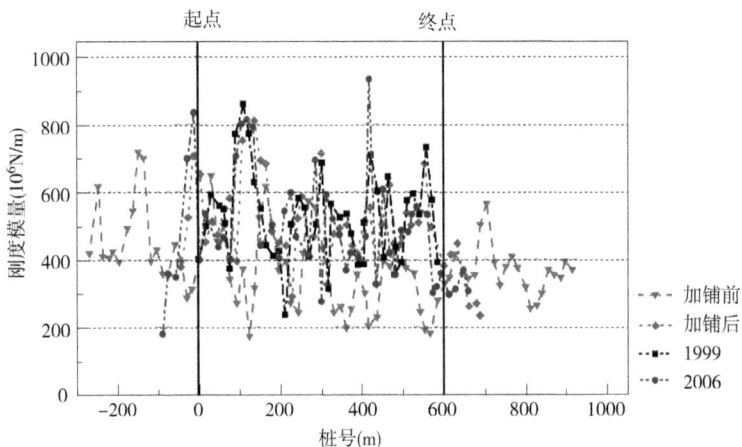

图 9-5　路面的复合刚度模量(I-295)

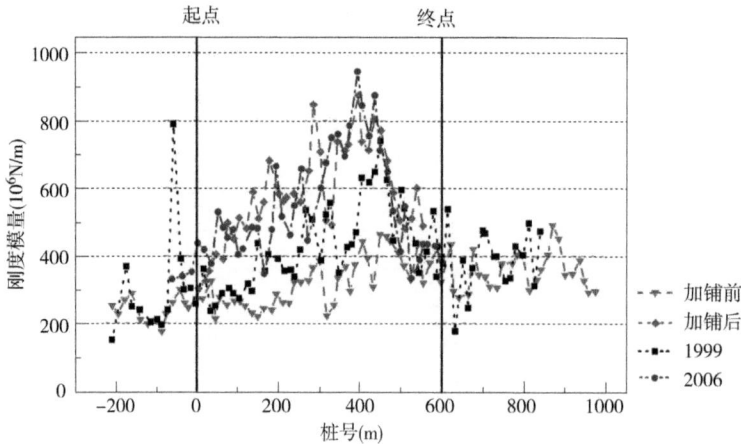

图 9-6　路面的复合刚度模量(I-85)

弗吉尼亚州的经验表明使用完全结合的刚性罩面,不仅可以使钢筋保护层的厚度增加,也可以提高路面的整体刚度并降低路面的弯沉,提高 CRCP 的承载能力,罩面层结构可以使用 20 年以上。当路面的使用状况为良好或者中的时候,可以根据当前路面的实际使用情况来确定是否使用刚性完全结合式的罩面,罩面的厚度一般为 5~10cm。

9.2.5.2　伊利诺伊州案例

1994~1995 年,伊利诺伊州对 Moline[163] 东部的 I-80 州际公路铺设了 10cm 的层间结合式罩面。1996 年,对 I-88 铺设了 7.5cm 的完全结合式罩面。在 I-80 上使用 6 种不同的界面结合剂来增加层间的结合,分别是:

- 无硅微灰+无黏结剂
- 无硅微灰+硅微灰黏结剂
- 3%的硅微灰+硅微灰黏结剂
- 3%硅微灰+无黏结剂
- 5%硅微灰+无黏结剂
- 5%硅微灰+硅微灰黏结剂

在 I-88 没有使用界面处理剂,使用的是两种不同的表面处理方式:

- 冷铣铇+轻度抛丸处理
- 抛丸处理

施工后,在 I-80 上进行路况调查发现,使用含有硅灰的处理方式最先出现裂缝,并且后期裂缝数目也比较多。对路面取芯进行结合强度测试,发现所有取芯试件都有足够的结合强度(大于 1.38MPa),表明使用黏结剂实际上对层间结合强度并没有明显的作用,尽管路况调查的结果显示含有黏结剂的试验段的裂缝数目比无黏结剂的裂缝要稍微少些。I-88 加铺之后的使用效果较好,达到了理想的使用状态。I-88 上的路况调查结果发现:冷铣刨后进行轻度抛丸处理的路段上有少数的几条纵向或者横向裂缝,而抛丸处理的路段上没有任何裂缝。

伊利诺伊州的层间完全结合式路面试验段研究表明,使用层间界面处理剂的效果不理想,出现开裂的原因可能是 I-80 上的交通量比较大,因为两条州际公路上的试验路同样都是 20cm 厚的 CRCP,而 I-80 在加铺之前的路况就相对较差。在加铺之后 I-80 上承受了 870 万个累计当量轴载,而 I-88 上承受了 370 万个累计当量轴载,说明除了界面处理方式之外,根据不同的交通量水平确定加铺层的厚度也是进行完全结合式混凝土路面加铺时需要考虑的重要因素。

伊利诺伊州的经验说明,抛丸是比较理想的界面处理方式,而使用界面黏结剂的效果不甚理想。除此之外,交通量是影响刚性罩面层的重要因素,为了适应不同的交通量,需要在加铺前进行专门的路面状况评定,并进行专门的厚度设计。

9.3　表面功能恢复

CRCP 的耐久性十分出色,在美国的一些州,CRCP 的设计使用寿命甚至超过 50 年。由于结构的稳定性十分突出,道路表面没有接缝,因此 CRCP 在设计使用周期之内的平整度也相对稳定。然而,水泥混凝土路面一个比较突出的问题就是道路表面在车辆荷载作用下会出现一定程度的磨光,对行车安全产生不利影响,进而会增加由于抗滑不足而引发交通事故的概率。得克萨斯州交通厅"汽车碰撞事故报告信息系统"(Crash Reporting Information System)的数据显示,从 2005 年到 2009 年四年时间里,在刚性路面上共发生了 218042 起汽车碰撞事故,其中 28308 起发生在道路湿滑状态下。除了安全问题,刚性路面的噪声污染也很显著,特别是在城市和乡村密集、人口聚居的地方,噪声的防治更是人们十分关注的话题。

金刚石铣刨可以用于恢复刚性路面的抗滑性能和改善路面的平整度,这项技术是 1965 年在美国南加州 I-10 公路一个使用超过 19 年的路段上首次使用的。美国十分关注道路表面的安全性,因此美国 FHWA 对包括金刚石铣刨在内的多种刚性路面修复方式进行了专门的研究,并纳入 LTPP 项目的 SPS-6 研究类别。金刚铣刨是利用滚筒式的打磨轮对道路面进行铣刨,铣刨后在道路表面留下纵向的刻槽并在凸起与车辆轮胎接触的地方形成细密的纹理,以增加轮胎与路面之间的摩擦,提高安全性能(图 9-7)。

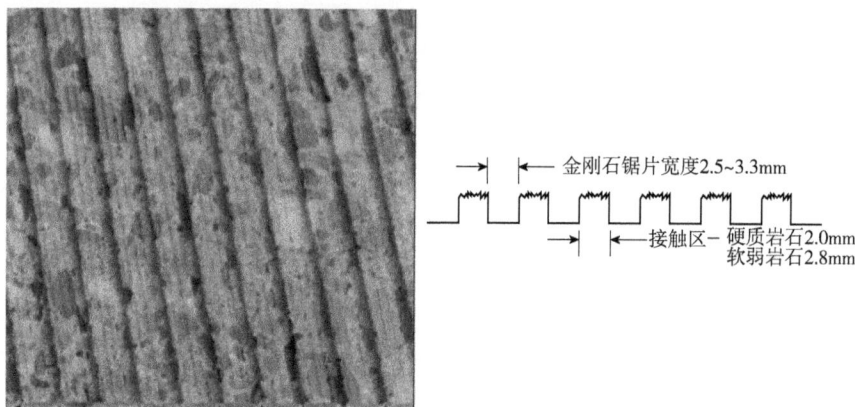

图 9-7　金刚石铣刨后的道路表面

9.3.1　金刚石铣刨的效果

根据全美对金刚石铣刨之后的水泥混凝土路面使用性能的监测数据(调查的结果如图 9-8 所示),金刚石铣刨之后的相当长一段时间内,路面能够保持足够的构造深度,即使是使用 10 年甚至更长时间,表面构造深度值仍能保持在 0.4～0.5mm。从图 9-8 可以看出,根据所处地区是否有冰冻,一般金刚石铣刨后道路能够保证足够的构造深度达 8～12 年。

金刚石铣刨还能有效提高道路的摩擦能力,使用 ASTM E524 方法(Standard Specification for Standard Smooth Tire for Pavement Skid-Resistance Tests,标准光滑轮胎路面抗滑性能测试方法),根据 Mosher 等的观测,道路摩擦系数平均能提高 90% 左右(表 9-7)。由于金刚石铣刨能够显著提高抗滑能力,因此金刚石铣刨之后路面的安全性大幅增加。美国威斯康星州对 30 条金刚石铣刨的路面和 21 条横向刻槽路面的事故率进行了对比研究,金刚石铣刨的路面的事故率与横向

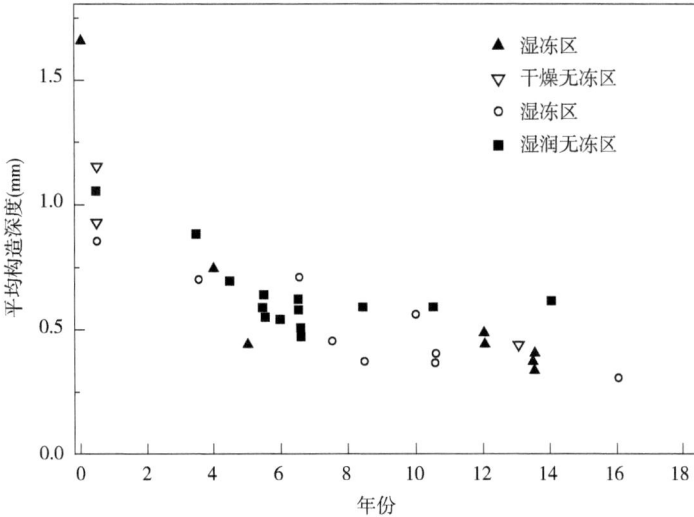

图 9-8　金刚石铣铇之后的构造深度变化(数据来源见文献[164])

刻槽的路面相比降低了 42%。Rao 发现金刚石铣铇与普通刻槽相比,在一定的时间内事故率变化不大,指出金刚石铣铇不仅改善了道路表面的构造深度,更重要的是由于金刚石铣铇的纹路是纵向的,这种纵向的纹理,可以在很大程度上约束车辆的侧滑,因此金刚石铣铇可以大幅提高路面的安全性。

金刚石铣铇前后摩擦系数变化[165]　　　　　　　　　　　　表 9-7

地　　点	摩　擦　系　数		提高百分率
	铣铇前	铣铇后	(%)
I-65 Culman,AL	54	69	28
I-17 Phoenix,AZ	42	64	52
I-85 Atlanta,GA	45	95	111
I-84 Newburg,NY	40	85	113
I-90 Rapid City,SD	30	85	183
平均	30	80	90

根据对美国 18 个州近 200 个金刚石铣铇路段的监测结果,研究者得出了以下结论:

● 金刚石铣铇可以快速恢复道路的表面构造,达到预期的安全水平。金刚石铣铇之后的路面的平整度甚至可以超过新修建的路面。

- 金刚石铣刨对道路表面构造的恢复可以大幅降低道路的事故发生率。
- 在无冰冻的地区，金刚石铣刨的构造深度可以持续 12 年，而在有冰冻的地区铣刨的构造深度可以保持 8 年左右。
- 在不设置传力杆的刚性路面上，金刚石铣刨之后，路面的错台还会继续发展，但是继续承载 200 万个当量单轴荷载后错台保持在很低的水平。
- 降雨是错台发生的主要因素，对于金刚石铣刨后的路面，在相近荷载水平条件下，多雨地区一般在 800 万~1100 万个当量单轴荷载作用之后就出现了较大的错台，而在干燥地区则需要 2000 万个当量的单轴荷载才能达到相近的水平。
- 使用金刚石铣刨技术后的路面寿命，平均可以达到 37 年或者 3500 万个当量单轴荷载，在这时间段内有的路段可能需要金刚石铣刨两次甚至多次，而美国 LTPP 数据库中的数据显示，有很多路段的使用寿命都超过了 40 年。
- 综合考虑道路表面构造深度、错台破坏、气候条件和交通水平等因素，金刚石铣刨能够有效保证路面在 8 到 10 年内有较高的安全性和可靠性。路面可以重复地进行金刚石铣刨，不断地延长使用寿命。
- 刚性路面一般可以被铣刨 3 次以上，而不会对路面的疲劳使用寿命产生影响。
- 所有观测路段的数据都显示，金刚石铣刨技术不会对路面有任何副作用。

9.3.2　CRCP 的金刚石铣刨案例

得克萨斯州是美国刚性路面里程最多的州，养护的任务也最重。为了改善道路的使用性能，得克萨斯州交通部门不断采取养护维修或者重建的措施来恢复道路的表面功能。除了上文所述的使用沥青层罩面，还采用了透水性磨耗层，可以显著提高表面抗滑能力，并降低行车噪声分贝值。金刚石铣刨技术是对目前结构良好的 CRCP 表面功能进行恢复的一项有效措施。和其他的道路养护措施不同，金刚石铣刨不会提高道路表面的标高，因此这项技术特别适合一些跨线（桥）的道路养护。另外，这项技术还不受沥青路面施工季节的影响，在冬季温度过低不适合热沥青混合料摊铺的时候可进行道路的金刚石铣刨。得克萨斯州在达拉斯附近的 Fort Worth 附近的 35 号州际公路上试验，发现使用金刚石铣刨相比于沥青罩面要节约接近一半的养护资金,仅约 13.7km 的道路上就能节约养护资金达 300 万美元[166]。

根据集料的岩性(石灰岩或砾石)选择不同的锯片宽度和构造深度,金刚石铣铇的技术指标要求如表 9-8 所示。

金刚石铣铇的技术要求[166]　　　　　　　　　　表 9-8

尺 寸 限 值	集 料 种 类	
	石灰岩	砾石
锯片的宽度(最小值)(mm)	3.05	3.05
锯片的宽度(最大值)(mm)	3.18	3.30
接触区宽度(mm)	2.79~3.05	2.29~2.79
最小构造深度(mm)	1.2	1.0

铣铇之后分别对表面构造深度、抗滑性能、平整度和路面的噪声水平进行检测,测试结果如图 9-9~图 9-12 所示。从结果来看,金刚石铣铇之后道路表面的构造深度显著增加,分别使用铺砂法和环状构造深度测试仪法(Circular Texture Meter,CTM)两种测试方法,提高幅度都在 100% 以上;抗滑系数和动态摩擦系数检测结果显示,经过金刚石铣铇之后道路表面抗滑能力显著提升;同时,金刚石铣铇之后 CRCP 的行车舒适性也显著改善,噪声水平和 IRI 值都有显著的降低。铺砂法构造深度由铣铇前的 0.4mm 提高到 1.0mm;动态摩擦系数则由 0.5 提高到 0.64;平整度水平由 1.96m/km,提高到了优良水平,达到 1.26 m/km;噪声水平则降低了 3dB。

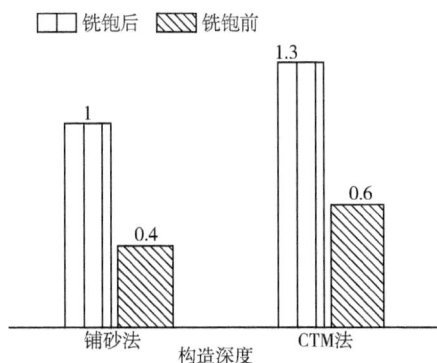

图 9-9　金刚石铣铇前后构造深度对比

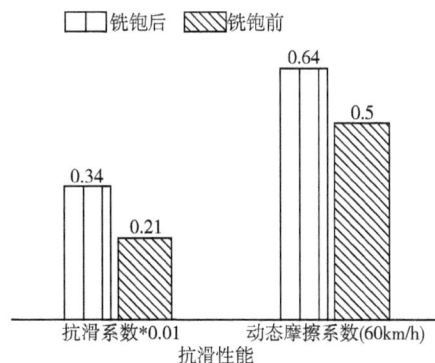

图 9-10　金刚石铣铇前后抗滑性能对比

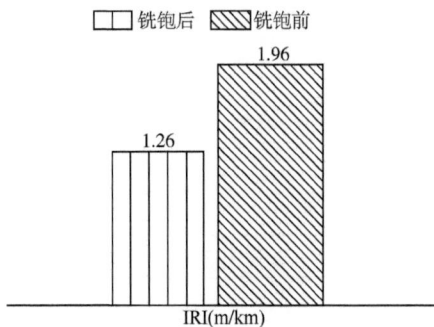

图 9-11　金刚石铣刨前后平整度对比

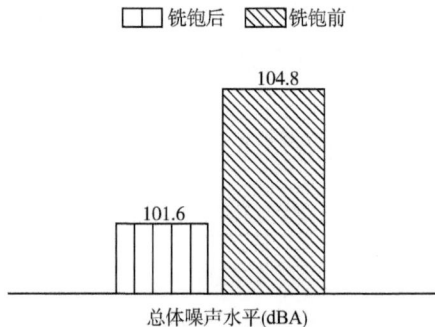

图 9-12　金刚石铣刨对噪声的影响

9.4　CRCP 的全深度式和不完全深度维修

9.4.1　全深度式维修

9.4.1.1　伊利诺伊州做法

全深度式维修(Full Depth Repair,FDR)指的是将出现冲断破坏的局部混凝土板全部抠出,然后进行重新填补维修。伊利诺伊州规定的做法如图 9-13 所示[167,168],在 20 世纪 90 年代之前,这种方法也在得克萨斯州使用。

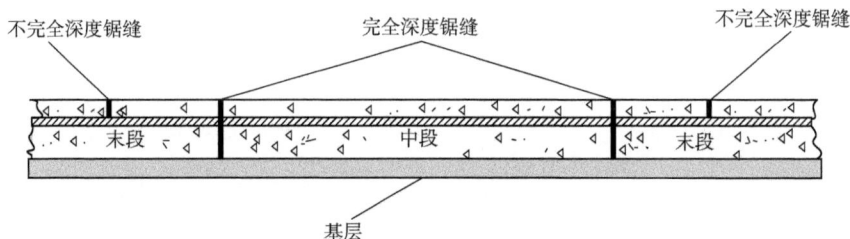

图 9-13　伊利诺伊州全深度维修方式

全深度维修方法一般要在拟维修区域以外预留大约 60cm 的拼接区域,进行纵向钢筋的拼接,使得修补的结构仍为连续配筋混凝土,其要点如下:

● 在横向裂缝位置处进行的不完全深度锯缝的位置应该至少距离修补部位 45cm。当 CRCP 的开裂间距很小时,经过现场确定,这个距离最小可以减小到 15cm。

● 取出修补区域的混凝土,但是不允许破坏基层。当混凝土已经完全碎裂,无法整体取出时,可以使用破碎设备将旧混凝土破坏,但是,破坏设备的冲击能不允许超过 4000J。

- 在 60cm 拼接区域的混凝土,要用锤子和其他手工工具取出。

- 拼接区域的钢筋不能在施工过程中被打弯。

- 必须保证基层的完好,如果在旧混凝土取出的过程中发生了基层破坏,则必须用修补材料进行基层的填补。

- 当横向钢筋之间的距离过小时,可以将横向钢筋放置在纵向钢筋的底部,以保证横向钢筋之间有至少 5cm 的净距。

9.4.1.2　南卡罗来纳州做法

南卡罗来纳州的做法和伊利诺伊州的方法有所不同,该州并不使用拼接纵向配筋的办法,而是使用传力杆来进行 CRCP 损害区域的修复。其要点如下:

- 如果 CRCP 出现了冲断破坏,一般情况下要将整个外侧的车道都进行修补,而整个修补区域的周边范围都是全深度的切除。

- 不在修补区域架设连续配筋,以保证配筋结构的整体性。

- 当纵向接缝位置的长度小于 5m 时,纵向接缝位置可不设置拉杆。如果修补的长度较大,那么就应当设置间距为 75cm 的拉杆。为了防止相邻车道上的开裂传递到修补车道上,在距离修补区域横向接缝 40cm 的范围内一般不设置拉杆。

- 传力杆一般设置在板中位置,其间距为 30cm,距离板角区域可以略有变化,传力杆还要避让既有路面中的钢筋位置。传力杆的一端插入混凝土中的钻孔,并用环氧黏结剂填补孔隙。

- 当修补区域的横向接缝间距大于 5.0m 时,需要在板中设置横向接缝。传力杆放置在支座上,间距仍为 30cm,并在其上方进行 1/3 深度的切缝和填缝。

- 如图 9-14 所示,当修补区域的长度在 1.8~3.6m 时,在纵向的接缝位置不需要设置拉杆。

9.4.1.3　俄勒冈州做法

俄勒冈州的 CRCP 维修方法和伊利诺伊州相似,这里不进一步阐述。但是,俄勒冈州在维修的深度上有所不同。该州允许使用局部深度维修的方法。当采用局部深度维修时,只允许维修板顶部 1/3 的混凝土,并且不能接触到钢筋或者传力杆,如果维修要触及钢筋,那么就要使用全深度维修。

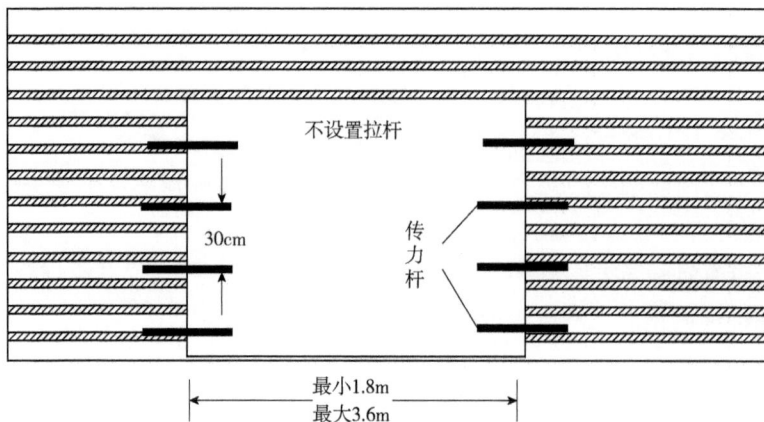

图 9-14　南卡罗里那州修补方案示意图

9.4.1.4　得克萨斯州全深度切缝方法

CRCP 一般都是用在交通量大的路面上的,进行水泥混凝土路面的维修,要尽量减少维修的时间和对正常交通的影响。一般情况下,全深度的维修只能在晚上 8~9 点至第二天早上 5~6 点进行。由于全深度的维修方法需要很多手动的工作,因此一般消耗的时间都比较长,正是这样,随着交通荷载的日益增长,这种维修方法的弊端日益显现。

1994 年,得克萨斯州开始采用一种新型的维修方法,即全深度切缝的方法(Full-Depth Cut)。这种方法是在维修区域边缘进行全深度的切缝,向旧混凝土路面里钻进 30cm,放置拉杆,再用环氧黏结剂填补拉杆与钻孔之间的空隙,随后铺设纵向与横向的钢筋,然后铺筑混凝土。

使用这种方法进行维修之后,由于集料的传荷能力被完全切割,因此接缝位置传荷能力全靠新插入的拉杆传递,当拉杆安装稳固且被稳定封装在水泥混凝土板中时,能够取得较为理想的维修结果。如果维修效果较好,那么接缝位置的传荷能力比较高,接缝两侧传荷能力变化不大;而如果拉杆安置不当,在接缝两侧 FWD 检测的弯沉将发生较大的变化。为了检测维修的效果,使用 FWD 对接缝两侧的弯沉进行检测,检测方案如图 9-15 所示。

如图 9-16 所示,一般情况下进行过维修的接缝弯沉要比其他测试点的弯沉值大。维修效果较好时,接缝两侧的弯沉值变化幅度较小;当维修效果较差,即传荷能力较弱的时候,接缝两侧的弯沉变化幅度会比较大,说明拉杆的安装存在偏差或者环氧密封材料并没有完全填补混凝土与钢筋之间的空隙,使得传荷能力降低。

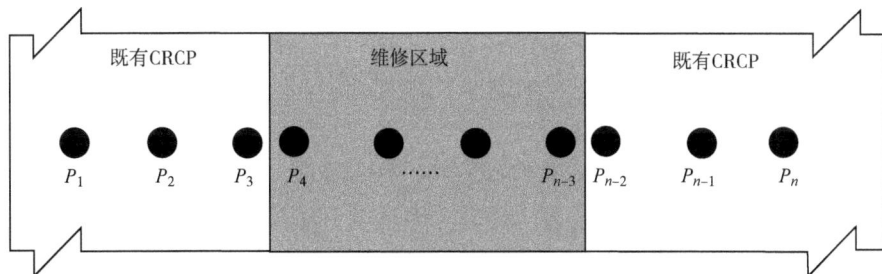

图 9-15　CRCP 结构评价 FWD 检测方案

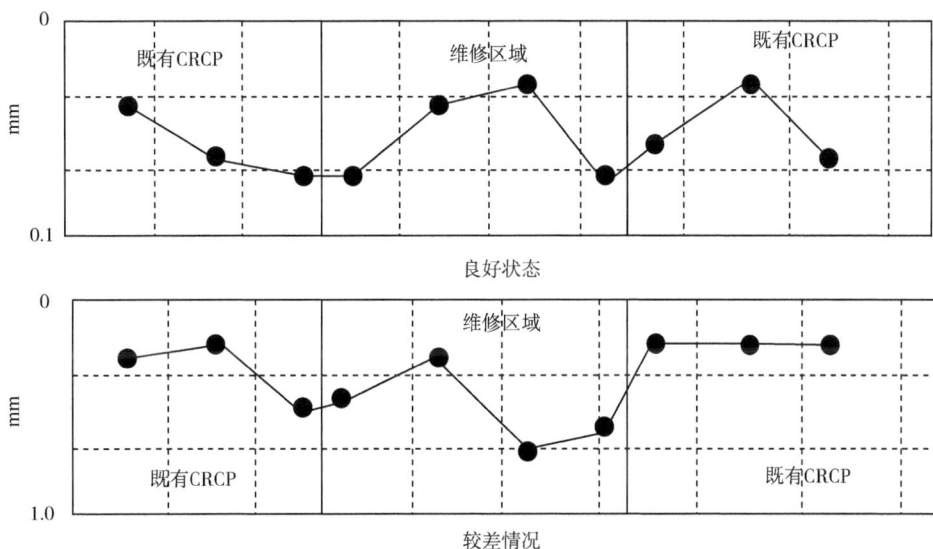

图 9-16　不同修补状况弯沉变化示意图

9.4.1.5　全深度维修小结

伊利诺伊州和得克萨斯州使用的全深度维修方法是一种已经在美国普遍使用的维修技术。在需要维修区域以外的 45~60cm 设置横向的接缝,并在该位置进行局部深度切缝,然后用手动工具将钢筋周围的混凝土移除,使得钢筋暴露出来,再将新旧钢筋在此部位进行绑扎,处理好基层之后,浇筑混凝土。

9.4.2　局部深度维修方法

对于连续配筋水泥混凝土路面,冲断是一种严重的结构性破坏,而混凝土的剥离则只是一种一般的表面破坏。得克萨斯州的调查发现,连续配筋水泥混凝土路面上的破坏有相当大的比例不是在整个路面结构上都有的,而是仅限于钢筋以上的部分,钢筋以下部位的混凝土非常的完好。如果在这些地方也采用全深度的维修方法,经济性显然很差,这时使用反限于钢筋以上部位混凝土的局部深度的维修方法是针对局部冲断的一种非常好的选择。

9.4.2.1 CRCP 的水平开裂(Horizontal Cracking)

水平开裂问题见图 7-2,这种破坏在得克萨斯州、弗吉尼亚州和南达科他州都有所发生[132],目前推断这种破坏主要是材料在环境因素或重载作用下产生的。在休斯敦地区 Hempstead 的 US290 公路上的调查发现,不同的集料可能是导致水平开裂的一个原因。在该路段上,往东方向使用了破碎砾石作为粗集料,而西向使用了石灰岩作为粗集料。该路段通车 6 年(1995~2001)之后的一次路况调查发现,东向的路段发现了板中的水平开裂,而西向的道路没有发现水平开裂。正如在 5.3.1 中介绍的,使用砾石配制的混凝土的热膨胀系数较高,而石灰岩配制的混凝土的热膨胀系数相对较低,可以减少发生水平开裂的可能。防止CRCP 发生局部深度的水平开裂。

9.4.2.2 CRCP 进行局部深度维修的评估

进行局部深度维修的优势是节约资金和维修时间,在进行该项措施之前要充分论证 CRCP 上的破坏是否适宜进行局部深度的维修。对于 CRCP,其破坏无非是表面的剥离和冲断,表面混凝土的剥离只是一种表面的功能性破坏而非结构性破坏。在维修之前,需要使用仪器检测破坏的深度是仅仅局限在钢筋以上的混凝土,还是已经发生了整个路面深度破坏。在得克萨斯州,使用一种叫作MIRA 的设备进行破坏的探测[168]。

9.4.2.3 局部深度维修方法流程

局部深度维修方式由于不涉及钢筋层,只是对表面破损混凝土进行维修,因此流程相对简单,其操作要点主要是保证维修层与旧混凝土之间有足够的层间结合。在使用过程中,加铺层混凝土能够和旧混凝土协同工作,因此需要加铺混凝土同旧混凝土的强度、模量和热物理特性等基本一致。

- 对即将维修的区域进行局部深度的切缝,切缝深度不能触及钢筋。
- 使用凿岩锤清除混凝土,混凝土清除从维修区域的中心开始,并且不能损伤底部的混凝土。
- 清理工作面,然后用压缩空气吹洗。将所有的颗粒物、污染物和碎混凝土清除干净,以保证修补层和旧混凝土之间有足够的结合。

● 在浇筑混凝土之前要将工作面充分润湿。然后浇筑和旧混凝土强度等级一致的混凝土,这一点很重要,可以防止因混凝土自身热物理特性差异造成的水平开裂。浇筑完毕之后进行混凝土的拉毛。对于需要在 72h 之内通车的工程,要使用保温措施,使混凝土表面的温度不低于 20℃。

9.5　主要经验总结

尽管 CRCP 的预期使用寿命能达到 30 年以上,然而当表面抗滑性能不足或者冲断等病害发生的发生率达到一定的数量就可能需要进行 CRCP 的加铺维修。当既有的 CRCP 结构尚能满足使用需求时,只需要加铺 5~12cm 甚至更薄的沥青层就能快速恢复 CRCP 的表面功能。由于 CRCP 不设置横向缩缝,而 CRCP 表面的横向裂缝要求控制其宽度小于 0.5mm,这就大大减小了刚性路面上的柔性罩面发生反射裂缝的可能,所以 CRCP 比 JPCP 更适合进行"白+黑"改造,也成为发展复合式路面的同时发挥刚性路面承载能力强、柔性路面行驶舒适和抗滑性好优势的最佳选择。

当结构破坏较多、车辆荷载增长较快时,就需要考虑使用刚性罩面的方法,通过提高路面板的等效厚度来提高 CRCP 结构承载能力。美国弗吉尼亚州的工程实践表明使用刚性罩面之后,CRCP 表面的弯沉能降低 30%~40%,结构稳定性得到显著提升。

由于 CRCP 的结构稳定性好,达到一定使用年限之后,更多的 CRCP 需要的仅是表面功能的恢复,而非结构承载能力的提升,因此,除了使用沥青罩面来恢复表面功能以外,美国大量使用金刚石铣铇技术来提升旧 CRCP 表面功能,除了抗滑能力得到显著提高以外,路面的平整度和行驶噪声也有很大的改善。

由于 CRCP 一般都是用在交通量大的道路上,因此进行 CRCP 维修的时间都很有限,一般不会超过 9 个小时。在进行了不同维修方式的对比之后发现全深度切缝是一种快捷有效的方法,避免了其他维修方法要人工敲除碎混凝土的时间,因此工作效率大大提高,不过修复的效果可能未必是最佳的。在美国一些州,可以使用专门的设备探测路面破坏的层位,如果仅是连续配筋水泥混凝土路面在钢筋层位产生的水平开裂,而下部结构没有受到损伤,可以仅对钢筋以上的混凝土进行更换维修,降低维修成本。

附　　录

附录 A　主要术语的中英文对照

Active Cracking Controling：裂缝诱导控制

American Concrete Institute：美国混凝土学会

Anchor Lug：地锚梁

Asphalt Overlay：柔性罩面或沥青罩面

Asphalt Treated Base(ATB)：沥青稳定基层

American Society for Testing and Materials(ASTM)：美国材料与试验协会

Average Annual Daily Traffic(AADT)：年平均日交通量

Average Annual Daily Truck Traffic(AADTT)：年平均日卡车交通量

Axle Load Distribution Factor：轴载分布系数

American Association of State Highway and Transportation Officials(AASHTO)：美国国家公路与运输协会

Artificial Neural Network(ANN)：人工神经网络

Asphalt Institute：沥青学会

Base Erosion：基层冲刷

Blast Furnance Slag：矿渣

Bond Area：黏结面积

Bonded Concrete Overlay：层间完全结合式水泥混凝土罩面

Built-in Curling(BIC)：硬化温度梯度

California Bearing Ratio(CBR)：加州承载比

Cement Treated Base(CTB)：水泥稳定基层

Coarse Aggregate：粗集料

Coefficient of Thermal Expansion(COTE)：热膨胀系数

Compressive Strength：抗压强度

Continuously Reinforced Concrete（CRC）：连续配筋水泥混凝土

Continuously Reinforced Concrete Pavement（CRCP）：连续配筋水泥混凝土路面

Cracking Spacing（CS）：开裂间距

Crack Width（CW）：裂缝宽度

Critical Stress：临界应力

Diamond Grinding：金刚石铣铇

Directional Distribution Factors（DDF）：方向分布系数

Drying Shrinkage：干缩

Dolomite：白云岩

Dowel Bar：传力杆

Dowel Bar Inserter（DBI）：传力杆自动植入器

Effective Plate：等效板

Environmental Stress：环境应力

Fatigue Damage：疲劳损伤

Full-Depth Cut：全深度切缝

Full Depth Repair（PDR）：局部深度维修

Effective Built-in Temperature Difference（EBITD）：等效硬化温度差

Elastic Modulus：弹性模量

Equivalent Single Axle Load（ESAL）：标准轴载的作用次数

Expansion Joint：胀缝

Full Depth Repair（FDR）：全厚度维修

Falling Weight Deflectometer（FWD）：落锤式弯沉仪

General Pavement Study（GPS）：通用路面性能研究

Ground Penetrating Radar（GPR）：探地雷达

Hamburg Wheel Tracking Device（HWTD）：汉堡式车轮仪

Horizontal Cracking：水平开裂

Hot Mix Asphalt（HMA）：热拌沥青混合料

Hourly Distribution Factors（HDF）：卡车荷载小时分布系数

Indirect Tensile Strength：间接抗拉强度（根据 AASHTO T98 测试）

International Roughness Index（IRI）：国际平整度指数

Jointed Plain Concrete Pavement(JPCP):普通接缝式水泥混凝土路面

Lane Distribution Factor(LCC):车道分布系数

Lateral Truck Wander:卡车荷载横向分布

Lean Concrete:贫混凝土

Limestones:石灰岩

Life-Cycle Cost(LCC):全寿命周期费用

Local Calibration:地方模型校正

Longitudinal Cracking:纵向开裂

Longitudinal Steel:纵向配筋

Load Transfer Efficiency(LTE):横向裂缝传荷能力

Long Term Pavement Performance(LTPP):路面长期性能

Marbles:大理石

Maximum Likelihood Estimation(MLE):极大似然估计

Mean Crack Spacing:平均开裂间距

Mechanistic-Empirical Pavement Design Guide(M-E PDG):路面力学—经验设计指南

Monthly Adjustment Factor(MAF):月份调整系数

Modulus of Rupture(MR):抗弯拉强度

National Cooperative Highway Research Program(NCHRP):美国国家联合公路研究项目

Tensile Stress on Top of Concrete Slab(STT):路面板顶位置拉应力

Terminal Anchorage:端部锚固

Pavement Distress Index(PDI):路面破坏指数

Pavement Serviceability Index(PSI):路面服务能力

Partial Depth Repair(PDR):局部深度维修

Patch Area:修补面积

Poisson's Ratio:泊松比

Portland Cement Concrete Association(PCA):波特兰水泥协会

Portland Cement Concrete(PCC):波特兰水泥混凝土

Punchout:冲断

Ratio of Water to Cementitious Material:水灰比(W/C)

Recycled Concrete Aggregate(RCA):回收水泥混凝土集料

Reflective Cracking:反射裂缝

Reinforcement Splicing:钢筋的搭接

Rotomilling:旋转研磨

Sandstones:砂岩

Sand Gravel:砾石

Sand Blasting:喷沙法

Shot Blasting:抛丸法

Single Axle Load:单轴荷载

Staggered Lap Splice:钢筋的错落搭接

Steel Content:配筋率,指 CRCP 横截面上钢筋面积与混凝土面积之比

Steel Depth:钢筋埋置深度,钢筋的中线到板顶的距离

Stone Matrix Asphalt(SMA):沥青玛蹄脂碎石混合料

Stress Absorbing Membrance(SAM):应力吸收层

Tandem Axle Load:双联轴荷载

Temperature Gradient:温度梯度

Terminal Joint:端部接缝

Test Section:试验段

Tie Bar:拉杆

Transverse Cracking:横向开裂

Transverse Steel:横向钢筋

Tridem Axle Load:三连轴荷载

Truck Traffic Classification(TTC):卡车交通分类

Ultimate Shrinkage Strain:极限收缩应变

Wheel Load Stress:荷载应力

Wide Flange Beam:宽翼缘工字梁

附录 B 公路工程常用英制单位到公制单位换算表

公制单位		英制单位			换算关系
名称	符号	名称	英文名称	符号	
长 度 单 位					
毫米	mm	英寸	inch	in	1 英寸 = 25.4 毫米
米	m	英尺	foot	ft	1 英尺 = 0.3048 米
米	m	码	yard	yd	1 码 = 0.9144 米
公里	km	英里	mile	mi	1 英里 = 1.609344 公里
面 积					
平方毫米	mm^2	平方英寸	suqare inches	in^2	1 平方英寸 = 645.16 平方毫米
平方米	m^2	平方英尺	square feet	ft^2	1 平方英尺 = 0.092903 平方米
平方米	m^2	平方码	square yard	yd^2	1 平方码 = 0.8361274 平方米
公顷	ha	英亩	acre	ac	1 英亩 = 0.4046856 公顷
平方公里	km^2	平方英里	square mile	mi^2	1 平方英里 = 2.5899881 平方公里
体 积					
毫升	mL	英液盎司	fluid ounce	floz	1 液盎司 = 28.41 毫升
升	L	美制加仑	gallon	gal	1 加仑 = 3.7854118 升
立方米	m^3	立方英尺	cubic feet	ft^3	1 立方英尺 = 0.0283168 立方米
立方米	m^3	立方码	cubic yard	yd^3	1 立方码 = 0.7645536 立方米
重 量					
克	g	盎司	ounces	oz	1 盎司 = 28.3495231 克
千克	kg	磅	pound	lb	1 磅 = 0.4535924 千克
公吨	t	短吨	short ton	shton	1 短吨 = 0.9071847 吨
温 度					
摄氏度	℃	华氏度	degree Faenheit	°F	华氏温标（F）与摄氏温标的换算关系为 F = C×1.8+32
压 力 和 压 强					
牛顿	N	磅力	pound-force	lbf	1 磅力 = 4.448222 牛顿
兆帕	MPa	磅力每平方英寸	pound-force per square inch	psi	1 磅力每平方英寸 = 0.0068948 兆帕

参 考 文 献

［1］ NAM J H.Early-age behavior of CRCP and its implications for long-term per-
formance［D］.Austin,Texas,USA：The University of Texas at Austin,2005.

［2］ BURKE J E,DHAMRAIT J S.A twenty-year report on the Illinois continuously
reinforced pavement［R］.Champaign,IL：Illinois Division of Highways,1967.

［3］ DHAMRAIT J S,TAYLOR R K.Behavior of experimental CRC pavements in Illi-
nois［R］.Springfield,Illinois：Bureau of Materials and Physical Research,Illinois
Department of Transportation,1979.

［4］ HA S,YEON J,WON M C.CRCP ME Design Guide［R］.Lubbock,TX：Center
for Multidisciplinary Research in Transportation,Texas Tech University,2012.

［5］ TAYABJI S D,SELEZNEVA O,JIANG Y J.Preliminary evaluation of LTPP
Continuously Reinforced Concrete（CRC）pavement test section［R］.Columbia,
Maryland：ERES Consultants,Inc.,1999.

［6］ ZOLLINGER D G.Investigation of punchout distress of continuously reinforced
concrete pavement［D］.Urbana,Illinois,USA：University of Illinois at Urbana-
Champaign 1989.

［7］ REN D.Optimisation of the crack pattern in continuously reinforced concrete
pavement［D］.Delft,the Netherlands：Delft University of Technology,2015.

［8］ REN D,HOUBEN L,RENS L.Characterization of cracking behavior of continu-
ously reinforced concrete pavements under current design concept in Belgium
［J］.Transportation Research Record：Journal of the Transportation Research
Board,2013（2367）：97-106.

［9］ 张映雪.南北高速公路——连续配筋混凝土路面［J］.国外公路,1998（04）：
28-31.

［10］ HAN J O,CHO Y K,SEO Y,et al.Experimental evaluation of longitudinal be-
havior of continuously reinforced concrete pavement depending on base type

[J].Construction and Building Materials,2016,114:374-382.

[11] 查旭东,张起森,李宇峙,等.耒宜高速公路连续配筋混凝土路面研究[C]//中国公路学会 2002 年学术交流论文集.北京:人民交通出版社,2002.

[12] 方中明.连续配筋混凝土路面前景展望及施工探讨[J].公路,2004 (3):39-41.

[13] 王大鹏,傅智,田波.连续配筋式混凝土路面设计施工技术研究[R].交通部公路科学研究所,东南大学,2012.

[14] 刘朝晖.连续配筋混凝土复合式沥青路面[M].北京:人民交通出版社,2012.

[15] 刘朝晖,郑健龙,华正良.CRC+AC 刚柔复合式路面结构与工程应用[J].公路交通科技,2008 (12):59-64.

[16] 张艳聪.连续配筋混凝土路面(CRCP)在魁北克的应用[J].中外公路,2012,32(3):49-53.

[17] WON M,MEDINA C.Analysis of continuously reinforced concrete pavement behavior using information in the rigid pavement database[R].Center for Transportation Research,The University of Texas at Austin,2008.

[18] MILLER J S,BELLINGER W Y.Distress identification manual for the Long-Term Pavement Performance Program[R].McLean,VA,USA:Office of Infrastructure Research and Development,Federal Highway Administration,2003.

[19] WON M.Continuously Reinforced Concrete Pavement[J].Transportation Research Record:Journal of the Transportation Research Board,2011,2226(-1):51-59.

[20] 陈兆军.耒宜高速公路路面病害成因分析及养护维修策略研究[J].中外公路,2010 (05):106-109.

[21] SELEZNEVA O,DARTER M,ZOLLINGER D,et al.Characterization of transverse cracking spatial variability:use of Long-Term Pavement Performance data for continuously reinforced concrete pavement design[J].Journal of Transportation Record,2003,1849:147-155.

[22] In.ARA,ERES Consultants Division.NCHRP Project 1-37A:guide for mechanistic-empirical design of new and rehabilitated pavement structures[R].Champaign,Illinois,USA:ARA,In.,2004.

[23] VELASCO M G D, MCCULLOUGH B F.Summary report for 1978 CRCP condition survey in Texas[R].Austin,TX,USA:Center for Transportation Research, The University of Texas at Austin,1981.

[24] WESTERGAARD H M.Analysis of stresses in concrete pavement due to variations of temperatures[J].Highway Research Board,1926,6(1):201-215.

[25] WESTERGAARD H M.Stresses on concrete runways of airports[J].Highway Research Board,1939,19:197-202.

[26] HUANG Y H.Pavement Analysis and Design[M].2nd Edition.Upper Saddle River,NJ,USA:Prentice Hall,2004.

[27] ZOLLINGER C J,ZOLLINGER D G,LITTLE D N,et al.Innovative approach to pavement rehabilitation analysis and design of Runway (RAV) 15L-33R at George Bush Intercontinental Airport (IAH) in Houston,TX[C]//8th International Conference on Concrete Pavements.[S.I.]:[s.n.],2005:1101-1119.

[28] PCA.Thickness design for concrete highway and street pavements[R].Skokie, IL:Portland Cement Association,1984.

[29] AASHTO.Guide for Design of Pavement Structures[R].Washington,D.C.:American Association of State Highway and Transportation Officials,1993.

[30] DARTER M I.Design of zero-maintenance plain jointed concrete pavement[R]. Urbana,Illinois,U.S.A.:Department of Civil Engineering,University of Illinois at Urbaba-Champaign,1977.

[31] BAYRAK M B,CEYLAN H.Neural network-based approach for analysis of rigid pavement system using deflection data[J].Transportation Research Record: Journal of the Transportation Research Board,2008,2608(-1):61-70.

[32] KHAZANOVICH L,YU H T,RAO S,et al.ISLAB2000-finite element analysis program for rigid and composite pavement[R].Champaign,Illinois:2000.

[33] KHAZANOVICH L,SELEZNEVA O,YU H T,et al.Development of rapid solutions for prediction of critical continuously reinforced concrete pavement stresses[J]. Transportation Research Record:Journal of the Transportation Research Board, 2001,1778(-1):64-72.

[34] SELEZNEVA O I,ZOLLINGER D G,DARTER M.Mechanistic analysis of factors leading to punchout development for improved CRCP design procedures

[C]//7th International Conference on Concrete Pavements, Orlando, Florida, USA,2001.

[35] MAHONEY J,LARY J A,PIERCE L M,et al.Urban interstate portland cement concrete pavement rehabilitation alternatives for Washington State[R].Seattle, Washington:University of Washington,1991.

[36] LACOURSIERE S A,SMILEY S A,DARTER M I.Performance of continuously reinforced concrete pavement in Illinois[R].Urbana,IL,USA:Department of Civil Engineering,Engineering Experiment Station,University of Illinois at Urbana-Champaign,1978.

[37] 哈尔滨工业大学.重载车辆对水泥混凝土路面破坏作用研究[R].哈尔滨:哈尔滨工业大学,2004.

[38] ROESLER J R,CERVANTES V G,AMIRKHANIAN A N.Accelerated performance testing of concrete pavement with short slabs[J].International Journal of Pavement Engineering,2011,13(6):494-507.

[39] HEATH A C,ROESLER J R,HARVEY J T.Modeling longitudinal,corner and transverse cracking in jointed concrete pavements[J].International Journal of Pavement Engineering,2003,4(1):51-58.

[40] MYERS L A,ROQUE R,BIRGISSON B.Propagation mechanisms for surface-initiated longitudinal wheelpath cracks[J].Transportation Research Record: Journal of the Transportation Research Board,2001,1778(-1):113-122.

[41] CHEN D,WON M.Field investigations of cracking on concrete pavements[J]. Journal of Performance of Constructed Facilities,2007,21(6):450-458.

[42] YAO J,WENG Q.Causes of longitudinal cracks on newly rehabilitated jointed concrete pavements[J].Journal of Performance of Constructed Facilities,2011, 26(1):84-94.

[43] CALIENDO C,PARISI A.Stress-prediction model for airport pavements with jointed concrete slabs[J].Journal of Traffic and Transportation Engineering, 2010,136(7):664-677.

[44] BRADBURY R D.Reinforced concrete pavements[R].Washington,D.C.:Wire Reinforcement Institute,1938.

[45] ARMAGHANI J M,LARSEN T J,SMITH L L.Temperature response of concrete

pavements[J].Transportation Research Record,1987,1121:23-33.

[46] EISENMANN J,LEYKAUF G.Effects of paving temperatures on pavement per-
formance [C]//Proceedings of 2nd International Workshop on Theoretical
Design of Concrete Pavements,Spain,1990.[S.I.]:[s.n.],419-428.

[47] POBLETE M,GARCIA A,DAVID J,et al.Moisture effects on the behavior of
PCC pavements[C]//2nd International Workshop on the Theoretical Design of
Concrete Pavements,Siquenza,Spain,1990.

[48] JEONG J H,ZOLLINGER D G.Environmental effects on the behavior of jointed
plain concrete pavements [J]. Journal of Traffic and Transportation
Engineering,2005,131(2):140-148.

[49] RAO S,ROESLER J. Characterizing effective built-in curling from concrete
pavement field measurements[J].Journal of Traffic and Transportation Engi-
neering,2005,131(4):320-327.

[50] RAO S,ROESLER J.Characterzation of effective built-in curling and concrete
pavement cracking on the palmdale test sections[R].Davis Berkeley,CA:Insti-
tute of Transportation Studies,Pavement Research Center,University of Califor-
nia Berkeley,2005.

[51] HANSEN W,WEI Y,SMILEY D L,et al.Effects of paving conditions on built-
in curling and pavement performance[J].International Journal of Pavement En-
gineering,2006,7(4):291-296.

[52] GUO E,DONG M,DAIUTOLO H,et al.Analysis of the observed and predicted
responses of a curled single slab[C]//Proceedings of FAA Worldwide Airport
Technology Transfer Conference,Atlantic City,New Jersey,USA,2004.

[53] YEON J,CHOI S,HA S,et al.Effects of creep and built-in curling on stress de-
velopment of portland cement concrete pavement under environmental loadings
[J].Journal of Traffic and Transportation Engineering,2013,139(2):147-155.

[54] CHOUBANE B,TIA M.Nonlinear temperature gradient effect on maximum war-
ping stresses in rigid pavements[J].Transportation Research Record, 1992,
1370:11-19.

[55] IOANNIDES A,KHAZANOVICH L.Nonlinear temperature effects on multilay-
ered concrete pavements[J].Journal of Traffic and Transportation Engineering,

1998,124(2):128-136.

[56] MOHAMED A,HANSEN W.Effect of nonlinear temperature gradient on curling stress in concrete pavements[J].Transportation Research Record:Journal of the Transportation Research Board,1997,1568(-1):65-71.

[57] HILLER J E,ROESLER J R.Simplified nonlinear temperature curling analysis for jointed concrete pavements[J].Journal of Traffic and Transportation Engineering,2010,136(7):654-663.

[58] CHOUBANE B,TIA M.Analysis and verification of thermal-gradient effects on concrete pavement[J].Journal of Traffic and Transportation Engineering,1995, 121(1):75-81.

[59] JANSSEN D,SNYDER M.Temperature-moment concept for evaluating pavement temperature data[J].Journal of Infrastructure Systems,2000,6(2):81-83.

[60] WALLER V,D'ALOIA L,CUSSIGH F,et al.Using the maturity method in concrete cracking control at early ages[J].Cement & Concrete Composite,2004, 26(5):589-599.

[61] YU H,KHAZANOVICH L,DARTER M,et al.Analysis of concrete pavement responses to temperature and wheel loads measured from intrumented slabs[J]. Transportation Research Record:Journal of the Transportation Research Board, 1998,1639(-1):94-101.

[62] HILLER J,ROESLER J.Determination of critical concrete pavement fatigue damage locations using influence lines[J].Journal of Traffic and Transportation Engineering,2005,131(8):599-607.

[63] IOANNIDES A M,KHAZANOVICH L,BECQUE J L.Structural evaluation of base layers in concrete pavement system[C].Transportation Research Record, 1992,1370:20-28.

[64] WIJK A J V.Rigid pavement pumping:(1) subbase erosion and (2) economic modeling (subdrainage,rehabilitation,rigid pavements)[D].West Lafayette: Purdue University,1985.

[65] JUNG Y,ZOLLINGER D.New laboratory-based mechanistic-empirical model for faulting in jointed concrete pavement[J].Transportation Research Record:Journal of the Transportation Research Board,2011,2226(-1):60-70.

［66］ JUNG Y S,ZOLLINGER D,WIMSATT A.Test method and model development of subbase erosion for concrete pavement design［J］.Transportation Research Record,2010（2154）:22-31.

［67］ JUNG Y S,ZOLLINGER D G,EHSANUL B M.Improved mechanistic-empirical continuously reinforced concrete pavement design approach with modified punchout model［J］.Transportation Research Record,2012,2305:32-42.

［68］ JUNG Y.Advancement of erosion testing,modeling,and design of concrete pavement subbase layers［D］.College Station,Texas,United States:Texas A&M University,2010.

［69］ BARI M E,ZOLLINGER D G.New concepts for the assessment of concrete slab interfacial effects in pavement design and analysis［J］.International Journal of Pavement Engineering,2015:1-12.

［70］ VANDENBOSSCHE J M,MU F,BURNHAM T R.Comparison of measured vs. predicted performance of jointed plain concrete pavements using the mechanistic-empirical pavement design guideline［J］.International Journal of Pavement Engineering,2010,12(3):239-251.

［71］ BUSTOS M,CORDO O,GIRARDI P,et al.Calibration of distress models from the mechanistic-empirical pavement design guide for rigid pavement design in Argentina［J］.Transportation Research Record:Journal of the Transportation Research Board,2011,2226(-1):3-12.

［72］ CHEN L,ZOLLINGER D G,TIAN B.Sustainability considerations for PCC pavement design and construction［C］//3rd International Conference on Concrete Pavement Design,Construction and Rehabilitation,ICCPDCR 2013, Shanghai,China,2014.［S.I.］:［s.n.］,147-159.

［73］ KIM S M,WON M C,MCCULLOUGH B F.CRCP-9:improved computer program for mechanistic analysis of continuously reinforced concrete pavements ［R］.Austin,TX,USA:Center for Transportation Research,The University of Texas at Austin,2001.

［74］ WON M C,HANKINS K,MCCULLOUGH B F.Mechanistic analysis of continuously reinforced concrete pavements considering material characteristics variability and fatigue［R］.Austin,TX,USA:Center for Transportation Research,

The University of Texas at Austin,1991.

[75] DOSSY T,MCCULLOUGH B F.Characterization of concrete properties with age [R].Austin,Texas:Center for Transportation Research,The University of Texas at Austin,1992.

[76] KIM S M,WON M C,MCCULLOUGH B F.CRCP-10 computer program user's guide[R].Austin,TX,USA:Center for Transportation Research,The University of Texas at Austin,2001.

[77] HA S,YEON J,WON M C,JUNG Y S,et al.User's guide for TxCRCP-ME design software volumes I and II[R].Lubbock,TX:Texas Tech University,2012.

[78] ZOLLINGER D G,BARENBERG E J.Proposed mechanistic based design procedure for jointed concrete pavement[R].Urbana,IL:University of Illinois at Champaign-Urbana,1989.

[79] BEYER M,ROESLER J.Mechanistic-empirical design concepts for continuously reinforced concrete pavements in Illinois[R].Urbana,IL,USA:Illinois Center for Transportation,2009.

[80] 赵队家,刘少文,申俊敏.重载交通水泥混凝土路面结构设计[M].北京:人民交通出版社,2012.

[81] ROESLER J,HILLER J E.Continuously reinforced concrete pavement:design using the AASHTO Ware Pavement ME Design Procedure[R].Schaumburg, IL:Concrete Reinforcing Steel Institute,2013.

[82] REIS R J,MOZER J D,BIANCHINI A C,et al.Causes and control of cracking in concrete reinforced with high-strength steel bars-a review of research[R]. Champaign,IL:Engineering Experiment Station,University of Illinois,1965.

[83] MOHAMED A R,HANSEN W.Prediction of stresses in concrete pavements subjected to non-linear gradients[J].Cement & Concrete Composites,1996,18 (6):381-387.

[84] KHAZANOVICH L,GOTLIF A.Evaluation of joint and crack load transfer final report[R].ERES Consultants,2003.

[85] CROVETTI J A.Design and evaluation of jointed concrete pavement systems incorporating open-graded permeable bases[D].Champaign,IL:University of Illinois at Urbana-Champaign,1994.

［86］ ZOLLINGER D G, BUCH N, XIN D, et al.Performance of continuously rein-
forced concrete pavement Volume VI:CRC pavement design, construction and
performance[R].Belsville, Maryland:PCS/Law Engineering,1999.

［87］ IOANNIDES A, HAMMONS M.Westergaard-type solution for edge load transfer
problem[J].Transportation Research Record:Journal of the Transportation Re-
search Board,1996,1525(-1):28-34.

［88］ JEONG J G, ZOLLINGER D G.Characterization of stiffness parameters in
design of continuously reinforced and jointed pavements[J].Transportation Re-
search Record:Journal of the Transportation Research Board,2001,1778(-1):
54-63.

［89］ SELEZNEVA O, RAO C, DARTER M, et al.Development of a mechanistic-em-
pirical structural design procedure for continuously reinforced concrete pave-
ments[J].Transportation Research Record:Journal of the Transportation Re-
search Board,2004,1896(-1):46-56.

［90］ COLLEY B E, HUMPHREY H A.Aggregate interlock at joints in concrete
pavements[C].Highway Research Record, Washington D.C.,1967,HRB, Na-
tional Research Council:1-18.

［91］ BANERJEE A, AGUIAR-MOYA J, PROZZI J.Calibration of mechanistic-empir-
ical pavement design guide permanent deformation models[J].Transportation
Research Record:Journal of the Transportation Research Board,2009,2094(-
1):12-20.

［92］ LI J, MUENCH S, MAHONEY J, et al.Calibration of NCHRP 1-37A Software
for the Washington State Department of Transportation:rigid pavement portion
[J].Transportation Research Record:Journal of the Transportation Research
Board,2006,1949(-1):43-53.

［93］ ZHOU F, HU S, HU X, et al.Development, calibration, and verification of a new
mechanistic-empirical reflective cracking model for HMA overlay thickness de-
sign and analysis[J].Journal of Traffic and Transportation Engineering,2010,
136(4):353-369.

［94］ MCCULLOUGH B F, ABOU-AYYANSH A, HUDSON W R, et al.Design of
continuously reinforced concrete pavement for highways[R].Texas:Center for

Highway Research,University of Texas,1975.

[95] NOBLE C S,MCCULLOUGH B F.Distress prediction models for CRCP[R]. Austin, Texas: Center for Transportation Research, University of Texas at Austin,1981.

[96] CARPENTER S H,LYTTON R L,EPPS I A.Environmental factors relevant to pavement cracking in west Texas [R]. Texas Transportation Institute, Texas A&M University,1974.

[97] RASMUSSEN R O,ROGERS R,FERRAGUT T R.Continuously reinforced concrete pavement design & construction guidelines[R].U.S.Department of Transportation,Fedral Highway Administration,2011.

[98] IOANNIDES A M,TALLAPRAGADA P K.An overview and a case study of pavement performance prediction[J].International Journal of Pavement Engineering,2012,14(7):629-644.

[99] QUINTUS H L V,DARTER M I,MALLELA J.Local calibration guide for the recommended guide for mechanistic-empirical design of new and rehabilitated pavement structures [R]. Round Rock, Texas, USA: Applied Research Associates,Inc.,2003.

[100] RAO C,SELEZNEVA O,DARTER M,et al.Calibration of mechanistic-empirical performance model for continuously reinforced concrete pavement punchouts [J]. Transportation Research Record: Journal of the Transportation Research Board,2004,1896(-1):15-22.

[101] 王东升.沥青路面流动型车辙的理论研究[D].哈尔滨:哈尔滨工业大学,2010.

[102] HALL K,BEAM S.Estimating the sensitivity of design input variables for rigid pavement analysis with a mechanistic-empirical design guide [J]. Transportation Research Record: Journal of the Transportation Research Board,2005,1919(-1):65-73.

[103] HAJEK J,KAZMIEROWSKI T.Use of long-term pavement performance data for calibration of pavement design models [J]. Transportation Research Record:Journal of the Transportation Research Board,2001,1778(-1):149-155.

[104] 巩春伟.基于 LTPP 的沥青路面低温缩裂评价及控制指标研究[D].哈尔滨:哈尔滨工业大学,2013.

[105] ZOLLINGER D G, MCCULLOUGH B F.Development of Weibull reliability factors and analysis for calibration of pavement design models using field data [J].Transportation Research Record,1994(1449):18-25.

[106] 赵军,唐伯明,谈至明,等.基于弯沉指数的水泥混凝土路面板角脱空识别[J].同济大学学报(自然科学版),2006(03):335-339.

[107] BUCH N.Calibration of pavement design models using field data[J].Journal of Traffic and Transportation Engineering,1997,123(2):132-135.

[108] CHEN L,ZOLLINGER D,TIAN B.Approach to local calibration of an advanced model for punchout distress using LTPP data[J].Journal of Traffic and Transportation Engineering,2015,141(8):04015014.

[109] WEIBULL W,SWEDEN S.A statistical distribution function of wide applicability[J].ASME Journal of Applied Mechanics,1951:293-297.

[110] LAWLESS J F.Statistical models and methods for lifetime data[M].New Jersey:John Wiley & Sons,Inc,1982.

[111] ALMALKI S J,NADARAJAH S.Modifications of the Weibull distribution:a review[J].Reliability Engineering & System Safety,2014,124:32-55.

[112] PALMER R P,OLSEN M P J,LYTTON R L.TTICRCP-a mechanistic model for the prediction of stresses,strains and displacements in continuously reinforced concrete pavement[R].College Station,Texas:Texas Transportation Institute,1988.

[113] 中华人民共和国行业标准.JTG D40—2015 公路水泥混凝土路面设计规范[S].北京:人民交通出版社,2011.

[114] 陈亮亮,田波,权磊,等.基于人工神经网络方法的 CRCP 板顶拉应力影响因素敏感性分析[J].公路交通科技,2015(05):43-48.

[115] 陈亮亮,许芸熙,李思李,等.美国连续配筋水泥混凝土路面开裂行为控制指标与措施研究综述[J].中外公路,2017(03):29-34.

[116] SUH Y C,HANKINS K,MCCULLOUGH B F.Early-age behavior of continuously reinforced concrete pavement and calibration of the failure prediction model in the CRCP-7 program[R].Austin,TX:Center for Transportation Re-

search,The University of Texas at Austin,1992.

[117] MCCULLOUGH B,DOSSEY T.Controlling early-age cracking in continuously reinforced concrete pavement:observations from 12 years of monitoring experimental test sections in Houston,Texas[J].Transportation Research Record: Journal of the Transportation Research Board,1999,1684(-1):35-43.

[118] MCCULLOUGH B F,ZOLLINGER D,DOSSEY T.Evaluation of the performance of Texas pavements made with different coarse aggregates[R].Center for Transportation Research,The University of Texas at Austin and Texas Transportation Institute,Texas A&M University System,1998.

[119] LEDBETTER W B,MCCULLOUGH B F.Factors influencing the design and performance of continuously reinforced concrete pavement[R].Austin,Texas: Texas Highway Institute,1961.

[120] 陈亮亮,冯德成,田波.美国得克萨斯州连续式配筋水泥混凝土路面的应用与经验[J].中外公路,2015,35(02):79-82.

[121] RASMUSSEN R O,ROGERS R,FERRAGUT T R.Continuously reinforced concrete pavement design & construction guidelines[R].Washington D.C., USA:Federal Highway Administration,2009.

[122] CHEN L,FENG D,QUAN L.Inclusion of built-in curling temperature profile in curling stress determination for rigid pavement[J].Journal of Traffic and Transportation Engineering,2015,141(4):06014003.

[123] AL-QADI I L,ELSEIFI M A.Mechanism and modeling of transverse cracking development in continuously reinforced concrete pavement[J].International Journal of Pavement Engineering,2006,7(4):341-349.

[124] RYU S W,WON H I,CHOI S,et al.Continuously reinforced bonded concrete overlay of distressed jointed plain concrete pavements[J].Construction and Building Materials,2013,40:1110-1117.

[125] CHOI S,HA S,WON M C.Mechanism of transverse crack development in continuously reinforced concrete pavement at early ages[J].Transportation Research Record:Journal of the Transportation Research Board,2015,2524: 42-58.

[126] RAO C,BARENBERG E J,SNYDER M B,et al.Effects of temperature and

moisture on the response of jointed concrete pavements[C]//7th International Conference on Concrete Pavements, Orlando, Florida, USA, 2001.[S.I]: [s.n.],[2001].

[127] 陈亮亮.连续配筋水泥混凝土路面冲断破坏预估模型研究[D].哈尔滨:哈尔滨工业大学,2014.

[128] 陈亮亮,周长俊,权磊.美国水泥混凝土路面板硬化温度梯度研究进展综述[J].中外公路,2016(36):96-100.

[129] MCCULLOUGH B F, SEWELL T F.An evaluation of terminal anchorage installations on rigid pavements[R]. Austin, Texas: Texas Depart of Highway,1966.

[130] MCCULLOUGH B F, SEWELL F F.Parameters influencing terminal movement on continuously reinforced concrete pavement[R].Texas :Highway Design Division,Texas Highway Department,1964.

[131] RYU S W, JAISWAL H, CHOI S, et al.Rational use of terminal anchorages in portland cement concrete pavement[J].Transportation Research Record: Journal of the Transportation Research Board,2012,2305:62-73.

[132] CHOI S C, WON M C.Horizontal cracking in continuously reinforced concrete pavement[R].Lubbock,TX,USA:Texas Tech University,2011.

[133] Inc ARA.Guide for mechanistic-empirical design of new and rehabilitated pavement structures[R].Champaign,Illinois:ARA,In.,ERES Division,2003.

[134] SELEZNEVA O, DARTER M, ZOLLINGER D, et al.Characterization of transverse cracking spatial variability:use of long-term pavement performance data for continuously reinforced concrete pavement design[J].Transportation Research Record:Journal of the Transportation Research Board,2003,1849(-1):147-155.

[135] Transtec Group.CRCP in Texas:five decades of experience[R].Schaumburg, IL:Concrete Reinforcing Steel Institute,2004.

[136] MCCULLOUGH B F, CHESNEY T P.Sixteen year progress report on experimental continuously reinforced concrete pavement in Walker County[R].Austin, Texas:Center for Highway Research,The University of Texas at Austin,1976.

[137] KOSMATKA S H, KERKHOFF B, PANARESE W C.Design and Control of Concrete Mixtures[M].14th Edition.Skokie,Illinois,USA:Portland Cement

Association,2002.

[138] WON M C.Performance of continuously reinforced concrete pavement containing recycled concrete aggregate[R].Lubbock,Texas:Texas Tech University,2001.

[139] MCCULLOUGH B F,RASMUSSEN R O.Fast track paving:concrete temperature control and traffic opening criteria for bonded concrete overlays[R].Austin,Texas,USA:Transtec,Inc.,1999.

[140] CHO Y H,DOSSEY T,MCCULLOUGH B.Early age performance of continuously reinforced concrete pavement with different types of aggregate[J].Transportation Research Record:Journal of the Transportation Research Board,1997,1568(-1):35-43.

[141] 陈亮亮,陈娟,李思李,等.美国伊利诺伊州连续配筋水泥混凝土路面应用与经验[J].中外公路,2017(06):50-54.

[142] HEINRICHS K W,LIU M J,DARTER M I,et al.Rigid pavement analysis and design[R].U.S.Department of Transportation,1989.

[143] GHARAIBEH N,DARTER M,HECKEL L.Field performance of continuously reinforced concrete pavement in Illinois[J].Transportation Research Record:Journal of the Transportation Research Board,1999,1684(-1):44-50.

[144] BARNETT T L, DARTER M I, LAYBOURNE N R. Evaluation of maintenance/rehabilitation alternatives for continuously reinforced concrete pavement[R].University of Illinois,1981.

[145] ZOLLINGER D G,BARENBERG E J.Continuously reinforced pavements punchouts and other distresses and implications for design[R].Urbana,IL,USA:Department of Civil Engineering,Engineering Experiment Station,University of Illinois,1990.

[146] ROESLER J, POPOVICS J, RANCHERO J, et al. Longitudinal cracking distress on continuously reinforced concrete pavements in Illinois[J].Journal of Performance of Constructed Facilities,2005,19(4):331-338.

[147] KOHLER E,ROESLER J.Active crack control for continuously reinforced concrete pavements[J].Transportation Research Record:Journal of the Transportation Research Board,2004,1900(-1):19-29.

[148] KOHLER E,ROESLER J.Accelerated pavement testing of extended life con-

tinuously reinforced concrete pavement sections[R].Urbana-Champaign,IL: University of Illinois at Urbana-Champaign,2006.

[149] ROESLER J R,HUNTLEY J G,AMIRKHANIAN A N.Performance of continuously reinforced concrete pavement containing recycled concrete aggregates[J]. Transportation Research Record:Journal of the Transportation Research Board, 2011,2253:32-39.

[150] Asphalt Institute.Extending pavement life with asphalt overlays[R].Asphalt Pavement,1977.

[151] NEWCOMB D E.Thin asphalt overlays for pavement preservation[R].National Asphalt Pavement Association,2009.

[152] TREVINO M,DOSSEY T,MCCULLOUGH B F,et al.Applicability of asphalt concrete overlays on continuously reinforced concrete pavements[R].Austin,Texas: Center for Transportation Research,the University of Texas at Austin,2005.

[153] TREVINO M,KIM S M,SMIT A,et al.Asphalt concrete overlays on continuously reinforced concrete pavements decision criteria,tack coat evaluation,and asphalt concrete mixture evaluation [R]. Austin, Texas: Center for Transportation Research,The University of Texas at Austin,2005.

[154] IOANNIDES A M.Dimensional analysis in NDT rigid pavement evaluation[J]. Journal of Traffic and Transportation Engineering,1990,116(1):23-36.

[155] BARENBERG E J,IOANNIDES A M.Structural evaluation of concrete slabs using falling weight deflecometer results[R].Urbana,Illinois:University of Illinois Advanced Construction Technology Center,1989.

[156] HAMMONS M I,IOANNIDES A M.Mechanistic design and analysis procedure for dowel joints in concrete pavements[C]//6th International Purdue Conference on Concrete Pavement Design and Materials for High Performance, 1997,Indianapolis,Indiana,USA.[S.I.]:[s.n.],c1997,221-235.

[157] SOLANKI A I,FOWLER D W,MCCULLOUGH B F.A study of construction variables on the bond behavior of CRCP overlays[R].Austin,Texas:Center For Transportation Research,the University of Texas at Austin,1987.

[158] DELATTE N J,DAVID J W F,MCCULLOUGH B F.High early strength concrete overlay designs and construction methods for rehabilitation of CRCP

[R].Austin,TX:Center for Transportation Research,The University of Texas at Austin,1996.

[159] BAGATE M,MCCULLOUGH B F,FOWLER D W.A mechanistic design for thin-bonded concrete overlay pavements[R].Austin,Texas:Center for Transportation Research,The University of Texas at Austin,1987.

[160] Texas Department of Transportation.Standard specification for construction of highways,streets,and bridges[S].[S.I.]:[s.n.],1995.

[161] ERNZEN J J,CARRASQUILLO R L.Resistance of high strength concrete to cold weather environments[R].Austin,Texas:The University of Texas at Austin,1992.

[162] MOKAREM D,GALAL K,SPRINKEL M.Performance evaluation of bonded concrete pavement overlays after 11 years [J]. Transportation Research Record:Journal of the Transportation Research Board,2007,2005:3-10.

[163] VOLLE T.Thin bonded concrete overlays in Illinois:preliminary report on performance[J].Transportation Research Record:Journal of the Transportation Research Board,2001,1778:156-163.

[164] RAO S,YU H T,DARTER M I.The longevity and performance of diamond-ground pavements,research and development bulletin[R].Skokie,Illinois:Portland Cement Association,1999.

[165] MOSHER L G.Restoration of final surface to concrete pavement by diamond grinding[C]//3rd International Conference on Concrete Pavement Design and Rehabilitation,1985,Purdue University,West Lafayette,Indiana.[S.I.]:[s.n.],1985.

[166] BUDDHAVARAPU P,SMIT A D F,PROZZI J A,et al.Evaluation of the benefits of diamond grinding of CRCP:final report[R].Austin,TX:Center for Transportation Research,The University of Texas at Austin,2014.

[167] Illinois Department of Transportation.Standard specification for road and bridge construction[S].[S.I]:[s.n.],2010.

[168] Ryu S,Choi P,Zhou W,et al.Improvements of full depth repair practices for CRCP distresses [R].Lubbock,Texas:College of Engineering,Texas Tech University,2013.

[169] MCCULLUGH B F.A field survey and exploratory excavation of terminal anchorage failures on jointed concrete pavement[R].The Texas Highway Department Research,1965.

[170] TREVINO M,KIM S M,SMIT A,et al.Asphalt concrete overlays on continuously reinforced concrete pavements:decision criteria,tack coat evaluation,and asphalt concrete mixture evaluation[R].Austin,Texas:Center for Transportation Research,The University of Texas at Austin,2005.

[171] SARAF C L,MCCULLOUGH B F,ASLAM M F.Rutting of asphalt concrete overlays on continuously reinforced concrete pavement in Texas[J].Transportation Research Record,1987.

[172] MCCULLOUGH B F,HERBER F.A report on continuity between a continuously reinforced concrete pavement and a continuous slab bridge:research report[R].Austin,Texas:Highway Design Division Research Section,Texas Highway Department,1966.

[173] STRAUSS P J,MCCULLOUGH B F,HUDSON W R.Continuously reinforced concrete pavement:structural performance and design/construction variables[R].Austin,Texas:Center for Highway Research,The University of Texas at Austin,1977.

[174] BIRKHOFF J W,MCCULLOUGH B F.Detection of voids underneath continuously reinforced concrete pavement[R].Austin,Texas:Center for Transportation Research,University of Texas at Austin,1979.

[175] WEISSMANN A J,MCCULLOUGH B F,HUDSON W R.Development of pavement performance models for continuously reinforced concrete pavements in Texas[R].Austin,Texas:Center for Transportation Research,University of Texas at Austin,1989.

[176] MCCULLOUGH B F.Criteria for the design,construction and maintenance of continuously reinforced concrete pavement[R].Austin,Texas:Center for Transportation Research,University of Texas at Austin,1983.

[177] BLEDSOE J,TAYABJI S.Texas demonstration project:continuously reinforced concrete pavement on FM 1938[R].Washington,D.C.:Applied Research Associates,Inc.,2015.

[178] NOBLE C S,MCCULLOUGH B F,MA J C M.Nomographs for the design of CRCP steel reinforcement[R].1979.

[179] CHIANG C,MCCULLOUGH B F,HUDSON W R.A sensitivity analysis of continuously reinforced concrete pavement model CRCP-1 for highways[R]. Austin,Texas:Center for Transportation Research,University of Texas at Austin,1975.

[180] TORRES-VERDIN V,MCCULLOUGH B F,PECK G.The effect of coarse-aggregate type on CRCP thickness[R].Austin,Texas:Center for Transportation Research,University of Texas at Austin,1983.

[181] MCCULLOUGH B F,MA J C M,NOBLE C S.Limiting criteria for the design of CRCP[R].Austin,Texas:Center for Transportation Research,University of Texas at Austin,1979.

[182] MCCULLOUGH B F,HANKINS K.Monitoring of siliceous river gravel and limestone continuously reinforced concrete pavement test sections in Houston 2 years after placement,and development of a crack width model for the CRCP-7 Program [R]. Austin, Texas: Center for Transportation Research, the University of Texas at Austin,1992.

[183] ROESLER J R,HUNTLEY J G.Performance of I-57 recycled concrete pavements[R].Illinois Center for Transportation,2009.

[184] Texas Department of Transportation. Pavement design guide [S].[S.I.]: [s.n.],2011.

[185] DARTER M,BARNETT T,MORRILL D.Repair and preventative maintenance procedures for continuously reinforced concrete pavement[R].University of Illinois,1982.

[186] KOHLER E,LONG G,ROESLER J.Construction of extended life continuously reinforced concrete pavements at Atrel[R].Urbana-Champaign,IL:University of Illinois at Urbana-Champaign,2002.

[187] BLEDSOE J,TAYABJI S.Texas demonstration project:continuously reinforced concrete pavement on FM 1938[R].Champaign,IL:Applied Research Associates,Inc.,2015.

[188] GULDEN W.Continuously reinforced concrete pavement:extending service life

of existing pavements [R]. Schaumburg, IL: Concrete Reinforcing Steel Institute, 2013.

[189] SARAF S, CHOI P, RYU S, et al. Minimize premature distresses in continuously reinforced concrete pavement[R]. Lubbock, Texas: Texas Tech University, 2014.

[190] JOHNSTON D, SURDAHL R W. Influence of mixture design and environmental factors on CRC pavement cracking[J]. Transportation Research Record: Journal of the Transportation Research Board, 2007, 2020: 8388.

[191] PARK J, YUAN C, CAI H. Life-cycle cost-based decision framework for failed portland cement concrete pavement materials in Indiana[J]. Transportation Research Record: Journal of the Transportation Research Board, 2015, 2524: 33-41.

[192] ANASTASOPOULOS P C, MANNERING F L, HADDOCK J E. Effectiveness and service lives/survival curves of various pavement rehabilitation treatment [R]. West Lafayette, Indiana, 2009.

[193] MOUAKET I M, AL-MANSOUR A, SINHA K C. Evaluation of the cost-effectiveness of pavement surface maintenance activities[R]. West Lafayette, IN: Purdue University, 1990.

[194] YODER E J. Maintenance methods for continuously reinforced concrete pavement[R]. Westlayette, Indiana: Purdue University, 1980.

[195] SCHOLER C F. Mechanical methods of steel placement for the slipform construction of continuously reinforced concrete pavement[R]. West Lafayette, Indiana: Purdue University, 1971.

[196] METWALI E W. Framework for a pavement evaluation system [R]. West Lafyette, Indiana: Purdue University, 1981.

[197] FAIZ A. Evaluation of continuously reinforced concrete pavements in Indiana [R]. West Lafayette, Indiana: Purdue University, 1975.

[198] YODER E J, FAIZ A. Design and performance of continuously reinforced concrete pavement[R]. West Lafaytte, Indiana: Purdue University, 1973.

[199] DEY P P, CHANDRA S, GANGOPADHAYA S. Lateral distribution of mixed traffic on two-lane roads[J]. Journal of Traffic and Transportation Engineering, 2006, 132

(7):597-600.

[200] ROESLER J,BORDELON A,IOANNIDES A,et al.Design and concrete material requirements for ultra-thin whitetopping[R].Urbana-Champaign ,IL:University of Illinois at Urbana Champaign,2008.

[201] WU C,SHEEHAN M.Testing and performance evaluation of ultrathin whitetopping pavements at spirit of St.Louis Airport[J].Transportation Research Record:Journal of the Transportation Research Board,2002,1809:218-227.

[202] LOUW M,RUST F,BERGH A,et al.Development and implementation of ultrathin concrete road technology for suburban streets in South Africa[J]. Transportation Research Record: Journal of the Transportation Research Board,2011,2205:95-102.

[203] MACK J, HAWBAKER L, COLE L. Ultrathin whitetopping: state-of-the-practice for thin concrete overlays of asphalt[J].Transportation Research Record:Journal of the Transportation Research Board,1998,1610:39-43.

[204] SAXENA P,KHAZANOVICH L.Determination of critical bending stresses in portland cement concrete layer with asphalt overlay[J].Transportation Research Record:Journal of the Transportation Research Board,2012,2306:36-44.

[205] DELATTE N, FOWLER D, MCCULLOUGH B.Full-scale test of high early strength bonded concrete overlay design and construction methods[J].Transportation Research Record:Journal of the Transportation Research Board, 1996,1544:9-16.

[206] LANGE D,SHIN H C.Early age stresses and debonding in bonded concrete overlays[J].Transportation Research Record:Journal of the Transportation Research Board,2001,1778:174-181.

[207] SPEAKMAN J,SCOTT H.Ultra-thin,fiber-reinforced concrete overlays for urban intersections[J].Transportation Research Record:Journal of the Transportation Research Board,1996,1532:15-20.

[208] ARMAGHANI J,TU D.Rehabilitation of Ellaville Weigh Station with ultrathin whitetopping [J]. Transportation Research Record: Journal of the Transportation Research Board,1999,1654:3-11.

[209] VANDENBOSSCHE J.Performance analysis of ultrathin whitetopping intersec-

tions on US-169:Elk River,Minnesota[J].Transportation Research Record:Journal of the TransportationResearch Board,2003,1823:18-27.

[210] NISHIZAWA T,MURATA Y,KOKUBUN K.Mechanical behavior of ultrathin whitetopping structure under stationary and moving loads[J].Transportation Research Record:Journal of the Transportation Research Board,2003,1823:102-110.

[211] GULEN S,NOURELDIN A.Evaluation of concrete pavement rehabilitation techniques on I-65 in Indiana[J].Transportation Research Record:Journal of the Transportation Research Board,2000,1730:167-176.

[212] KUMARA W,TIA M,WU C,et al.Evaluation of applicability of ultrathin whitetopping in Florida[J].Transportation Research Record:Journal of the Transportation Research Board,2003,1823:39-46.

[213] FENG D C,YI J Y,WANG D S,et al.Impact of salt and freeze-thaw cycles on performance of asphalt mixtures in coastal frozen region of China[J].Cold Regions Science And Technology,2010,62(1):34-41.

[214] MUN S,KIM Y R.Backcalculation of subgrade stiffness under rubblised PCC slabs using multilevel FWD loads[J].International Journal of Pavement Engineering,2008,10(1):9-18.

[215] SHOUKRY S N,WILLIAM G W,RIAD M.Characteristics of concrete contact stresses in doweled transverse joints[J].International Journal of Pavement Engineering,2002,3(2):117-129.

[216] JUNG Y,ZOLLINGER D,WIMSATT A.Test method and model development of subbase erosion for concrete pavement design[J].Transportation Research Record:Journal of the Transportation Research Board,2010,2154(-1):22-31.

[217] KOHLER E,ROESLER J.Crack spacing and crack width investigation from experimental CRCP sections[J].International Journal of Pavement Engineering,2006,7(4):331-340.

[218] KHAZANOVICH L,TOMPKINS D,SAXENA P,et al.Use of the Mechanistic-Empirical Pavement Design Guide and CalME to mitigate rutting in asphalt overlays of concrete pavements[J].Transportation Research Record:Journal of the Transportation Research Board,2013,2368(-1):36-44.